九月書窗

書人・書事・書評

本書除鉤沉往事，記述梁實秋、邵洵美、林語堂等上世紀二三十年代作家的逸聞趣事，以及作者與谷林、文潔若、姜德明、苗得雨、張煒、王稼句等師友的交往外，同時也記錄了他在書海暢遊中的感悟和淘書實錄。

阿瀅｜著

認識大陸作家系列

目次

書人書事

書林漫步

書香人生

書人書事

被誤解的梁實秋

梁實秋一生創作了大量的膾炙人口的文學作品，獨自一人完成了翻譯《莎士比亞全集》的浩大工程。然而幾十年來，他卻一直是以反動文人的面孔出現在魯迅作品和《中國現代文學史》中。直到八十年代後期，大陸才解除出版梁實秋作品的禁令。梁實秋長期被人們所誤解，與三十年代他與魯迅等人的兩次著名的論爭有關。

第一次是和魯迅關於文學的階級性的論爭。梁實秋指出魯迅在翻譯中「死譯」的毛病，並在〈文學有階級性嗎？〉一文中稱「資產是文明的基礎」，「擁護文明，便要擁護資產」，「一個無產者假若他是有出息的，只消辛辛苦苦，誠誠實實的工作一生，多少必定可以得到相當的資產。這才是正當的生活鬥爭的手段」。這本是千真萬確的語言，卻被扣上了在竭力維護資產制度和資本家利益的帽子。馮乃超撰文罵梁實秋是資本家的走狗。梁實秋在〈資本家的走狗〉一文中說：「說我是資本家的走狗，是哪一家資本家，還是所有的資本家？還不知道我的主子是誰。」本來是一場文學論爭，最後竟成了對人格的攻擊，魯迅罵梁實秋是「喪家的資本家的乏走狗」。由於魯迅後來被人為地奉為了「神」，所以他的一句話就為梁實秋定了「成分」——反動文人。解放前夕，他到臺灣師範大學教書，他的作品在大陸遭到封殺，留在大陸的子女也受到株連、遭到迫害。

當時的左翼作家葉靈鳳在《現代小說》第三卷第三期發表了以〈梁實秋〉為題的小說，醜化梁實秋。並在《萌芽》雜誌上發表文章說：「梁實秋說他是無產階級。這真有點使人擔心呢！不曾面聆梁教授的人，聽我隨便述點這位無產階級的起居罷，我只說一句話，請你們擬想這位人物罷：一部汽車——翠綠的，嶄新的，而且裏面墊著為我們都不認識的上等的呢絨。這是梁教授每次來學校時坐的（不消說是他的了吧）。你們想這汽車是裝的只什麼怪物？——無產階級，哧哧！」其實這一切都是捏造的，梁實秋自己根本沒有汽車，每天都是自己乘車前往學校的。真不明白葉靈鳳這麼仇視資產階級的人的餘生是怎樣在奉行資本主義制度的香港度過的。柏楊先生命名的「醬缸蛆」用在這些人身上，真是再合適不過，正是這些醬缸蛆任勞任怨不停地蠕動、鑽攪，使真的變成假的，假的變成真的，好的成了壞的，壞的成了好的。最後真假難辨，好壞不分，整個世界被攪得混沌一片，醬缸蛆就可以左右逢源了。

第二次論爭是在一九三八年九月，《中央日報》遷到重慶復刊，社長程滄波聘請梁實秋擔任《平明》副刊主編。梁實秋在發刊之日寫了一篇〈編者的話〉，文中說道：「現在抗戰高於一切，所以有人一下筆就忘不了抗戰。我的意見稍有不同。與抗戰有關的材料，我們最為歡迎，但是與抗戰無關的材料，只要真實流暢，也是好的，不必勉強把抗戰截搭上去。」〈編者的話〉刊出後，引起了軒然大波，《新蜀報》、《國民日報》、《大公報》和《抗戰文藝》等報刊，有十餘人發表了三十多篇批判所謂文學「與抗戰無關」論的文章。可以說，當時的文壇掀起了一場批判和圍攻梁實秋的熱潮，給梁實秋造成了很大的壓力。一九三九年四月一日，梁實秋辭去了《平明》副刊主編職務，並發表了〈梁實秋告辭〉一文，說：「我以為我沒有說錯話」，「四個月的平明擺在這裏，其中的文章十分之二是我以為『也是好』的『真實流暢』的『與抗戰無關的材料』」。

五十年代以來，《中國現代文學史》等著作都將梁實秋為鼓吹「與抗戰無關」論者來加以批判。一九五三年出版的《毛澤東選集》中有關梁實秋的注釋是這樣寫的：「梁實秋是反革命的國家社會黨黨員。他在長時期中宣傳美國反動資產階級文藝思想，堅持反革命，咒罵革命文藝。」因為《毛澤東選集》具有極大的權威性，因而它無疑為梁實秋的「反革命」身分下了歷史性結論。由此，梁實秋成了中國現代文學史上被完全否定的人物，他的作品成為禁止出版的反動作品。

一九八〇年，林非出版了《現代六十家散文札記》一書，對六十位現代作家作品的思想內容、藝術風格及其創作道路的發展，做了分析論述。但對兩位散文大家梁實秋和周作人卻隻字未提。一九八〇年上海文藝出版社出版的《中國現代散文》（上下冊）中收錄了周作人的作品，卻沒有梁實秋的作品。直到一九八六年十月十三日，當時曾經歷此事的柯靈在《文匯報》上發表了〈現代散文放談——借此評議梁實秋「與抗戰無關」論〉一文，重新對此事加以審視，對當年指責梁實秋鼓吹文學「與抗戰無關」提出否定的意見，當年的這場筆墨官司才得到了澄清。柯靈精闢地分析說：「這一席話之所以爆發一場軒然大波，原因不難理解。梁實秋一直是左翼文壇的論敵，雖然到了應該一致對外的抗戰時期，看來彼此都沒有消除宿怨，說這番話的場合又是國民黨的《中央日報》。但如果撇開這些政治、歷史和心理因素，完整地理解前面引述的那段文字，卻無論怎麼推敲，也不能說它有什麼原則性的錯誤，把這段文字中的一句話孤立起來，演繹為『抗戰無關論』或『要求無關抗戰的文學』，要不是隻眼看字，不免有曲解的嫌疑。」並說：「抗戰期間，一切服從抗戰需要是天經地義，但寫作只能全部與抗戰有關，而不容少許與抗戰無關，這樣死板的規定和強求，都只能把巨大複雜、生機活潑的文化功能縮小簡化為單一的宣傳鼓動。」這樣的看法，可謂言簡意賅、有理有力，令人信服。

柯靈的文章發表後，產生了很大的影響，得到了許多文學研究者的支援和贊同。柯靈的文章實際上起到了為梁實秋平反的作用。《毛澤東選集》中有關梁實秋的注釋也得以改寫。一九八六年《毛澤東著作選讀》出版時，有關梁實秋的注釋改為：「梁實秋，北京人，新月社主要成員，先後在復旦大學、北京大學等校任教。曾寫過一些文藝評論，長時期致力於文學翻譯工作和散文的寫作。魯迅對梁實秋的批評，見《三閑集・新月社批評家的任務》、《二心集・「硬譯」與「文學的階級性」》等文。」

「毛選」有關梁實秋注釋的修改，雖然還不是完全徹底，但也表明了政府對梁實秋做了重新評價，具有官方平反的性質。

隨後，大陸出版了梁實秋的《雅舍小品》、《雅舍雜文》、《雅舍談吃》、《雅舍情書》及《梁實秋文集》等作品，一個真實的梁實秋——優秀的學者、多產的作家、模範的丈夫、浪漫的才子展現在人們面前了。一時洛陽紙貴。

二〇〇四年一月二十六日於秋緣齋

【原載二〇〇五年九月復旦大學出版社初版《日月光華同燦爛——復旦作家的足跡》】

說不盡的邵洵美

邵洵美是上世紀三四十年代很有點名氣的詩人、翻譯家、出版家和社會活動家。他一九〇六年六月出生於上海著名的「斜橋邵家」，原名邵雲龍，他的爺爺邵友濂為清朝一品大員，是大清國最後一任臺灣巡撫，母親是盛宣懷的四女兒盛樨蕙。出生在錦繡堆裏的邵洵美，在經過一系列複雜的過繼手續後，竟同時成為清末名臣李鴻章和盛宣懷的外孫。邵洵美有千萬家產，但是他並不樂於經商辦企業，更不屑於做官。一九二四年二月，邵洵美到達英國，進入劍橋大學選擇了英國文學。在劍橋，他結交了許多朋友，其中有徐志摩、謝壽康、劉紀文、郭有禮等。以後在法國畫院，他又結識了徐悲鴻、劉海粟、黃濟遠、江小鶼、常玉、張道藩等，並加入了徐悲鴻、謝壽康等人組織的留學生組織「天狗會」。

一九二七年邵洵美回國，奉祖母之命，與他的表姐——盛宣懷的長房孫女盛佩玉完婚。這一連串的親上加親，使他富得如同王侯。天生的賈寶玉轉世坯子，命中註定的情種。為了表示對美麗的表姐的愛，他用《詩經》裏的美辭「佩玉鏘鏘，洵美且都」為自己改了名。從此，世上多了一個叫邵洵美的詩人。

紈絝子弟變成了詩人，還是一個很有名的詩人，更是一個花錢如流水的詩人。

睡在天床的白雲，／伴著他的並不是他的戀人。／許是快樂的縱容吧！／他們竟也擁抱了緊緊親吻。／啊！和這朵交合了，／又去和那一朵纏綿的廝混。／在這音韻的色彩裏，／便如此嚇消滅了他們的靈魂。

陳夢家如此評價邵洵美的詩：「是柔美的迷人的春三月的天氣，豔麗如一個應該讚美的豔麗的女人，只是那繾綣是十分可愛的。」在二十年代末三十年代初熱心譯介了英法唯美主義思潮的大量作品，他本人也成為該流派在中國新詩中的實踐者。

熱衷於出版業的邵洵美

在文壇上，邵洵美有孟嘗君之美譽。為文藝、為朋友，他最肯花錢，甚至賣房子、賣地。

當時能把實業與文學結合起來的最好辦法，就是開書店、辦雜誌、出新書，這正是邵洵美極樂意全身心投入的事業。回國的第二年，他就開設了一家金屋書店，出版《金屋月刊》。一年後，新月書店虧損太大，想讓邵洵美「接盤」。邵洵美一口答應，關了「金屋」，專心致力於新月書店。這時新月的成員有胡適、林語堂、羅隆基、沈從文、潘光旦、全增嘏、葉公超、梁實秋、梁宗岱、曹聚仁、卞之琳等，分別出版《論語》、《詩刊》和《新月》雜誌，在三十年代的文壇，可稱風頭獨健。

這段時間他先後出版了《時代畫報》、《時代漫畫》、《時代電影》、《時代文學》《萬象》、《人言》和《十月談》。他自己創作的作品有《花一般的罪惡》、《一朵朵玫瑰》、《天堂與五月》、《詩二十五首》等。但他的錢袋也逐年空了，邵家的老房子沒有了，新建的房子也賠了進去，他只好租房子住。

邵洵美於一九三八年九月一日借用他的美國情人項美麗的名義，掛起洋商招牌，創辦了抗日月刊《自由譚》。為了向國外宣傳中國抗日，他還特地請項美麗再以其名義另行出版一份《公正評論》英文月刊，並請她擔任編輯。

一九三八年五月，毛澤東發表了〈論持久戰〉一文，繼而黨組織決定將〈論持久戰〉翻譯成英文傳播到國外去。毛澤東還特地為英譯本〈論持久戰〉寫了一篇序言，序言是用毛筆寫在毛邊紙公文箋上的。中共地下黨組織將這部譯稿的祕密排印任務鄭重託付給了邵洵美，邵洵美勇敢地接受了這項危險的任務。

這部最早的《論持久戰》英譯本歷時兩個月印出，共印了五百冊，他們竟在日本人的眼皮底下全部發行出去。不久，日本特務機關嗅到了一些味道，決定暗殺邵洵美。法租界巡捕房中邵洵美的一個朋友獲得消息後，派人前來保護邵洵美。但是，邵洵美辦的《自由譚》還是在日寇的橫加干涉下，被迫於一九三九年春停刊。它在半年中一共出版了六期。

邵洵美和他的美國情人

項美麗是邵洵美的美國情人，是曾以《宋家三姐妹》一書享譽海內外的美國著名女作家艾蜜莉・哈恩。一九三五年，艾蜜莉作為《紐約人》的特約撰稿人來到了中國。她在上海第一次見到邵洵美，就為他生有一張面白鼻高的有著希臘臉型的面龐而驚異，更為他的多才多藝和流利的英語所傾倒。不久，她就深深地愛上了他。兩人的香巢構築在福州路江西路轉彎處的都城飯店裏。邵洵美還根據她的名字音譯，替她取了個「項美麗」的中文名字。他倆的同居完全公開，項美麗經常出入邵家，她與邵洵美的妻子盛佩玉成了朋友，與邵家也和睦相處。盛佩玉重禮教、器量大，非但沒有打翻醋罈子，而且跟這位洋女子感情很好。

項美麗來到上海後，即將所見所聞和尋訪搜集得來的材料，每月寫成一二篇通訊或特寫寄發《紐約人》。與邵洵美同居後，使她得到了更多的好材料。邵洵美經常帶她參加各種集會，世界筆會中國分會就是其中的一個。趙景深在他的《筆會的一群》中曾有過如下記載：「……又有一次在梅園，此次邵洵美興致最好，請了許許多多洋朋友，項美麗女士當然是其中最主要的一位……」筆會是文壇精英薈萃之所，蔡元培、魯迅、胡適、梅蘭芳、鄭振鐸、葉恭綽、楊杏佛、林語堂、謝壽康、李青崖等都是會員。項美麗得以與中國文壇精英相會，當然文源汩汩不竭了。

為了幫助項美麗完成《宋家三姐妹》一書的寫作，邵洵美陪同項美麗拜訪過宋慶齡、宋靄齡和宋美齡。一九三九年，邵洵美陪著項美麗一起離開上海奔赴香港，去拜訪宋靄齡。不久，項美麗的這項工作告一段落，擬赴重慶，而邵洵美由於家中事務繁雜，急需處理，再則他也久思家眷想回上海，於是兩人只得在香港話別。相處四年之久的異國情侶就此結束了他們的這段曠世奇緣。

後來，項美麗與英國軍官鮑克瑟少校結婚，定居紐約。一九四六年初夏，邵洵美在紐約與項美麗重逢。鮑克瑟似真似假地指著項美麗笑並對邵洵美說：「邵先生，您這位太太我代為保管了幾年，現在應當奉還了。」邵洵美也含笑作答：「我還沒有安排好，還得請您再保管下去。」

項美麗自一九四六年底與邵洵美分別以後的五十年間，一直在從事寫作，在長達七十年的寫作生涯中，一共創作出版了八十多部書，其中有小說、傳記、兒童讀物等。她始終沒有忘記邵洵美，還曾寫過一本名叫《我的中國丈夫》的書，詳實地描寫了她與邵洵美的那段情緣。

邵洵美的寬容

知道邵洵美這個人的人，大部分得益於看魯迅的書，在《准風月談》中有一篇〈登龍術拾遺〉就是專門諷刺邵洵美的，文中說：「術曰：要登文壇，須闊太太。遺產必需，官司莫怕。窮小子想爬上文壇去，有時雖然會僥倖，終究是很費力氣的；做些隨筆或茶話之類，或者也能夠撈幾文錢，但究竟隨人俯仰。最好是有富岳家，有闊太太，用陪嫁錢，作文學資本，笑罵隨他笑罵，惡作我自印之。『作品』一出，頭銜自來，贅婿雖能被婦家所輕，但一登文壇，即身價十倍，太太也就高興，不至於自打麻將，連眼梢也一動不動了，這就是『交相為用』。但其為文人也，又必須是唯美派……」、「書中自有黃金屋早成古話，現在是『金中自有文學家』當令了。」在文末注釋曰：「這是對邵洵美等人的諷刺。邵娶清末大買辦官僚、百萬富豪盛宣懷之孫女為妻，曾出資自辦書店和編印刊物。」

魯迅的《且介亭雜文》一書一九三七年七月由上海三閒書屋出版，《序言》中說：「近幾年來，所謂『雜文』的產生，比先前多，也比先前更受著攻擊。例如自稱『詩人』邵洵美，前『第三種人』施蟄存和杜衡即蘇汶，還不到一知半解程度的大學生林希雋之流，就都和雜文有切骨之仇，給了種種罪狀的。然而沒有效，作者多起來，讀者也多起來了。」

魯迅在《准風月談》後記裏說：「邵洵美先生是所謂『詩人』，又是有名的巨富『盛宮保』的孫婿，將污穢潑在『這般東西』的頭上，原也十分平常的。但我以為作文人究竟和『大出喪』有些不同，即使雇得一大群幫閒，開鑼喝道，過後仍是一條空街，還不及『大出喪』的雖在數十年後，有時還有幾個市儈傳頌。窮極，文是不能工的，可是金銀又並非文章的根苗，它最好還是買長江沿岸的田地。然而富家兒總不免常常誤解，以為錢可使鬼，就也可以通文。使鬼，大概是確的，也許還可以通神，但通文卻不成，詩人邵洵美先生本身的詩便是證據。我那兩篇中的有一段，便是說明官可捐，文人不可捐，有裙帶官兒，卻沒有裙帶文人的。」

魯迅之所以攻擊他，表面上應是兩個原因，一是他娶了貴族小姐，而且用妻財辦書店、做詩人，提倡唯美。而實際上，這實在是有些冤枉，邵洵美娶的是他的表姐，不能說是攀高枝、吃軟飯。他並且是一個很有才華的詩人，與作家、出版家章克標一起創辦時代圖書公司，是三十年代中國出版界規模最大的出版機構之一，為中國文化的發展作了很大貢獻，即使是用了妻財振興文化事業，也是應該給予褒揚，而不應該給予嘲諷和貶斥。

究其根本，還是因為邵洵美提倡詩歌唯美，是個唯美派，與魯迅先生提倡的關注現實的文學思想相悖，再加上新月派與魯迅先生的宿怨，才會有這樣的事發生。文學本來就有很多流派，你堅持現實主義，我熱衷浪漫主義，各有各的思想和方法，由讀者去品評最好。

面對魯迅的攻擊，邵洵美顯得非常大度，他沒有去和魯迅應戰，去打一場無聊的筆墨官司，只是私下裏嘟囔：「他說我有錢，有錢也不是罪過；他老說我的詩不行，又不具體指出在什麼地方不行。」在《詩二十五首・自序》中，邵洵美寫道：「我寫新詩已有十五年以上的歷史，自信是十二分的認真；十五年來雖然因為幹著唐吉訶德先生式的工作，以致不能一心一意去侍奉詩神，可是龕前的供奉卻從沒有分秒的間斷，這是我最誠懇最驕傲的自由。」讀過該序的人不難發現，作者對當時詩壇客觀、精到的評述以及留法歸來對唯美主義思潮的引介，絕非一般「捐客」所能企及。

邵洵美的晚年生活

解放後，邵洵美把自己的出版社及印刷廠全部上繳政府，靠翻譯外國作品養家，曾翻譯了馬克・吐溫的《湯姆莎亞偵探案》等作品。夏衍瞭解了他的窘況，關照北京有關出版部門，邀請邵洵美翻譯外國文學作品，稿酬每月二百元先預付。於是邵洵美又翻譯了雪萊的《解放了的普羅米修士》、泰戈爾的《家庭生活與世界》等。

解放初期，中外郵路不暢，邵洵美戀舊情思念項美麗，託相熟英國人捎信，但卻不知對方是安全部門監控的國際間諜，邵洵美因此被捕入獄，但始終沒定罪名。

邵洵美哮喘病日益加重，他深感出獄的希望渺茫，便鄭重其事地對獄友賈植芳先生說：「賈兄，你比我年輕，身體又好，總有一天會出去的。我有兩件事，你一定要寫一篇文章，替我說幾句話，那我就死而瞑目了。第一件是一九三三年英國作家蕭伯納來上海訪問，我作為世界筆會的中國祕書，負責接待工作，蕭伯納不吃葷。所以，以世界筆會中國分會的名義，在『功德林』擺了一桌素菜，用了四十六塊銀元，由我自己出錢付出。參加宴會的有蔡元培、宋慶齡、魯迅、楊杏佛，還有我和林語堂。但當時上海的大小報紙的新聞報導中，都沒有我的名字，這使我一直耿耿於懷。希望你能在文章中為我聲明一下，以糾正記載上的失誤。還有一件，我的文章，是寫得不好，但實實在在是我寫的，魯迅先生在文章中說我是『捐班』，是在花錢雇人代寫的，這真是天大的誤會。我敬佩魯迅先生，但對他輕信流言又感到遺憾！這點也拜託你代為說明一下……」（《獄裏獄外》，賈植芳著）這是一位貧病交加的老者在生命盡頭的夙願，看起來好似在為自己挽回一些無關緊要的榮譽，其實它是一大批被忽略又被誤解過的知識份子對不公命運的抗爭。

一九六二年，在遭受了三年多的監獄生活後，邵洵美出獄。一九六八年五月，他在孤獨貧病中離世。

邵洵美年輕時風流倜儻，食客雲集，有孟嘗君之美譽。三十年代有一幅名畫《文藝茶話圖》，幾乎包括了文藝界所有的知名人士，而坐在主人位上的是邵洵美。他把億萬家產全部用於出版業，對中國的出版業和文學事業的發展做出了巨大的貢獻，這是一般人，包括嫉妒他、諷刺他的人所做不到的。

二〇〇三年十二月十二日於《泰山週刊》編輯部

【原載二〇〇五年第三期《先行者》（山東）】

偶遇林琴南

早就知道中國有個不懂外文的翻譯家林琴南，一生著作頗豐。但一直沒有讀到他的作品，淘得了一冊《畏廬小品》，才讓我走近了林琴南。

林琴南，福建閩縣（今福州）人，原名群玉、秉輝，後改名林紓，號畏廬、冷紅生，晚稱蠡叟、踐卓翁、六橋柳翁、春覺齋主人，琴南是他的字。他是我國近代著名的文學家、翻譯家，著有《畏廬文集》、《畏廬詩存》、《技擊餘聞》、《畏廬漫錄》、《鐵笛亭瑣記》和《林琴南筆記》等書。

《畏廬小品》是一九八二年北京出版社推出的《現代學人小品文叢》中的一部，這套叢書中還有馮友蘭、顧頡剛等人的小品。《畏廬小品》一書收錄了林琴南的隨筆、遊記、序跋、筆記等作品。

林琴南不懂外文又是怎麼翻譯外國作品的呢？一八八七年春，林琴南的夫人去世，他悲痛欲絕。家人讓他到朋友家裏散心，在朋友家他結識了從法國留學歸來的王壽昌。王壽昌為了讓林琴南從喪妻之痛中解脫出來，就給他講小仲馬的《茶花女》的故事，一時興起，兩人商定合作翻譯這部小說，把小說介紹給更多的中國讀者。王壽昌拿著原著口譯，林琴南用筆記錄，林琴南並不是機械地記錄，而是用文言文將原著的詼諧風趣及傳神之筆，都表現得一覽無餘，實際上是林琴南的再創作。《巴黎茶花女遺事》一書出版，引起了轟動，對當時的文壇產生了很大的影響。以後，林琴南又與魏易、王慶驥、王慶通、陳家麟等人合作，翻譯了英、法、美、比、俄、挪威、瑞士、希臘、日本和西班牙等十幾個國家的幾十名作家的作品一百八十餘部，其中世界文學名著有四十多部。有斯托夫人的《黑奴籲天錄》（《湯姆叔叔的小屋》）、蘭姆的《吟邊燕語》（《莎士比亞戲劇故事》）、狄更斯的《塊肉餘生錄》（《大衛・科波菲爾》）、《孝女耐兒傳》（《老古玩店》）、《賊史》（《霧都孤兒》），以及司各德的《撒克遜劫後英雄略》（《艾凡赫》）等。

由於林琴南不懂外文，無法選擇作品翻譯，他所翻譯的作品很多是沒有文學價值的流行小說。譯著中也出現過一些失誤，比如托爾斯泰的作品，他的合作者陳家麟不懂俄文，是根據英譯本翻譯出版，沒有署托爾斯泰的名字。還有一些作品與作者存在張冠李戴的錯誤。林琴南說：「鄙人不解西文，但能筆述，既有訛錯，均出不知。」

林琴南的翻譯小說無異於開啟了一扇通向世界的窗戶，讓晚清的中國人從這裏瞥見了西方的文化與人生。林譯小說滋養了新文學的一代人，很多現代作家對西方文學的興趣，就是從讀林譯小說開始的。周作人在〈關於魯迅〉裏介紹魯迅所受晚清文化維新的影響時說，在南京求學時，魯迅就注意林琴南的譯書，在《巴黎茶花女遺事》出版後，也都陸續收羅。至於周作人自己，在〈我學國文經驗〉裏說：「嚴幾道的天演論，林琴南的茶花女，梁任公的十五小豪傑，可以說是三派的代表。我那時的國文時間實際上便都用在看這些東西上面，而三者之中尤其是以林譯小說最喜看，從茶花女起，至黑太子南征錄止，這其間所出的小說幾乎沒有一冊不買來讀過。」韓迪原在《近代翻譯史話》說：「當時確實有不少人因讀林譯小說，才接觸到西洋文學。」韓迪原對林琴南還有一個很中肯的評語，她說：「因為那時國人對整個西洋文明毫無認識，必得用東方已有的事物，去『附會』西方的觀念，像林譯所用的方式，才能達到早期溝通東西文化的任務。」林琴南「還打破舊中國小說的章回體，使中國的文學形成向前邁一大步」。

一九八二年，商務印書館為紀念創館八十五週年，重刊林氏譯作十種，可見林譯作品是經得起時間考驗的。商務印書館還出版了《林紓的翻譯》論文集，收錄了國人對林譯的研究。在國外，林紓的譯作亦受到重視，英國人威利以翻譯東亞文學馳名，他在〈論翻譯〉一文中專門提到林紓的貢獻，他認為林紓翻譯狄更斯的作品更優於原著。一九六四年，牛津大學出版社出版的《中國的遺產》一書中有一整段的篇幅是評述林譯小說的歷史地位的。

胡適曾說：「古文不曾做過長篇小說，林紓居然用古文譯了一百多種長篇小說。古文裏很少有滑稽的風味，林紓居然用古文譯了歐文與迭更司的作品。古文不長於寫情，林紓居然用古文譯了《茶花女》與《迦茵小傳》等書。古文的應用自司馬遷以來，從沒有這種大的成績。」

二〇〇四年二月十二日夜於秋緣齋

【原載二〇〇四年六月九日《泰山週刊》（山東）】

林語堂與胡適

林語堂有個座右銘：「文章可幽默，做事須認真。」

林語堂提倡幽默，他主編的《論語》、《人間世》雜誌都能體現出他的辦刊風格。有一次某大學舉行畢業典禮，邀請林語堂出席，他聽著一些頭面人物長篇大論的發言有些不耐煩了，好不容易輪到他演講了，他劈頭就說：「講演要像女人的裙子，越短越好！」大家先是一愣，接著哄堂大笑，然後爆發出雷鳴般的掌聲。

一九一九年林語堂帶著新婚的妻子到美國留學。林語堂是窮牧師的兒子，家裏無法提供幫助，林語堂又是半公費生，在美國生活相當拮据，岳父看不起他，在結婚前，林語堂已表示，以後絕不會向他們伸手。偏偏這時妻子患病需要手術，他只好向妻子的二哥求救，度過了難關。正當林語堂在哈佛大學專心求學時，他的半公費獎學金突然被停了，這等於要了林語堂的命，即使想回國也沒有路費。走投無路時，他想起了一位並不太熟悉的朋友——胡適，胡適是北京大學教授，林語堂曾經和胡適約定，等畢業回國後到北大任教，當時胡適已是名教授，對林語堂非常賞識，但沒有過多的交往。林語堂在萬般無奈中給胡適拍電報，請他代向北大校方申請預支一千美元。林語堂此舉無疑是有病亂投醫，自己也沒抱多大的希望，過了不久，錢竟然寄來了。後來，林語堂得到哈佛大學碩士學位後，轉入德國萊比錫大學攻讀博士學位時，又向北大借了一千美元。

林語堂學成回國，如約到北大任教，去向校長蔣夢麟歸還兩千美元的借款時，蔣校長莫名其妙，因為財務方面並無這項支出。過了幾天蔣校長告訴林語堂說：「那是胡適之個人的錢。」林語堂深為感動。

林語堂提倡幽默，但做事是相當認真的，原則問題絕不妥協，即使是得罪朋友也會義無反顧。一九三二年十二月十七日中國民權保障同盟在上海成立，主席宋慶齡，副主席蔡元培，總幹事楊杏佛，宣傳主任林語堂。同盟的宗旨是支持為爭取結社、言論、出版、集會自由等民主權利而進行的鬥爭……同盟首先關切的是援助那些擁塞在監獄中的政治犯。身為中國民權保障同盟北平分會主席的胡適卻在《獨立評論》第三十八號上發表題為〈民權的保障〉一文，反對同盟的會章中「釋放政治犯」的要求，同時，他又在上海的報刊《字林西報》登出談話，表示「民權保障同盟不應當提出不加區別地釋放一切政治犯，免於法律制裁的要求」。

宋慶齡看了文章很生氣，電告胡適，應表明態度，遵守會章。蔡元培也給胡適拍電報，勸他不要改變初衷，然而胡適拒絕了。中國民權保障同盟執委會馬上召開會議，決定開除胡適的會籍，林語堂堅定地投了贊成票，在友誼與原則面前，他選擇了後者。

林語堂也並未因此而得罪胡適。多年以後，有人造謠說林語堂發明中文打字機發了大財時，胡適站出來為他辯護，說明了林語堂為了研製打字機已經傾家蕩產的真相，也顯示出了胡適的大度。

二十世紀七十年代，林語堂回臺灣定居後，在胡適墓前向世人公佈了他與胡適的友誼，淚流滿面地講述了胡適在他求學時期，慷慨解囊借給他兩千美元的故事，在場人無不動容，林語堂與胡適是真正的君子之交，是一般俗人所無法做到的。

二〇〇六年九月七日於秋緣齋

【原載二〇〇七年六月十四日《楊子晚報》（江蘇）】

林語堂與葉靈鳳

一九九五年，四川文藝出版社出版的《銜著煙斗的林語堂》一書中，收錄了郁達夫、曹聚仁、王映霞、章克標、林海音以及林語堂的女兒林太乙等人回憶林語堂的紀懷散文四十多篇。作者與傳主親自過從或同時代、或有師承關係，故文章都寫得雋永輕靈，並保持了親切、真實、直觀的特色，內容側重於傳主的品性、情誼及愛好，從而兼具美文和史料雙重價值。

集中收有葉靈鳳的一篇〈小談林語堂〉，內容風格與整書相悖，全文只有五、六百字，卻全是討伐文字。文章開頭說：「我看過一些好書，也看過一些壞書，但是有一本書始終引不起我一看的興趣，那就是林語堂的《生活的藝術》。」《生活的藝術》是一本什麼書呢？讓葉靈鳳這麼反感。《生活的藝術》是林語堂一九三六年舉家遷居美國後寫的，書中談關於人類的觀念、人情、悠閒的重要、家庭之樂、生活的享受以及思想的藝術，自序中說：「本書是一種私人的供狀，供認我自己的思想和生活所得的經驗，我不想發表客觀意見，也不想創立不朽真理，我實在瞧不起自許的客觀哲學，我只想表現我個人的觀點。」林語堂以幽默的筆調深入淺出地抒寫中國人生觀，全書洋溢著他別出心裁的思想。出版後被美國每月讀書會選為特別推薦書。《紐約時報》書評副刊發表評論說：「林語堂把許多歷史悠久的哲學思想濾清，他根據個人獨特的創見，用機智、明快、流利動人的文筆寫出一部有骨子，有思想的著作，作者在書中討論到許多問題，見解卓越，學識淵博，對中西思想有深刻的理解。」還有一位書評家說：「讀完這本書之後，令我想跑到唐人街遇見一個中國人便向他深鞠躬。」《生活的藝術》一書被譯成十八國文字，銷數三十年不衰，在美國出版發行四十版以上。一本書無論銷量多大，也不會人人愛讀，讀者有不同的口味、嗜好，葉靈鳳對該書不感興趣也是很正常的。

葉靈鳳在文章中說：「林語堂是靠了《論語》起家的」，「這個刊物能夠辦得很有點生氣，實在應該歸功於陶亢德，根本不關林語堂的事，《論語》的編務和事務，全是由他一手包辦，弄得井井有條，林語堂不過坐享其成」。

關於創辦《論語》雜誌，據章克標回憶，林語堂、章克標等人在邵洵美家閒談時，商量要出版一個刊物，章克標提議刊物名叫《論語》，並公推林語堂負責編輯，由邵洵美的時代書店出版發行。《論語》半月刊出版後受到了好評，銷路出乎意料的好，創刊號重印了幾次，一下子轟動了讀書界。魯迅、周作人、劉半農、潘光旦等人都是熱心的撰稿人。後來林語堂一個人忙不過來，便請了陶亢德來幫忙。陶亢德原來在鄒韜奮的《生活》週刊當編輯，是個很有編輯經驗的人，《生活》週刊被迫停刊後，林便把他請到《論語》來，成了林的得力助手。後來，林辦《人間世》、《宇宙風》，陶亢德一直當助手。章克標和林語堂是同時代人，林語堂編的《論語》半月刊是章克標題寫的刊名，《論語》由邵洵美的時代書店出版發行，章克標是時代書店的經理，因此章的回憶是可信的。

葉靈鳳說：「林的英文已經不很高明，中文簡直更差。」林語堂的英文水平是否高明應由英國人、美國人或精通英文的人來批評，一般的人是沒有資格去評價的。早在一九二九年開明書店就出版了林語堂主編的一套初級中學用的三冊《開明英文讀本》教材，暢銷全國，之後又出版了《開明英文文法》、《英文文學讀本》、《開明英語講義》等，一九三五年，他用英文創作的《吾國吾民》（又名《中國人》）在美國出版後盛銷暢行，居然在這一年的美國暢銷書名單上獨佔鰲頭。他用英文創作的長篇小說《京華煙雲》一九三九年在美國出版，被推薦為諾貝爾文學獎的預選作品。他的《中國印度的智慧》被列為美國大學用書。在晚年編寫出版了《當代漢英辭典》。一個能用英文創作的人，一個編寫《當代漢英辭典》的人，一個曾在清華大學、北京大學教授過英語的人，卻被誣為英文不很高明，豈不是荒唐可笑嗎？

葉靈鳳在文章的結尾筆鋒一轉，給林語堂定了階級成分，他說：「林語堂現在臺灣唱他的反共老調子，這是重抱琵琶，不消一噓。」在當年這一句話就把林語堂定了性——反動派。其實林語堂只是早年在武漢國民政府外交部任過一段時間祕書，從政生涯極短。當時正是國共合作時期，郭沫若等人也在武漢國民政府任職。林語堂一九三六年遷居美國便不再過問政治，只是潛心寫作。

一九六六年六月回臺灣後發表聲明：「我不依門戶，我不結群結黨，我照我的想法做去。」事實證明他回臺灣後沒有介入政治圈子，而是專心致志地編寫《當代漢英辭典》。葉靈鳳寫這篇文章的時候是否患了「失憶症」呢？一九三一年四月二十八日，左翼聯盟發出了開除葉靈鳳的通告：「葉靈鳳，半年多以來完全放棄了聯盟的工作，等於脫離了聯盟，組織部多次的尋找他，他卻躲避不見，但他從未有過表示，無論口頭的或書面的。最近據同志們的報告，他竟已屈服於反動勢力，向國民黨寫『悔過書』，並且實際的為國民黨民族主義文藝運動奔跑，道地的做走狗……」

其實在林語堂創辦《論語》、《人間世》時就遭到了個別文人的攻擊，後來他享譽世界文壇後，更受到了一些文人包括郭沫若在內的圍剿，我查閱了大量的有關林語堂的資料，包括林語堂的次女林太乙寫的《林語堂傳》也沒有發現林語堂與葉靈鳳有過任何的過節，甚至沒有提到過葉靈鳳。葉靈鳳對林語堂這種窮追猛打、置之死地的動機令人費解。葉靈鳳在上世紀三十年代初期活躍於中國文壇。一九三八年遷居香港，一直到一九七五年去世。葉靈鳳不但是作家、畫家，還是著名的藏書家。淘書、藏書、品書成了他一生的主要事業。他寫的作家軼事、文壇掌故，用簡潔的筆觸，娓娓道來，如數家珍，深受讀者和藏書家的喜愛，〈小談林語堂〉一文真是有損他的形象。

一九三三年，葉靈鳳將自製的藏書票寄給日本人太田臨一郎時在信中說：「中華關於藏書票趣味，尚在幼稚時代，小生的一幀當為第一張也。」而實際上早在一九一四年，我國的藏書票先驅者關祖章就已製作和使用具有中國風格的藏書票了。由此可見葉靈鳳作文的隨意性和治學的不嚴謹。葉靈鳳創作的小說以表現性慾、性愛為主要內容，魯迅說他是「才子＋流氓」，魯迅還說葉靈鳳所畫的人物都有一雙斜視眼——「色情的眼睛」，稱葉靈鳳是「流氓畫家」，很不公正。令人不解的是，葉靈鳳卻用同樣的方式去評價林語堂。

對於一切的冷嘲熱諷林語堂看得很開，他在一九三六年去美國前寫過這樣一首詩：

文人自古好相輕，
井蛙蝌蚪互品評。
斷檻缺甃稱割據，
跳梁沒水譽奇能。
規規若失語東海，
適適然驚聞北溟。
有識悠然付一笑，
蚊雷終究是蟲聲。

二〇〇四年十月一日國慶日於秋緣齋

【原載二〇〇六年第二期《崇文》（湖北）】

阿英與書

阿英原名錢德富，安徽蕪湖人。阿英不但是中國現代著名作家、文學評論家，而且是我國現代著名藏書家。

阿英少年時代在家鄉讀書，青年時代參加過五四運動，一九二六年加入中國共產黨。一九二七年與蔣光慈等人組織太陽社，編輯《太陽月刊》、《海風週報》。一九三〇年加入「左聯」，曾任常委，又任中國左翼文化同盟常委。孤島時期，與郭沫若、夏衍創辦《救亡時報》，主編《文獻》雜誌。解放戰爭期間，先後擔任華中文協常委、華東局文委書記、大連市文委書記。解放後擔任天津市文化局長、天津市文聯主席，兼任《民間文學》主編。

阿英一生著述，包括小說、戲劇、散文、詩歌、雜文、文藝評論、古籍校點等共有一百六十餘種。其中，《晚清小說史》等有日譯本、德譯本；《李闖王》有捷克譯本。

阿英一生愛書，只要手裏有錢，就要到書市去，城隍廟、西門、四馬路、琉璃廠、勸業場、前門小市、東安市場、宣武門小市、西單市場、隆福寺、通學齋、頭髮胡同，大大小小的書店，他沒有不熟悉的，他說起書店來也如數家珍。

蘇浙一帶的書價低，罕見的書也多，阿英便常常前去訪書，有時一兩天，有時七八日。沿途每到一地必先訪書，一次他到達蘇州時，書商們已收了市，有的人家連燈也都熄滅了，他便挨戶敲門，看了幾家，時間太晚了，連門也敲不開了。回到旅店，飯也來不及吃，就先翻看買來的書。第二天早晨六點半，他又繼續敲門訪書。

一九三六年四月，他為訪書專程去杭州、紹興、餘姚、寧波等地跑了一個星期，收了七百餘冊小說。

阿英還寫了不少淘書、訪書的文章，像〈城隍廟的書市〉、〈西門買書記〉、〈海上買書記〉、〈蘇州書市〉、〈蘇常買書記〉、〈汴陵買書記〉、〈浙東訪小說記〉等等，記載了他在訪書過程中的酸、甜、苦、辣。阿英曾作有一聯自嘲：「孜孜寫作緣何事？爛額焦頭為買書。」

他在〈海上買書記〉中說：「買書究竟是一件太苦的事，在我個人矛盾尤深，因為舊書的價格都是可觀的，價高的有時竟要佔去我一個月或兩個月的生活費，常常使自己的經濟情況陷於極端困難。而癖性難除，一有閒暇，總不免心動，要到舊書店走走。」施蟄存在〈舊書店〉一文中說：「一次阿英在城隍廟橋上舊書攤淘書一堆，老闆要價五元，還三元不賣，大概要四元，便向我借一元才將書買到手。」

阿英特別喜愛周作人的著作，在他的《文代會日記》中記載他陸續訪到的周作人著作就有《秉燭後談》、《書房一角》、《自己的園地》、《苦竹雜記》、《苦雨齋敘跋文》等，多達二十六冊。

柯靈在《阿英散文選》序言中說：「任何磨難都沒有使阿英放下武器。我查了《阿英文集》中的著作目錄，從一九二八年到一九四一年，他在上海期間，著述編訂並已出版的作品，就有六十六種之多。如果每種估它十萬字，那就在六百萬字以上了，這就是他對反動派響亮的回答。他的作品不斷交換署名：錢杏邨、張若英、阮無名、錢謙吾、黃錦濤、張鳳吾、魏如晦……但不管他怎麼換，也逃不了被查禁的命運。幸而查禁並不能扼殺作品的生命，它們還是在人間流傳，有的就這樣傳到後世。」

解放後，阿英陸續捐獻給國家相當數量的珍貴圖書，現殘存的兩張文化部文管局簽發的阿英捐贈書單記載著：一九五四年十二月二十六日，一次捐獻明版書七冊，一九五六年，一次捐獻明、清善本書七十五冊。

一九七九年，三聯書店香港分店出版了由吳泰昌主編的《阿英文集》。吳泰昌在回憶阿英時說：「阿英總是早早地在那寧靜的書房裏生起火爐。晚上，他不願過多的應酬交際，他愛圍爐坐著看書。他一生愛書，愛讀書，每當他閱讀到一部好書有所得時，總是情不自禁地泛起會心的微笑。」

文革期間，阿英被戴上了「叛徒」、「反黨份子」的帽子，一九六六年夏，戚本禹傳達了陳伯達的指示：封存阿英的書房，任何人不准動。阿英當時還以為是件好事，是陳伯達好意關照。因為阿英的藏書是有名的，陳毅、郭沫若都曾來看過書，陳伯達也來看過書、借過書。事過不久，陳伯達的卑鄙用心就暴露了，陳伯達以「審查」為由，親筆手諭，搶掠了阿英的全部藏書。失去了他所鍾愛的書，他的精神受到了嚴重的打擊，長期的鬱悶，以至染上了癌症，文革後期，他的藏書才得以退還了一部分。

阿英的女兒錢瓔說：「父親在生命垂危的日子裏，他的床邊堆滿了書，西北牆角，從地面斜碼到屋頂，宛似一座書山，這些書都是他幾十年來，從上海、北京、天津、蘇州、大連等處書攤、書店，花了無數的心血搜尋來的。」

一九七七年六月十七日，阿英去世後，他的子女將他的一萬餘冊藏書，全部捐獻給了家鄉安徽省蕪湖市圖書館，館裏專為他建立了「阿英藏書陳列室」。阿英窮畢生心血苦苦搜集整理的中國近、現代文學作品，為文學研究積累了豐富而寶貴的史料，它不僅是豐厚的物質財富，同時也是價值難以估量的精神財富。

二〇〇三年八月十三日夜於秋緣齋

【原載二〇〇九年第二期《出版史料》（北京）】

孫犁和他的《書衣文錄》

孫犁愛書異於他人，凡從市場或書攤買回之古舊書籍，他必定「曝之日中，刷之擦之，粘之連之」，必使潔整而後稍歇。他從小就有包書皮的習慣，他「容不得書之髒、之殘，每收書必包以封皮」，孫犁包書不是只包自己心愛的書，而是全部都包，他的包書用紙也是廢物利用，從《孫犁書話》中可以得知他的包書用紙的來源：「余近年用廢紙裝書，報社同人廣為搜羅，過去投入紙簍者，今皆塞我抽屜。」「自淮舟送殘紙一卷來，包線裝書將及百本，紙不用盡，則心不能安。」「再向馬英索攝影封套六枚，用以裹書。」「適市委宣傳部春節慰問病號，攜水果一包，余亟傾水果，裁紙袋裝之。嗚呼，包書成癖，此魔症也。」這樣從八方撿索而來的包書紙，使得孫犁藏書——「書櫥之內，五顏六色，如租書之肆，氣象暗淡，反不如原來漂亮，而余樂此尚未疲也。」

上世紀七十年代初，孫犁身體被「解放」了，但還不允許他創作發表作品，他便在家裏整理抄家後退還的藏書。「利用所得廢紙，包裝發還舊書，消磨時日，排遣積鬱。」每當他翻檢、修整這些書籍時，常常隨翻隨讀隨想，並隨手把所感記在書的封皮上，稱之為「書衣文」。

八十年代以後，他的書衣文錄，從形式到內容，有了很大變化，發展成讀書、論世、抒發心靈感悟的一種文體。文字很短，然意蘊極深。比如當他身處非常時期，只能作「寒樹之蟬鳴，秋草之蟲吟」時，在《西遊記》的封面上，寫了書的版本、來歷之後，又有這麼一段「書箴」：「淡泊晚年，無競無爭。抱殘守闕，以安以寧。唯對於書，不能忘情。我之於書，愛護備至：污者淨之，折者平之，閱前沐手，閱後安置。溫公惜書，不過如斯。勿作書蠹，勿為書癡。勿拘泥之，勿盡信之。世道多變，有陰有晴。登山涉水，遇雨遇風。物有聚散，時損時增。不以為累，是高水準。」這九十六個字可袒露其愛書之心，是一位愛書人的自畫像。

在《湖海詩傳》上寫道：「一九七五年五月二十九日燈下。人之相逢，如萍如水。水流萍滯，遂失其侶。水不念萍，萍徒生悲。一動一靜，苦樂不同。」

還有一些話，讀起來有一種警世箴言的味道。比如在《曲海總目提要》上這樣寫道：「人恆喜他人吹捧，然如每日每時，有人輪流吹捧之，吹捧之詞調，越來越高，就會使自己失去良知，會做出可笑甚至危險的事來。敗時，吹捧者一笑散去，如小孩吹氣球然。炮仗之燃放，亦同此理。」

有的只寫一兩句話，但寓意極深。如在《藕香零拾叢書第六冊》上寫道：「夢中屢迷還鄉路，愈知晚途念桑梓。」作家「解放」後的第一本散文集題名《晚華集》，書的扉頁上印著這句話，代表著全書的主旨。

有些書衣文與書毫無關係。他在《司馬溫公尺牘》中寫道：「一九七六年一月十一日燈下。世界輿論：五洲一盞燈滅了。謂周逝世。強忍熱淚聽廣播。南通社稱：中國無周，不可想像，然已成鐵的事實。另一外人斷言：無人能夠代替他。另一外人評述：失去他，世界就和他在時不一樣了。共同社稱：北京市民靜靜地克制悲痛的心情，排隊購買訃告。」

一九七六年一月十三日，他在《畫禪室隨筆》一書上寫道：「今晚至鄰居看電視：向總理遺體告別。余多年不看電影，今晚所見，老一代髮皆霜白，不勝悲感。鄧尚能自持，然恐不能久居政府矣。」

這兩則書衣文記錄了周恩來逝世的消息，以及世界各地人民和作者的悲痛心情。孫犁向無日記，這些書衣文實際上就是孫犁這些年來的日記片段。

孫犁當時在書皮上寫下這些文字不是為了發表的，文革結束後，他才把這些書衣文整理彙集，陸續在一些報刊上發表，並被收錄到《孫犁散文集》、《耕堂雜錄》等書中。一九九八年五月，山東畫報出版社出版了《書衣文錄》單行本，書中收錄了孫犁一九五六年到一九九〇年所寫的書衣文二百七十則。

孫犁講過清代藏書家黃丕烈的故事，黃對書有一種特殊的感情：好像所觸非書，是紅顏少女。這正是對他自己的一種寫照。黃丕烈曾搜購宋版書百餘種，藏於一室，名「百宋一廛」，意思是百部宋書存放處。黃丕烈精於校勘，他為自己的藏書作注，說明版本源流、收藏傳授。他每得珍本，必作題跋，後人輯成《士禮居藏書題跋》一書傳世。孫犁的《書衣文錄》，或許是借鑒這位乾隆時代舉人的做法。

孫犁喜歡「一人在室，高燭並肩，庭院無聲，掛鐘聲朗，伏案修書，任其遐想」的書房境界。燈影裏，我彷彿看見孫犁又在伏案包書，提筆書寫題跋了。

二〇〇三年十二月二十一日於《泰山週刊》編輯部

【原載二〇〇四年三月三日《泰山週刊》（山東）】

胡山源和《文壇管窺》

胡山源的名字稍有耳聞，只知道他是上海「孤島」時期的作家，對於他的人生經歷和創作成就不甚瞭解。讀了陳夢熊先生寄贈的《文壇管窺》一書，胡山源的形象在我腦海裏才鮮活起來。

胡山源一八九七年出生於江蘇省江陰縣，幼年父親去世，伯父把他送進一家教會學校讀書，後進入杭州之江大學深造。他畢業後進入世界書局編譯所工作，一天到晚校訂字典和辭典，雖然不能把所看的都記牢，卻增加了他對英文的理解能力，以及將所看到的用適當的中文表達出來，使他的英文水平突飛猛進。這個時期，他先後翻譯出版了《莎士比亞評傳》、《黑奴成功傳》、《傑作的人生》、《早戀》等作品。同時在上海《時事新報》副刊、《時報・餘興》、《申報・自由談》等報刊發表小說、隨筆等作品。

一九二三年，文學研究會與創造社在文藝觀上發生了不同意見的爭執，文學研究會在《小說月報》上提倡寫實主義，創造社在《創造》上提倡新浪漫主義，兩個文學社團為此打起筆仗。對文學社團之間的論爭，胡山源不以為然，他與朋友成立了彌灑文學社，出版《彌灑》月刊，彌灑文學的宗旨是：只發表一時的靈感，不宣傳文學上的什麼主義，只發表作品，不發表批評。

《彌灑》的創刊引起了魯迅、周作人、茅盾等大家的注意。魯迅在選編《中國新文學大系・小說二集》時收入了胡山源的小說〈睡〉，魯迅先生在〈導言〉中寫道：「上海卻還有著為人生的文學的一群，不過也崛起了為文學的文學的一群。這裏應該提起的，是彌灑社。它在一九二三年三月出版的《彌灑》（Musai）上，由胡山源作的〈宣言〉告訴我們說——我們乃是藝文之神……」

到四月出版的第二期，第一頁上便分明的標出了這是「『無目的無藝術觀不討論不批評而只是發表順靈感所創造的文藝作品的月刊』，即是一個脫俗的文藝團體的刊物」。

魯迅先生還特別提到胡山源：「從中最特出的是胡山源，他的一篇〈睡〉，是實踐宣言，籠罩全群的佳作。」

周作人說：「《彌灑》創刊於一九二三年三月，卷首聲明是『無目的無藝術觀不討論不批評而只是發表順靈感所創造的文藝作品的月刊』……『彌灑』所掌管的實在是學藝。」

胡山源說自己一生只幹過三件事：教書、編輯、寫文章。他從二十年代步入文壇，從小學代課教師到多座大學的教授，最後是從上海師院（今上海師大）退休。他先後主編過《彌灑》、《申報・自由談》和《紅茶》月刊。

回歸故里後，他每天除了散步就是寫作，在續寫長篇小說的同時還寫一些回憶隨筆。他在《文壇管窺・自序》中寫道：「我認識交往過各種各樣的文人，我想就我所知，為他們存一個照，留下個紀念，雖然一鱗半爪，合起來也許能從中約略窺見時代的影子。於是有空而有興時，便寫上一些，久而久之，居然成帙。我總其名稱為《文壇管窺》。」

《文壇管窺》記述了與他一生中相識交往過的葉聖陶、趙景深、阿英、施蟄存、郁達夫、茅盾、鄭振鐸、徐志摩、邵洵美、張聞天、陳伯吹、周瘦鵑、沈從文、曹聚仁、俞平伯、林語堂等幾百位文人。有的篇幅洋洋灑灑數千言，有些只是擷取了一個小的片段，行文沒有任何忌諱，胡山源說：「凡是『褒』的，我非有意阿諛奉承，凡是『貶』的，也不是我有意曲解附會，故入人罪。」

胡山源與趙景深交往頗深。胡山源創辦《彌灑》月刊時，趙景深曾投過一篇稿子，後因月刊停辦，未能刊出，這是他們的初次交往。趙景深藏書多，胡山源經常到趙家借書，胡山源在寫《明季義民別傳》時，聽說阿英有一部《明遺民傳》，當時，胡山源與阿英不認識，便請趙景深介紹去借了過來。趙景深是崑曲專家，而胡山源夫婦也是崑曲迷，他們還一起組織成立了「崑曲研習社」。

胡山源認識的文人多，但他不善應酬。一次他去拜訪徐志摩，見了面就滔滔地講了許多話，表示了對徐志摩的敬仰，到了後來卻不知講什麼好了，便沉默了下來。徐志摩對他說：「此後不妨時常見見，我自己有車子，不論何處都可以到。」可胡山源一次也沒邀請過他。兩年後，胡山源請徐志摩把他的短篇小說集《虹》介紹給中華書局，徐志摩正在為該局主編《新文藝叢書》，徐志摩給他辦到了，此後再也沒有往來。

胡山源向《新月》雜誌投了一篇短篇小說〈唱隨〉，小說發表後，收到了十幾元的稿費。胡山源和《新月》主持人之一邵洵美都屬於唯美派作家，收到稿費後，便想請邵洵美吃飯，並請了一個同事作陪，但他不懂請客吃飯之事，客人到了有些意外，房間裏只有冷冷清清的三個人，也沒有點菜，邵洵美很快諒解了不善交際的胡山源，態度也就隨便了。

除了與文人們正常的文字交往外，胡山源從不主動地攀附名人。有人見了魯迅寫的《中國新文學大系・小說二集》的〈導言〉，就對胡山源說：「不妨和他往來往來，最好去見見他，或者與他通通信。」胡山源說：「他作他的評論，我寫我的創作，各行其事就是，沒有與他往來的必要。」胡山源發表在一九八〇年第二期《新文學史料》雜誌上的〈彌灑社的經過〉一文中提到這事時，解釋說：「我這話，不免有特立獨行，崖岸自高的嫌疑。其實我生平最怕出去找人，借此藏我不會應付人之拙，並不是無視魯迅。」就這樣，胡山源始終沒有與魯迅有過直接的往來，這是非常遺憾的。

胡山源和阿英曾打過一次筆仗。一九三一年至一九三七年，胡山源在世界書局工作，他見《大晚報》副刊上，登載著阿英的舊體七言絕句詩，在平仄押韻上有些不妥，就寫了一篇評論，投到了該報，意思是說：新文學家最好不發表舊體詩，因為如果舊體詩做得好，舊文學家一定要說，到底舊文學的價值比新文學高，所以連新文學家也寫起舊體詩來了，這將妨礙新文學的進步。如果舊體詩做得不好，舊文學家一定又要說，畢竟舊文學的程度高，新文學家要學也學不像，這更損害了新文學的發展。這篇文章《大晚報》登出後，阿英寫了反駁文章，胡山源再寫一篇，被副刊編輯退了回來，並附信說，這種辯論還是不要發展下去吧。

在寫到郁達夫時，胡山源記錄了一段趣事。郁達夫應廣州中山大學之聘，前去教書，到校之後，並不引起師生的注意，他覺得沉悶乏味。有個男學生，是校中出名的美少年，有許多人都想親近他。有一天，大家午睡的時候，郁達夫將他的破皮鞋，和那學生床下的漂亮皮鞋放在一處，帳門下看，那學生睡在床上，根本不知道發生了什麼事。郁達夫的破皮鞋大家都認識，這一來，轟動了全校，都議論紛紛地說：郁和這個同學睡了！此後，郁達夫所到之處，都有人對他指指點點，竊竊私語。郁達夫大為高興，對朋友說：「成功了，引起大家的注意了！」這種軼事在郁達夫的研究文章裏是看不到的。

胡山源在創作長篇小說的間隙裏，於一九七三年開始撰寫《文壇管窺》，到一九八五年封筆，凡十二年，記下了他一生相識的幾百個文人，並自擬了一個副題「和我有過往來的文人」。《文壇管窺》手稿共六卷，計四十餘萬字，寫在正方形紙上，用手稔紙線裝訂。每卷都貼上不少附條，是他隨時發現了某人的新材料後再寫的補充文字。

一九八六年胡山源把手稿交給南京大學的楊郁保管、整理，楊郁又找了幾位助手抄寫、整理、校正了這部書稿，並經胡山源同意刪去了一些不是文人或內容單薄的條目。本來有家出版社答應出版，但中途變卦。直到二〇〇〇年九月才由陳夢熊和傅璧園先生向上海古籍出版社推薦，出版了這部作品。

胡山源於一九八八年元旦去世，他的一生著作等身，著譯計有一千餘萬字，如此豐碩成果，在中國新文學作家隊伍中也屬少見。

二〇〇六年七月四日於銀河社區秋緣齋

【原載二〇〇八年第二期《出版史料》（北京）】

魚雁忘年交
——我和谷林先生的情緣

「谷林先生走了！」噩耗傳來，我呆了半天。儘管生老病死是一種自然規律，但還是不願聽到這種消息。我又給《開卷》執行主編董寧文打電話，得到了證實。寧文兄說，谷林先生一月九日上午八點左右走了。我禁不住淚流滿面，哽咽難語。我拿出珍藏的谷林老寫給我的信件，一封封翻看著，那清秀工整的墨跡，親切的話語，恍惚間彷彿感到在親聆先生謦欬。

谷林先生原名勞祖德，一九一九年十二月出生於浙江，建國前曾在銀行工作，後在文化部出版事業管理局任會計。一九七五年調中國歷史博物館參加歷史文獻的整理。一九八九年退休。出版有《情趣·知識·襟懷》、《書邊雜寫》、《答客問》、《書簡三疊》、《淡墨痕》等。

我與谷林老結緣是在二〇〇五年，我主持的報紙增設了四個文學版，並邀請了一些文學界老前輩開設了專欄，定期給各地作家寄閱。二〇〇五年八月二十三日，收到谷林先生的來信：

阿瀅先生：

承龔明德先生的紹介，獲近清光，開荷賜寄尊編《泰山週刊》兩期，統已拜領，敬謝厚惠。此次乍睹漫筆三則，已欽博覽妙緒，得未曾有，深為馳繫，作者中稼句、寧文，亦皆素交，乃蒙不棄，垂及葑菲，所惜衰朽壯不如人，今更遲暮，見聞寡陋，那堪「郤笑老健忘，掩卷已不記耶」？力不從心，非敢抗命，且待徐徐圖之，庶免輕諾寡位，至祈諒察！

此次賜寄八月二日《週刊》，得明德兄大作關於《玉君》之後半，渴望能識全貌，敢乞補贈其前文，不知是否刊在七月下旬之一期，尚有存報否？先此申謝，不盡一一。

谷林拜覆八月七日

谷林老所提到的《玉君》是龔明德先生的書話〈累遭誤解的《玉君》〉，由於文章太長，分兩次發了兩個整版，當時由於疏忽，只給谷林老寄去了後一期。收到信後，馬上找出上一期寄了過去。十二月份，谷林老的新著《書簡三疊》由山東畫報出版社出版後，就簽名寄來一冊。該書收錄了他致揚之水信五十三通、致止庵信四十九通、致沈勝衣信四十三通。讀書信和日記是瞭解一位作家最有效的途徑。先生的學識、修養、歷練皆到了一個常人難以達到的境界。那段時間，睡前讀先生信札，成了習慣。

二〇〇六年七月，我主編的《泰山書院》創刊後，在第一時間給先生寄去。不久接到了谷林老大札：

阿瀅尊兄：

七月廿五日接到《泰山書院》創刊號，喜幸之至，看了目錄，即在下面題了「諒承主編之惠」六個字，因為先前已數獲《泰山週刊》的賜贈，雖未見手教，也已屬心知，當下即按刊上所載地址寫好一枚信封，以自策勵，準備日內即閱讀數篇，備致書申謝。但連日悶熱，又每有瑣雜，竟拖延至於半月，歉愧奚似！直到昨天，在一夕雷雨之後，難得清爽，乃首讀《秋緣齋書事》，又續閱開卷首三篇，至饜所望，但目力甚衰，時不我與，四篇讀罷，一日遂暮，百歲無多，難以耄及，年來擱筆已久，閱讀亦相偕遞減，思之惶懼，終亦無可如何，惟久邀厚愛，乃草草拜寄小箋報謝，尚乞鑒原為幸！敬頌暑祺，不盡所懷。

弟谷林頓首

二〇〇六年八月十五日

拙著《秋緣齋書事》出版前，分別請黃裳、流沙河先生為封面、扉頁題簽。內文分為四輯，便想分別請谷林、來新夏、文潔若和李濟生四位先生為輯封題簽。八月二十四日，給谷林老寫信請求題簽，並寄去了拙著《尋找精神家園》。等了幾個月，沒有回音。我想以谷林老的性格，只要收到信件，肯定會回覆。是先生病了？還是沒有收到我的信件？我心裏一直惶惶不安。十一月十八日，我去信詢問，並附了回函郵資。谷林回信寄來了兩份為拙著的題簽，一為粗筆豎寫，一為鋼筆橫寫，皆鈐「谷林」白文印章。先生信中說：

阿瀅兄：

十一月十八日惠函於廿五日收到，承賜四十七期週刊兩份，謝謝。附下郵票五枚，囑寫《秋緣齋書事》。我恍惚記得曾經寫寄過的，於是翻查日記，見八月廿八日收到您寄下《尋找精神家園》一冊，我則於八月三十日以《答客問》一冊還寄，「另作小柬寄阿瀅題簽」日記太簡單，沒有記下題簽內容，此刻推想，當是此所囑件也，以上分別投寄共三件，都交平郵寄發，是否未收到？乞向左右查問一下。弟不解書法，寫得不成款式，姑重寫一份附呈，以後再不敢塗鴉出醜了。郵票五枚，仍附還。弟因老妻有病，可能在下周內遷住下址，以便女兒照料，單位分配住房，可能明歲夏秋間始能遷往，此處就不復歸來了。即頌

撰祺！

弟谷林上

二〇〇六年十一月二十六日

原來先生曾經給我寄來了題簽，而且還寄贈大著《答客問》簽名本，多麼珍貴的簽名本呀，讓郵政局弄丟了。好多師友的贈書都是這樣不明不白地銷聲匿跡了，為此，我對郵政服務質量之差深惡痛絕，但又毫無辦法，因為平寄的郵件根本無法查詢。谷林老搬到女兒家居住，在信的下方留下了他女兒家的地址。

二〇〇七年四月，《秋緣齋書事》終於出版了。拿到樣書的當天下午，用快遞給谷林老寄去四冊。五月十日，拜收谷林老大札：

瀅兄尊鑒：

節日拜領惠賜《秋緣齋書事》大著，喜出望外，印刷的墨色鮮朗，所用的字體略大，得之，直若宋元珍本，我可以暫把放大鏡閣置一邊了。「去日苦多」，未嘗不想補求「晚學」，又受白內障的折磨，又苦記憶衰退，所以徒負虛願而已。弟的字跡不成模樣，沾污嘉箋，慚愧至極，以後只能藏拙，再不敢率爾點染矣。專此奉謝。並頌撰祺！

弟祖德敬叩

零七年五月三日

平時怕影響他的正常生活和寫作，一般不主動與老人聯繫。二〇〇七年底，按習慣給谷林、文潔若、袁鷹、黃裳等老先生寄去新年賀卡。谷林老收到賀卡後回了一封長信：

阿瀅尊兄台鑒：

賜寄鼠年賀卡，是我於十二月十六日收到的第一張，不答則失禮，如也去買賀卡，則既嫌花費，又感被俘虜了，成為賀卡隊員，殊不甘心，我思考了一陣，於是寫此信，希望你能轉到我一邊來，成為反對派，以後不再使用賀卡，不客套，有事改為寫信，有閒暇談談心，增加互相更多的理解，友情日進，終成老友故交，豈非至樂？

賜卡說感謝我「長期以來的大力支持」，我不禁慚愧，我支持了你們什麼呢？我的印象是你們的版面在一些四開小報中頗具特色，自成一格，我對此頗有好感，因為見得不多，所以對作者隊伍、文風格調方面，就談不出什麼來了。

阿瀅這個名字，我是記得的，我喜歡這個名字，這說不清什麼道理，也算是一種緣吧。我猜想你很年輕，精力飽滿，我則是九十老翁了，對此自然不必再有什麼指望，已經黃昏日暮，記憶衰褪，眼光發花，讀得慢，忘得快，文章斷斷寫不成，便是寫日記、寫信，也有困難，接近年頭歲尾，收信稍多，就有應付的麻煩，於是自定章程，每天限寫一封。說是「限寫」其實不準確，更多的乃是前一天寫一通，第二天又歇一天，這裏不免有點倚老賣老的毛病，明知故犯。

這封信，你當然不必答覆，我們已經一來一往，完成了一個回合，你如果願意，以後你認為滿意的版面，希望能挑選出來寄贈，我如果讀後有意見，精力恰值較好，也樂意跟你談談，其時或能寫幾行短話寄你，你就「且聽下回分解」了。

我目下的健康情況大致還過得去，每天服用一片安定，不服別的什麼藥，也好幾年沒上醫院。我怕出門，不想追求百年長壽，所以也不去排長隊作檢查，我自己只作五年的打算，如遇三長兩短，但望抓個安樂死。

北京碰上暖冬，「三九」的日子也無冰雪，專此垂謝，即頌撰祺！

祖德於零八年元月十日

實在不忍心再打攪先生，收到信後也沒回信，恐怕只要給他寫信，又增加他的工作量。九月份，我的新著《秋緣齋書事續編》出版後，因書中收錄了谷林老手跡，便把該書和新出刊的《泰山書院》一併寄去。雜誌開設了一個「文人寫泰山」欄目，擬邀請各地文人題寫「泰山」二字並作跋。在給先生信中順便問了一句，能否題寫「泰山」二字。十月十日，收到谷林老回函：

阿瀅道兄：

尊編《泰山書院》第二卷並《秋緣齋書事續編》均於日前拜領，至所感荷。讀到書前介紹，知華誕在一九六四年九月，英年俊才，尤為向慕，較之拙人，自傷老大，蓋我竟虛度四十五年，已近九旬，兩年來不能出家門，起坐艱困，目眩頭暈，紙筆皆廢，大函乃囑題字撰跋，曷可承受，敬謝台命，但有厚謝微忱。敦煌遺簡云：「君生我亦生，我生君已老。君恨我生遲，我恨君生早。」今則只得為之改作：「我生君未生，君生我已老。百年旦夕間，相逢成一笑」焉，或幸相晤會於再世乎。統乞鑒諒！

谷林頓首

零八年十月五日

先生信札仍像往常一樣字跡工整，一絲不苟，沒有一絲潦草。先生似乎感到來日不多，信中流露出傷感之情。和先生相交幾年來，只是魚雁往還，一直緣慳一面。但沒想到先生一句話「或幸相晤會於再世乎」，竟成讖語。〇八年元月十日的信中還說做五年的打算，僅僅過了一年，先生就離開我們，撒手而去。

先生一生淳樸恬淡，榮辱不驚，與世無爭。晚年更是達到一種「大道低回，大味必淡」的境界。谷林老平靜地走了。他的著作、他的信札、他的思想將永遠陪伴著我們，教我寬厚、教我上進。

二〇〇九年一月十日夜於秋緣齋

【原載二〇〇九年一月十四日《深圳晚報》（廣東）】

此情可待成追憶

——我與文潔若的書緣

一

辛酉金秋，在北京召開的第三屆全國讀書報刊研討會上，認識了仰慕已久的文潔若先生。文先生穿著樸素端莊，一頭微捲的長髮，那神態、那少女般甜潤的嗓音，誰也不會相信在面前的是一位七十八歲的老太太。

幾天的會議，相互熟悉，共同的話題也多了。會議的組織者安排與會人員參觀老舍故居和周作人故居。一九五〇年秋，文潔若在三聯書店工作，在同事、詩人方殷的婚禮上，文潔若第一次見到了老舍。老舍西裝革履，作為主婚人站在師大女附中禮堂的講臺上。新娘子是該校的優秀教師，和新郎都屬大齡青年。女學生們笑個不停，整個禮堂充滿了歡樂的氣氛。老舍風趣幽默的談吐，給文潔若留下了很深的印象。然而，由於唯恐勾起對文革那段不堪回首歲月的回憶，文潔若以前從未進過丹柿小院。如今的丹柿小院，早已是人去房空，她默默地、仔細地看著房內的陳設，猜想著原來是什麼樣子。在八道灣魯迅和周作人的故居，曾伺候過魯迅的老保姆的外甥女張淑珍後來也給周家當過保姆，而今已是八十五歲的老人了，她一直住在這個已被無規則蓋起的一個個小屋子破壞了原來格局的小院裏，文先生認真地聽老人講述苦雨齋的變遷。

從八道灣出來，我們又驅車去布衣書局淘書。文先生一直陪伴著我們，我們在書架上搜尋著「獵物」，她悠閒地坐在籐椅上翻閱圖書。我在一個書架的底層發現有一部蕭乾紀念文集——《微笑著離去——憶蕭乾》，吳小如、文潔若編。書中收錄了各地報紙報導的蕭乾去世的消息和紀念文章。書前附有大量的蕭乾生前工作、生活圖片。我買下書後，拿給文先生看。她見到這部書，眼睛一亮，問：「你從哪兒找到的？我還想買這本書呢。」我說：「這本書就送給您老了」文先生說：「不用了，我家還有一本。」文先生在書上題道：「盡量說真話，堅決不說假話。錄蕭乾名言與阿瀅先生共勉，文潔若，二〇〇五年十月十五日於布衣書局。」

一九五四年，文潔若嫁給了離過三次婚的蕭乾，婚後三年，蕭乾就被列為右派分子發配到農場勞動。文潔若說：「叫下去就下去。別說十年，我等你一輩子。」文潔若一個人帶著三個孩子，在物質和精神的雙重壓力下，艱難地支撐起了這個家。回憶起那個年代，蕭乾曾感慨地說：「我的朋友中，好多本來可以幸福地一道生活一輩子的，卻在超壓之下，婚姻還是斷裂了。可潔若絲毫也未動搖。」「我們能恩愛至今，關鍵還是潔若頂住了五七年那次超承受量的碾壓。」

一九九八年蕭乾去世後，孩子都在國外工作，勸她出國，也好照顧她的生活，為她辦理了幾次出國手續，她都沒有去，因為她深深地愛著自己的祖國，儘管到國外，無論生活環境還是工作環境都會得到改善，但她還是堅持留了下來。

從北京回來後，我把與文先生的合影寄了過去。過了幾天，我打電話問是否收到照片，我剛報出名字，電話裏就傳來了她親切的問候，她說：「照片和報紙我都收到了，謝謝你。你太胖了，以後要控制體重。我前幾年得了腦梗。」我說：「我沒有看出來，您的身體很好呀。」她說：「我就注意飲食，有時候家裏連油都沒有，就不炒菜，現在恢復得很好。」

文先生的生活極其簡單，連保姆都沒找，她聽中醫講，茄子可以軟化血管，又在報紙上看到，土豆、白薯、黑木耳、海帶、紫菜等都對延緩動脈硬化有好處，於是她只買這些食品，家裏除了西班牙進口的橄欖油，就只有食鹽，連醬油、醋都不用。有時根本不炒菜，她「把大米、土豆片、胡蘿蔔片、紫菜放在電飯煲裏一道煮，分成六份，可以吃兩天。每週到飯館去吃一次魚，再叫上一盤燒茄子，剩下的帶回來可以吃幾頓」。弟媳婦看見她做的飯，說：「你這飯也只好你自己吃。」後來她到醫院在神經內科做各種檢查，腦梗的斑點居然奇蹟般地消失了。

文先生給人的印象，和藹可親，平易近人。我藏有蕭乾先生的幾本書，在一次和文先生的通話中我說，等有機會到北京請文先生簽名。她說，你寄過來吧，我簽好名再給你寄回去。文先生不但是作家，還是翻譯家，她著有長篇紀實文學《我與蕭乾》、散文集《夢之谷奇遇》和《文潔若散文》、隨筆集《旅人的綠洲》、評論集《文學姻緣》等。在父親的督促下，小學剛畢業，就在課餘翻譯了二十卷近百萬字的《世界小說讀本》。一九五〇年畢業於清華大學外國語文學系，後為人民文學出版社編審。退休後，反而比上班時更忙了，又編、又寫、又譯，蕭乾先生曾風趣地稱他們是「一對老人，兩個車間」，他說：「潔若的書桌放在臥室，擠在我們那張大床旁邊。由於搞翻譯，她整個被英、日文工具書包圍起來了。她是能坐下來就幹上幾個鐘頭的。」

文先生在日本文學翻譯方面，取得了驕人的成就，她是中國個人翻譯日文作品字數最多的翻譯家。在長達半個多世紀的時間裏，先後翻譯出版了十四部長篇小說、十八部中篇小說、一百多篇短篇小說，近千萬字。二〇〇〇年，為了表彰文先生在長達四十年的時間裏一直致力於日本文學的翻譯和出版工作，日本方面向文先生頒發了「日本外務大臣表彰獎」，稱她「為在中國國內普及日本文學作出了貢獻」。

一直以來，人們都把愛爾蘭小說家詹姆斯・喬伊斯的《尤利西斯》稱為「天書」，一般讀者很難讀懂。一九四〇年，蕭乾曾從英國給胡適寫信，說他正在讀《尤利西斯》：「這本小說如有人譯出，對我國創作技巧勢必有大影響，惜不是一件輕易的工作。」半個世紀之後，在文潔若的鼓動下，老倆口開始合作翻譯這部巨著。這時，蕭乾已是八十歲高齡，文潔若說：「一般是我先譯一遍，蕭乾再潤色一遍，蕭乾常常戲稱我是『一個零件也不丟』——連一個虛詞也不放過。」譯完後，蕭乾寫道：「很吃力，但也感到是一種愜意。因為一個奔七十歲和一個已過八旬的老夫老妻，三四年來起早摸黑，終於把這座堡壘攻下來了。在這項工作中，潔若是火車頭。她為此書放棄一切休息和娛樂，還熬過多少個通宵。從一九五四年五月我們搭上伙，她就一直在改造著我：從懶散學到勤奮。譯《尤利西斯》是這個改造過程的高峰。」一九九四年，凝結著蕭乾和文潔若的心血和汗水的《尤利西斯》由譯林出版社出版後，在全國掀起了《尤利西斯》熱。

文先生看了我主編的《泰山週刊》後，說：「以後我可以給你投稿，你的報紙需要多長的稿子？我剛寫了兩篇可以配合抗戰勝利六十週年的稿子。」我說：「長短都可以，您再配上幾幅圖片寄給我，我給您發一個整版。」文先生說：「這幾天挺忙的，書還沒來得及給你寄，因為蕭乾塑像官司的事忙了幾天，有好些稿子要寫，過幾天給你寄書去，我又給你加了一本。」

過了幾日，便收到了文先生的掛號郵件，文先生除了在寄去的三本書上題字、蓋章、簽名外，還另贈我一本《中國現代文學百家——蕭乾》，文先生在扉頁上題道：「謹呈阿瀅先生，潔若敬贈，二〇〇五年十一月十五日」，並蓋有蕭乾和潔若兩枚印章。文先生在信中說：「阿瀅先生：謝謝照片，有兩張將來可選入影集。附上稿子二篇，十二月起，集中力量譯一部夏目漱石的作品，不再寫零星稿件了。匆致冬祺。文潔若二〇〇五年十一月二十三日」。文先生隨書寄來了〈中國人如何看待日本右翼作家三島由紀夫〉及〈維爾高爾的《海的沉默》和三島由紀夫的《憂國》〉兩篇稿子。

「人生最大的快樂莫若工作」，「工作最大的報償，是從完成了它而得到的快慰」。文先生寫完這兩篇短文，又全身心地投入了新的翻譯工作中去了。就像蕭乾先生生前所說：「浪波的壽命總歸短暫，大海則是永恆的，我原來自大海，將回到它的懷抱。我所有的一切，都是它給予的，直到最後一滴。」

二

與文潔若短暫的接觸，被她的生活態度、創作精神所折服，遂把與她的交往寫了一篇〈我與文潔若的書緣〉，我有個習慣，凡是寫人的文章在發表前都要請被寫的人看一遍，以免出現錯誤。我跟文先生說，我寫了一篇有關她的文章，想讓她看一下。文先生說：「你給我發傳真吧，我這個電話就帶傳真機，我看完後，再給你傳過去。」

當天下午，文先生來電話說稿子看完了，已作修改，但卻把文稿發給了湖南的《書人》編輯蕭金鑒。我告訴她傳真機號碼，一會兒工夫，文先生把稿子傳了過來。她說：「自從開了朝陽那個會，我實在吃不消了。我已七十八歲，腦梗後遺症還有，強挺著，各方面組稿我招架不住。所以剛才把稿子傳錯了。」她說近期還有兩部書要寫，對一個老人來說，也確實太累了。

《藏書報》整版發表了〈我與文潔若的書緣〉一文，並配發了我與文先生在老舍故居前的合影，《海南日報》也刊發了這篇文章。並收入了我的散文隨筆集《尋找精神家園》，董寧文主編的《我的書緣》一書也收錄了該文。

河南《書簡》主編王金魁去拜訪文潔若先生時，拿出《我與書緣》一書，請文先生題跋。文先生就在〈我與文潔若的書緣〉那頁的上方題道：「郭偉小文友用平淡的文字把我寫活了，我很滿意和自足。文潔若，〇六年十一月十一日於京華。」

我籌辦讀書雜誌《泰山書院》時，給文先生打電話想聘她做顧問，她問：「就我一個做顧問嗎？」我說：「還有流沙河、姜德明、豐一吟、陳子善、龔明德、徐雁、止庵、王稼句、自牧」她說：「好！好！你辦讀書雜誌，我再給你寫一篇談讀書的稿子，我給你寫的字也寫好了，等我寫完稿子一塊給你寄去。」文先生主動為我寫稿，出乎我的意料。有這些文學界前輩及各地書友的支持，更增加了我辦好這份雜誌的信心。

不久收到文潔若先生掛號寄來的郵件，內有一本書，三篇稿子，還有一幅文先生為我的《秋緣齋書事》題簽。書是文先生的著作《生機無限》，文先生在扉頁上題道：「阿瀅先生教正，潔若敬贈」鈐有文潔若和蕭乾兩枚印章；三篇稿子是〈從《蕭乾全集》的出版說開去〉〈蕭乾傳略〉和〈蕭乾的忘年交丸山昇教授——一位有良知的日本學者〉。文先生在信中說：

阿瀅同志：

寄上稿三篇，可把其中《全集》寄給藏書報社的王雪霞。附上信一封。送您一本書。

匆致

編安！

文潔若

又及，如果雜誌上三篇都能用，就等發表後，再轉給藏書報吧。因為他們不給稿費。連銅像帶打官司，我已賠了四十萬人民幣。不得不考慮稿費。今年不能再提供其他稿子了。

二〇〇六年四月一日

《藏書報》是有稿費的，是文先生記錯了。信中所說的官司，是她與陳明遠關於蕭乾銅像的官司，二〇〇二年秋天，文潔若委託陳明遠代理在上海濱海古園為蕭乾建造墓穴和銅像事宜，共支付了二十六萬元，及四十四張照片、九封名人信件和一套八本的《蕭乾全集》。文潔若後來瞭解到修建名人蕭乾先生的墓穴和銅像並不要求出費用，就將對方起訴到法院，要求返還銅像贊助費、照片等相關財物。文潔若說：「這麼大歲數了又上法庭，我反倒認為有這種經歷也很好。開始我真的很氣憤，當年我和蕭乾翻譯《尤利西斯》才得稿費三萬多元，還都捐給了《世紀》雜誌。省吃儉用一輩子，二十六萬元對我來說不是小數目呢！」

讀文潔若的回憶錄《生機無限》，生出無限感慨。蕭乾本是活躍在西歐戰場上的著名記者，解放後放棄優厚的待遇留在了中國，卻因給年屆五十的郭沫若稱「郭老」提出了自己的看法，得罪了這位文壇霸主。「郭老」便窮追猛打，郭沫若在〈斥反動文藝〉中寫道：「鴉片，鴉片，第三個還是鴉片，今天你的貢煙就是《大公報》的蕭乾！」「郭老」還硬說蕭乾主編過《新路》雜誌，還一口咬定《新路》是美帝國主義及國民黨辦的刊物。其實，《新路》是以平津三十幾位大學教授為理事，由清華的吳景超主編的刊物。在「郭老」的打壓下，蕭乾這位當年的風雲人物變得小心謹慎起來，直到文革結束才有出頭之日。就像一頭雄獅，在籠子裏一關就是二三十年。真不知那些灰暗的日子他們是怎麼挺過來的。書中有這樣讓人心酸的話：有一次，我發現他（蕭乾）萌生了自殺的念頭，就用了激將法，說：「你儘管死吧。你死了，我一個人也可以把三個孩子拉扯大。可兩個小的就不會再記得你了。人家會恥笑他們說：『你們的爸爸壞透了，是個對家庭對自己都極不負責的傢伙。』」

當蕭乾被下放勞動時，文潔若果斷地說：「你放心，有我呢。我是一隻老母雞，我要把你和孩子保護在我的翅膀下。」外表柔弱的文潔若在比她大十幾歲的丈夫驚慌失措的時候，說出了這樣一段英雄氣概的話，真讓人感動。真是一位英雄母親，一位偉大的妻子。

在《泰山書院》創刊號上發表了文先生的〈從《蕭乾全集》的出版說開去〉。文先生來電話說，《泰山書院》辦得不錯，在電話裏她再三囑咐我注意飲食，她說：「我現在不吃甜食，不吃肥肉，瘦肉吃得也很少，多吃豆腐、魚、木耳、紫菜等，現在體重還保持在四十九公斤。」

文先生對人總是有求必應，浙江一位書友淘到了蕭乾先生的簽名本，欲請文潔若鑒定真假，問我文先生的地址，把書寄去，很快就得到了文先生的親筆簽名。在上海師範大學讀研的宋俊娟，想在電話裏採訪文潔若先生，託我聯繫，文先生接到我的電話就說：「你的賀年卡我收到了，這段時間趕稿子太忙，沒時間給你回信。」當我說有位女研究生要電話採訪她時，她說：「今天太忙，等九號吧，你讓她九號打電話。」文先生又一再叮囑我注意身體，慈母般的關心使我一直不能忘懷。

三

丁亥（二〇〇七年）五月，收到文潔若先生寄來的一個郵包，捆紮包裹的繩子已經散開，如果不是掛號郵件，很難說是否能夠如數收到。我小心翼翼地打開包裹，是我請文先生題跋的書。我突然有一種負罪感，我彷彿看到文先生吃力地抱著包裹前往郵局寄書的瘦弱身影。那天在電話裏說，我買了一些蕭乾和她的書，以後有機會去北京時，請她題跋。文先生就說，你給我寄過來吧。我也沒考慮，就用快遞把書給文先生發了過去。她一位八十歲的老人，孩子又都在國外，身邊也沒保姆，她抱著這麼重的書到郵局去郵寄，也真夠難為她的。

郵包中還贈我一本她的新著《兩老頭兒》和一冊二〇〇七年第二期《傳記文學》雜誌，該期雜誌有文先生寫的文章〈王恩良的輪椅人生〉。文先生在這些書的扉頁上不但簽了名，而且寫了曾敏之悼念蕭乾的十首詩，而且每本書上都蓋了「蕭乾」、「潔若」和「後樂齋」三枚印章。在傅光明著《人生採訪者蕭乾》上寫道：「未名湖上少年游／笑看吳鉤幾度秋／國事艱危潮怒湧／也曾奮袂立潮頭。文潔若敬錄曾敏之悼念蕭乾的詩一，二

○○七年五月七日」。

第二首詩是寫在文潔若和文學樸姐弟倆翻譯的日本作家井上靖著長篇小說《海魂》的扉頁上：「臨危不懼走鄉關／嶺表曾傳師道觀／不為柔情銷壯志／風雲馳逐海天寬。文潔若敬錄曾敏之悼念蕭乾的詩二，二○○七年五月七日」。

詩三寫在蕭乾著散文隨筆集《關於死的反思》上：「夢之谷裏色斑斕／北國寒光映萬山／一卷書成標奇氣／頓教京派湧波瀾」。

詩四寫在蕭乾著《往事隨想》上：「欣作英倫萬里行／劍橋學府駐文旌／只因一念酬知己／遂著戎衣逐戰塵」。

詩五寫在蕭乾譯一九九一年三月譯林版《好兵帥克》上：「西歐戰火漫疆埸／大筆如椽如劍芒／譽滿神州憑膽識／文思文采慨而慷」。

詩六寫在蕭乾譯一九五六年四月人民文學版《好兵帥克》上：「二戰敉平日帝昏／眷懷家國數歸旌／拋開世俗尊榮念／為向京華獻赤心」。

詩七寫在《蕭乾文集・散文卷》上：「一片葵心向祖國／誰操權術戮專才／悠悠歲月劫中老／銷書豪情事可哀」。

詩八寫在《蕭乾短篇小說選》上：「跋涉長途喻走圈／一圈一點記華年／耕耘難得雙星美／文苑爭誇傳世篇」。

詩九寫在文潔若著《兩老頭兒》上：「病室如田奮力耕／沉思世事見精神／掬誠為訴真實感／播向人間是正聲」。

詩十寫在《傳記文學》雜誌上：「不需地圖探人生／環宇曾看筆縱橫／留得縹緲文萬卷／名山熠熠見星辰」。

在符家欽著《記蕭乾》的扉頁上，文先生錄寫了啟功悼蕭乾的輓聯：「憶昔時烽火滄桑筆底春秋久已流傳不朽，樂晚歲優遊文史年登九十堪稱福壽全歸」。

曾敏之曾任香港《文匯報》總編輯、文匯出版社總編輯，出版有各種作品集數十部。蕭乾曾在二〇〇五年九月出版的《文傳碧海——曾敏之的文學生涯與成就》的序中說：「這個集子裏收入了幾十位作者對敏之兄長達六十年的文學創作活動的評論，共分綜合研究與作品評論二輯。還附有八篇作家專訪，以及曾敏之文學活動、創作年表。本書的撰稿人均為研究中國現當代文學的資深學者。他們都熱愛敏之兄的作品，各自從不同角度寫出對敏之兄作品的理解，使讀者閱讀後對敏之兄的創作內涵有進一步的認識。……敏之兄是我《大公報》時代的老同事，我們之間的友誼長達半個多世紀。他學識淵博，才華橫溢，筆耕不輟，在散文、雜文、報告文學、遊記等方面都取得了豐碩的成果。尤其難能可貴的是他不但寫詩，並對我國古籍和古典詩詞尤有獨到的研究，這是我所望塵莫及的。」曾敏之是蕭乾的老同事，從他為悼念蕭乾所寫的詩中可以看出兩人的深厚友誼。

文先生在十冊書上分別題寫了曾敏之悼念蕭乾的十首詩，使這十冊不同種類的書形成了一個系列，成為極富收藏價值的珍貴藏本。

二〇〇七年五月二十日夜赤膊於秋緣齋，窗外電閃不時躍入室內，時有隆隆雷聲。

【原載二〇〇九年六月中國戲劇出版社初版《山東散文選（一九七八～二〇〇八）》】

訪姜德明先生

　　嫏環是傳說中神仙放書的地方，也是歷代文人學士嚮往之所，現代學人中，成都龔明德之「六場絕緣齋」，上海陳子善之「梅川書舍」，蘇州王稼句之「櫟下居」，海口伍立楊之「浮漚堂」，濟南自牧之「淡廬」，南京徐雁之「雁齋」……藏書之豐，亦可稱為嫏環。然而沒有齋名堂號的姜德明先生所藏新文學版本更是讓同道稱奇。巴金曾說，現代文學的藏書，除了唐弢就是姜德明最多了吧。

　　我買到的第一本姜德明先生的書是一九九二年四川文藝版的《餘時書話》，這是一部新文學書話集，餘時是姜先生的筆名，取業餘時間寫作之意。姜德明在自序中說：「近年來，我在翻檢舊藏書刊時，那焦黃發脆的書葉，早已經不起反覆摩挲，事後往往是落華滿地，愛也愛不得，碰也碰不得，書與人一樣，彼此都老了。我們相守了幾十年，怎樣才算個了結？我想最妥善的辦法還是選擇一些稀見的版本，一一寫成書話，亦不枉我們相聚一場。」姜德明先生面對的哪裏是書，分明是相知、相交、相通，難捨難分的摯友。自問也是愛書人，但對書的那種情感與姜德明先生實在無法比擬。藏書家都在為離世後藏書的聚散問題困擾著，孫犁先生一九八五年十一月三日寫給姜德明的信中也說：「正在考慮死後，書籍如何處理的事。所以也不再買書了。」姜德明把這些稀世版本，一一寫成書話，便賦予了它們一個個鮮活的生命。

一次，在濟南舊書市場一家書店的書架上看到了姜德明先生的《文林枝葉》（一九九七年九月山東畫報版），我馬上抽出來拿著，唯恐別人搶了去似的。《文林枝葉》屬雜家雜憶叢書，曾在一書攤上與我失之交臂，一直耿耿於懷，淘到了這書，終於彌補了數月的缺憾。

都說姜德明先生的好客和藏書一樣聞名。當我打通了姜先生的電話時，他就邀請我到北京做客。拜訪姜德明先生是心底裏的一個夢，一直沒有機會。直到乙酉金秋，才實現了這個夢想。在赴京之前，我與姜先生聯繫，他說，你到北京後先來我家。到達北京後，就直接驅車來到人民日報社宿舍姜德明先生樓下，我按響了二〇一室的門鈴，上了二樓，姜德明已迎出門外。姜德明給我的第一印象，絕不像生於一九二九年的人。他說話不急不躁，不慍不火，不高言不高語，從內裏透出一種溫和。客廳裏放滿了書櫥，滿頭華髮的姜夫人為我們端上了熱茶。我們被書簇擁著坐了下來，與姜先生聊天，幾乎沒有書之外的話題。

姜德明在天津上中學時，就開始買書。他常到天津天祥商場二樓的舊書攤訪書，姜德明先生的好多珍藏，如曹禺的《正在想》、胡風的《野花與劍》等，就是從那裏淘來的。解放後，姜德明先生一直在人民日報社工作。每天吃過午飯，就到東安市場的舊書店淘書。他不吸煙、不喝酒、不下棋、不打撲克，平生只有一好，書也。「他癡情於藏書，癡情於書話，除了書之外，我還沒有發現別的更能讓他陶醉的東西。」（李輝語）

姜德明先生在〈買書錢〉一文中說：「北京賣舊書的人也真有眼力，難得的書往往價高，這也可以理解。他們說收書的時候進價高，又是拉家帶口的，誰不想多賣幾個錢。不過也有被他們忽略了的漏網之魚，比如一些頁碼不多的小冊子，也不過一兩角錢。天長日久，我先後就這樣收得了幾十種解放戰爭期間有關學生運動的小冊子，不少還是文藝性質的，如一些詩刊，獨幕劇集，紀念聞一多逝世週年紀念冊等。那是一個鬥爭尖銳的年代，這些小冊子都是為了戰鬥的需要適時而生，印數不多，非常珍貴。其中上海學聯印的《新五月演義》，以章回體記民主運動的事件，攤主很精明，非一元五角不賣。這在當時是個高價，我只好忍痛購下。」

姜德明先生的淘書足跡遍佈大江南北，即使在海外，也要到書店轉轉。到了日本，他探訪了丸善書店，魯迅當年留學日本時，就經常去該店買書。回到國內，還經常給丸善書店寫信，委託他們找書。神田書店街，還有在中國赫赫有名的內山書店，也留下了姜先生的足跡。他一到美國就打聽華文舊書店，但一些私人舊書攤和舊貨店裏的舊書都是外文版書，不懂外文的他只能望而卻步。

藏書家最大的驚喜莫過於淘到配缺的版本，每個愛書人都有過這種驚喜，一套書只有上冊，多年淘書未果，而在偶然間見到，那種興奮是難以言表的。姜德明的這種經歷就更多了，他曾在北京買到上海孤島時期出版的「譯文叢刊」之二《祖國的土地》一書，一九四一年五月出版。這套書一共出了四輯，姜德明讓京滬兩地書店代配，毫無結果。二十幾年後到上海出差，在一家舊書店中無意間發現了叢刊之一的《良心丟了》（一九四一年四月出版）。他拿到手裏摩挲再三，大喜過望。過了幾天，他再次來到這家書店，在舊書堆中又發現了叢刊之四《孩子們的哭聲》（一九四一年七月出版）。哪有這麼巧的事呢？二十幾年沒配上的書，竟在幾天之內，在同一家書店裏找到了兩本。他真有點不敢相信這是事實了。當他準備離滬返京時，他又鬼使神差地來到了讓他一生也無法忘記的這家舊書店，來書店似乎是為了和這家與自己有緣的書店道別，隨便翻一下舊書，竟又從書堆中撿出了一本嶄新的叢刊之三《神聖家庭》（一九四一年六月出版）。這幾本書有新有舊，品相不一，絕對不是從一位藏書者手中流失出來的，為了該書的配套，姜先生尋覓了幾十年，而在短短幾天裏，連續出現奇蹟，這不能不使姜先生認為是「書之神」的有意安排了。

姜先生出版了十幾部書，一半書話，一半散文。他主編的「書話叢書」分上下兩輯，上輯有《魯迅書話》、《周作人書話》、《唐弢書話》、《阿英書話》、《黃裳書話》、《巴金書話》、《孫犁書話》、《鄭振鐸書話》；下輯有《曹聚仁書話》、《胡從經書話》、《倪墨炎書話》、《姜德明書話》、《葉靈鳳書話》、《陳原書話》、《胡風書話》和《夏衍書話》。

這套書話集，是中國書話界的經典之作。我在《舊書資訊報》上的圖書轉讓欄目裏看到了轉讓廣告後，從安徽一書友手中郵購了十五冊，缺《黃裳書話》。數年之後，一朋友又送我一套不全的「書話叢書」，我便留下了《黃裳書話》，其餘的轉贈石靈君。

我對姜德明先生說：「姜先生，我帶來了一些您的書，想請您簽名。」姜先生說：「好啊，那就到書房去簽吧！」

書房裏的書櫥上半截帶玻璃門，下半截是木門，上邊放的都是新書，下面放的都是民國版本，這些書時間久了，怕日光曝曬。我們只是瀏覽了姜先生的新書，沒有要求姜先生打開下面的櫥門，這些書都已成了古董，已禁不起人們的觸摸了。

說起買書，姜先生說：「我當年的工資幾十塊錢，這些書刊雖然大多都是以幾毛錢淘到的，但在那個時候也不算便宜。」

姜先生在《書衣百影》（一九〇六～一九四九）的扉頁上題道：「阿瀅先生正編，姜德明〇五年十月北京」，並蓋了印章。他拿起一九八七年人民文學版的《相思一片》說：「你還有這本書呀，這本書很難找了。」我說：「這本書是從中央黨校圖書館流失出來的，上面還有中央黨校圖書館的藏書編號呢。」姜先生又拿起一九九七年一月華夏版的《書香集》說：「這本書有二版。」《書香集》是姜先生選編的，輯選了四十餘位著名作家暢談書籍的精彩篇章。我說：「這本書是福州的一個朋友寄給我的。我託朋友買您的書，買不到，見單位圖書館裏有這本書就借了，寄給了我，您看上面還有單位的藏書章呢！」

一九八三年七月百花文藝版的《綠窗集》，收入了作者散文二十四篇，袁鷹作序，小三十二開口袋本。我說：「這書是幾天前河南濮陽的書友劉學文知道我來拜訪您，寄給我的。這個開本的書我有孫犁先生的《遠道集》和《晚華集》，還有吳泰昌先生的《文苑隨筆》。」姜先生說：「這本書也不好找了。」

姜先生簽名的還有《餘時書話》《流水集》《書坊歸來》等。

姜先生說：「上帝留給我的時間越來越少了，而手頭還有許多事沒有做，現在最急迫要做的是把我多年收藏到的多少還有一點價值的書刊分門別類，將那些被文學史遺忘的人和事寫一點書話，希望能夠引起後人的興趣、關注和研究。」

二〇〇六年一月六日於《泰山週刊》編輯部

【原載二〇〇六年二月二十七日《藏書報》（河北）】

和弘徵先生的一段書緣

丁亥暮春，到網上淘書，見有兩種版本的《書緣》，因我曾出版過一部散文隨筆集亦叫《書緣》，看到「書緣」二字，倍感親切，毫不猶豫地訂購下來。

不久，就收到了從湖南寄來的兩本《書緣》，一本是弘徵著，一九九三年十二月中國書籍出版社出版，作者係湖南文藝出版社編輯，是一部序跋及書評作品集；另一本《書緣》何祥初著，二〇〇四年十一月湖南人民出版社出版，作者是新華書店員工，是一部出版發行論文集。我的散文隨筆集《書緣》，二〇〇〇年十二月由經濟日報出版社出版。這三種《書緣》我分別稱之為弘版、何版、郭版。三本書擺在一起，很有趣。三人工作不同，經歷迴異，卻各寫出一部名為《書緣》的書，亦為緣也。遂撰〈《書緣》三種〉一文，發表於湖南《書人》雜誌。

濟南書友徐明祥讀到〈《書緣》三種〉後說，他與弘徵曾有聯繫，弘徵是知名詩人，原名楊衡鍾。曾任湖南文藝出版社社長、總編輯，《芙蓉》雜誌主編，係國務院古籍整理出版規劃小組成員，湖南省人民政府參事。出版有《青春的詠嘆》、《唐詩三百首今譯新析》、《藝術與詩》、《書緣》、《杯邊秋色》、《望月樓印集》和《現代作家藝術家印集》等著作。徐亦想買部《書緣》，我又到孔夫子舊書網搜索，為明祥兄代訂一冊。

收到書後，我便把拙著《秋緣齋書事》和兩本弘版《書緣》，連同〈《書緣》三種〉一文一併給弘徵先生寄去，請他為我和徐明祥題跋。很快就收到了弘徵先生的簽題，他為我題道：「阿瀅先生愛書，青及十數年前拙著，寄湘囑題，以留紀念，謹書數語志緣，並祈指正。丁亥夏日，弘徵。」

弘徵先生附信曰：

阿瀅先生：

承惠大著敬領，大文亦已拜讀，拙著淺陋，實不足觀，以身在編林，略紀勝緣而已，承拾及並明祥先生有託，謹書小識，奉隔。

拜讀大文，既感《書緣》之盛，而弟在十數年前，亦有小文刊《中國文化報》，以記當時偶感，現謹複印奉上，或可供作補充，耑此順候

文祺！

弟弘徵頓首

六月十五日

一九五六年，弘徵先生因一首名為〈長江大橋〉的詩被郭沫若朗誦而聲名鵲起。與巴金、秦牧、丁玲、沈從文、錢君匋、曹辛之、柏楊、龍應台等作家、藝術家素有交往。弘徵先生是一位有超前意識、遇事果斷、敢作敢為的人，他最早把三毛作品介紹到大陸出版。連續出版了十幾部三毛著作，三毛清新的文風，讓受到禁錮多年的大陸人耳目一新，立刻洛陽紙貴，在大陸引發三毛熱。他與三毛只是書信往來，陰差陽錯，一直緣慳一面。

弘徵先生也是最早把柏楊介紹到大陸的人。一九八六年九月，他擔任湖南文藝出版社副總編輯，因社長住院，由他主持工作。柏楊的《醜陋的中國人》剛剛在臺灣出版，弘徵看到時立刻意識到這部書一定暢銷，並會產生很大的影響，也會為出版社帶來豐厚的利潤，他馬上找社長商量出版。在當時出版這種書有一定的風險，於是他自己親自擔任責任編輯，日夜守在印刷廠，邊排邊校，十幾天就出書了。在社會上引起了強烈的反響，訂貨者排隊守候，兩個月時間就印了九十萬冊。柏楊先生把中國比作「大醬缸」，個別人就是「醬缸蛆」，有些人接受不了，引來一片批評聲。《光明日報》就此發表社論〈中國人有能力趕超世界先進水平〉：「枉自菲薄、自慚形穢、津津樂道中國人的所謂劣根性，把自己說得一無是處，除了使人們悲觀失望、自暴自棄之外，又能給我們帶來什麼呢？」《醜陋的中國人》被有關部門停止發行。後來，中央主管文藝工作的胡喬木批示，不能講《醜陋的中國人》是一本壞書。之後，這本書繼續發行，但不再加印。

一九八九年中國華僑出版社還專門出版了《〈醜陋的中國人〉風波》一書，選編了自該書在大陸出版以來，作家、學者的評論，除少數幾篇肯定外，多數是大加撻伐的。弘徵先生說：「柏楊後來把這本書拿到臺灣印成繁體字，並改了直截了當的書名——《都是醜陋的中國人惹的禍》。」自此，弘徵與柏楊也結下了深厚的友誼，每當柏楊出版新書都簽名寄贈弘徵。

弘徵先生說：「編輯是雜家，如果指編輯本身應該知識比較淵博，至少不至於在所編發的書稿中鬧出常識性的笑話該是對的。同時，一位優秀的編輯還應該在某一方面具有專長，由博返約，觸類旁通，什麼都止於一知半解不能稱博。古來的編輯都是先有學識而後編校書的。」弘徵先生不但是作家，還是書法家、篆刻家。曾讀易禹琳〈酒詩入墨香，醉筆驚龍蛇〉一文，對酒後醉書的弘徵先生描寫得維妙維肖：「窗外春雨奏樂，室內笑語喧譁，美酒飄香，紙筆就緒。弘徵先生醉眼朦朧，高叫一聲拿酒來，邁開弓箭步，摒氣凝神，千鈞之力凝於手腕筆尖，稍頃，看筆飛墨走，似峽谷中的長江水咆哮轟鳴，似山川瀑布飛流直下，轉而彩虹間龍飛鳳舞，又迅疾瀉入大江，落於深潭，復歸平靜。拿酒來！美酒一杯聲一曲，先生一個人的舞蹈越發豪邁奔放，紙上的字愈見舒展飄逸。拿起印章，眯眼哈氣，再閉著眼按下去，地方竟恰到好處……第二天，再有人對弘徵先生談及昨晚所書之字，弘徵先生竟再也記不起來，他惶恐不安：一錢不值！一錢不值！」

弘徵先生治印亦頗精到，他六七歲時讀繡像小說以及《醉墨軒畫稿》和《芥子園畫譜》，常用一種薄薄的竹紙覆在上面描摹。在父親書房裏偶然翻出一個木匣子似的印床和刻刀，引起了他的興趣，找來麻將牌的白板刻了起來。他曾為黃永玉、黃永厚、費新我、丁玲、張天翼、峻青、汪曾祺、公劉等眾多的書畫家、作家治印。當西寧老詩人戈壁舟看到弘徵先生為他刻的印章後，驚呼：「我很奇怪，你為什麼不掛牌刻印？」還是錢君匋最瞭解他，在《望岳樓印集序》中說：「弘徵無意作印人，篆刻之票友而已。」

一心想向先生求幅墨寶，於是不揣淺陋，寫信求字。但一直沒有回音，便想自己貿然求字，也太唐突，先生年事已高，可能不輕易為人寫字了。過了數月，突然收到先生大札：

阿瀅先生：

記前得尊札中曾有索拙書語，年老健忘，已不憶及當時報命否？頃從字卷中見一紙，是夏天為先生所書，乃急奉上。為此前未奉，尚祈見諒為感。

專此即候

文祺！

弟弘徵頓首

十一月十日

弘徵先生隨信寄來墨寶：「泰山之溜，可以穿石。丁亥夏月弘徵」。不僅大喜過望。是《書緣》讓我結識了弘徵先生，並在與先生的交往中學到了很多東西，先生的著作、信札、墨寶使秋緣齋蓬蓽增輝。這份情誼、這份溫暖，將受益終身。

二〇〇八年六月五日於秋緣齋

【原載二〇〇九年第三期《書人》（湖南）】

幼苗得雨老亦壯

小時候，記憶最深刻的兩位文藝界名人，一是戲劇表演藝術家牛得草，再是著名詩人苗得雨。那時就想，牛兒得草、禾苗得雨就會茁壯成長，名字起得真好。

丁亥盛夏，在自牧的引薦下，與苗得雨先生約好，前往拜訪苗老。下午三點，我們準時敲響了苗老的房門。苗老身材魁梧高大，滿面紅光，典型的山東大漢的形象。迎門的整面牆壁都是書，現在有些作家只是把寫作當作一種謀生的手段，書都不讀了。愛書人見到書，心裏就發熱，敬意油然而升。苗老說：「讓你們三點來，我兩點就起來了，這叫留滴水。」我問什麼是滴水？苗老解釋說，在農村蓋房子，兩家之間要留滴水的空間，其實就是留有餘地的意思。第一次見面，苗老就講了一個有趣的典故，給人的感覺更加親切自然了。

我對苗老說，和您有緣呢，您在一篇文章裏提到了我，苗老問，哪篇文章？我說是〈久遠的歌聲〉。苗老在文章中寫道：「去年省音協同志分工編輯的《山東抗戰歌曲選》，我今年得到好友自牧割愛相贈一本。……一九四四年春，省文協李林創作的雜耍劇《打花棍》，流傳很廣，此書中有蒼山白愛玲、鄭世榮記的《打花棍》，只有大體與原詞一致的第一段。一九八七年省民間文學集成徵集時，有新泰郭偉記錄的基本準確的全詞。」當時，《民間文學集成》中收錄了我搜集整理的兩首民歌。二〇〇五年八月山東文藝出版社編輯出版《山東抗戰歌曲選》時，由於篇幅所限，只選收了一百六十餘首，集中收錄的作品從不同方面，代表和體現了當時山東抗戰歌曲的基本風貌，其中有我整理記錄的民歌《打花棍》。苗老起身到書房，找出了一本發表有〈久遠的歌聲〉的雜誌給我看。

苗得雨一九三二年生於山東沂南縣苗家莊。十二歲當兒童團長時就開始寫詩，被延安的《解放日報》稱為解放區的「孩子詩人」。先後擔任《魯中南報》和《農村大眾》編輯、記者，《前哨》和《山東文學》副主編，山東省文聯副主席、作協山東分會副主席、省文聯黨組副書記。出版有各種作品集三十九種，七百餘萬字。苗老說，針對中國目前的詩歌創作狀況，曾經說了很多話，發表了自己的看法，現在不說了，並轉向散文創作。連續出版了《苗得雨散文集》、《苗得雨散文二集》、《苗得雨散文三集》，目前正在編選散文四集。近幾年，苗老又致力於民歌的挖掘與研究，古稀之年，每年都要回沂蒙山幾趟采風，儘管當年的幼苗已成參天大樹，但還離不開沂蒙山水的澆灌，因為他的根深深地紮在沂蒙山的大地上。

苗老家鄉的人說：「苗家莊有兩個名兒起得最好，苗得雨和苗長水。」很多人以為苗得雨是筆名，其實不然，苗老說：「小時候上私塾，父親借『大德日生』之意給我取名苗德生，當革命的雨露灑向這片大地，我就改為現在的這個名字，不是筆名。」苗長水是苗老的兒子，也是作家，名字是他老奶奶起的，她說：「孫子是八路軍澆大的苗，重孫子就叫長水吧。」苗長水創作了《冬天與夏天的區別》、《染坊之子》、《非凡的大姨》、《戰後紀事》等多部中篇小說，在全國產生了一定的影響。雷達評價說：「苗長水的出現是一個奇蹟，他的嘗試為文學拓寬了路子。」電視臺曾為他們父子拍攝專題片，介紹這對父子作家。

我給苗老帶去了拙著《秋緣齋書事》。苗老贈我上下兩巨冊精裝本《苗得雨六十年詩選（一九四四～二〇〇四）》，該書按時間先後為序，精選了苗老從事文學創作六十年來創作的詩歌作品八百餘首。苗老在扉頁題道：「郭偉、郭孟堯父子文友賞正」，我是帶在濟南上大學的兒子郭孟堯一塊去的，苗老在簽名時，把兒子的名字也簽上了，並與我和孟堯拍了合影。在《苗得雨散文三集》扉頁亦有同樣的題跋。書房裏有一個很大的書案，是苗老用來揮毫潑墨的，苗老的書法寫得很隨意，不拘謹，很放得開，飄逸瀟灑，這與兒時讀私塾打下的扎實基本功是分不開的。我說：「苗老，等您不忙的時候，求您一幅墨寶。」苗老高興地說：「行呀！寫好後給你寄去。」我們不想過久地打擾苗老的休息，合影之後，就匆匆告辭了。

回家不到一週，果然收到苗老為我寫的條幅：「室雅何須大，花香不在多。老子語　丁亥年　阿瀅文友惠存　苗得雨」。苗老的書法作品，又使秋緣齋增添了墨香。

二〇〇七年七月二十九日酷暑之日，赤膊於秋緣齋

【原載二〇〇七年十一月三十日《作家報》（北京）】

周海嬰的《鏡匣人間》

春節剛過，就收到一個沉甸甸的包裹，北京周海嬰先生寄來了他的新書《鏡匣人間——周海嬰八〇攝影集》，周令飛主編，吳冠中題簽。周海嬰先生在扉頁題跋：「阿瀅惠存　周海嬰　二〇〇九年春節贈」。

前幾年曾受贈其《魯迅與我七十年》，但對於先生的攝影作品，卻是第一次見到。說起對攝影的愛好，周海嬰先生說：「我出生後一百天就被父親抱到上海的知名照相館拍了照片，成長的每一步幾乎都有照片記錄，並且每一張照片上面都有父母親的題字，父親去世以後就由母親來題寫。可以說，自兒時開始，我的潛意識裏對照相就不陌生，甚至有莫名的新奇和親切感。」

周海嬰第一次拍攝照片是在一九三六年秋末，魯迅病逝後，許廣平的健康狀況很不好，在朋友的勸說下到杭州休養，在杭州，一位阿姨有一隻黑色小型相機，不時地拍些風景。周海嬰對相機感到好奇，拿過阿姨的相機拍了幾幅圖片，這年周海嬰八歲。一九四三年十一月他正式開始學習攝影；一九四四年十一月擁有第一部照相機，母親許廣平在他初學攝影的相簿上題寫了「雪痕鴻爪」、「大地蹄痕」，以鼓勵他攝影創作。七十多年來，周海嬰先生共拍攝照片二萬餘張。二〇〇八年正逢先生八十大壽，他用了一年的時間整理全部圖片的底片，精選出二百餘幅結集出版。

《鏡匣人間》一書分四篇：「黑白篇一九四三～一九五〇」、「黑白篇一九五〇～一九六六」、「黑白篇一九六六～一九八二」和「彩色篇一九五四～二〇〇八」。書中的自序及內文圖片說明分別使用了繁體中文、英文和日文三種文字。均為紀實圖片，以人物攝影為主，風景圖片只有黃山小徑、紹興鄉景和萬里長城幾幅。圖片中市井生活、社情民意、婚喪習俗等都有所涉及。有揭示解放前社會黑暗的《難民》系列圖片；有熟食小販、修鞋匠、修鎖匠、胭脂攤、冰糖葫蘆等反映平民生活的圖片；有回民葬禮、結婚、包粽子等民俗類圖片；有上海二・六轟炸、瀋陽農村土改、民主人士討論新政協召開、魯迅墓遷址、解放軍進入北京城、上海淮海路發大水、清明祭總理等記錄歷史事件的圖片；也有巴金、蕭軍、吳若安、鄭振鐸等許多文化影像的紀錄。一九四八年，李濟深、沈鈞儒等各個民主黨派領導接到毛澤東的電報，在香港地下黨的佈置下，分途北上，參加新政協會議。周海嬰和母親許廣平與多位愛國民主人士搭乘「華中輪」海船，從香港離岸，在輪船上，周海嬰為郭沫若、侯外廬、沈志遠等人拍攝了照片。當時，民主人士從香港前往東北解放區的事情對外嚴格保密，沒有攝影記者跟隨，這一組共和國成立前夕獨一無二、彌足珍貴的照片，填補了新政協檔案的空白，成為見證歷史的孤本。一九四八年十二月在瀋陽鐵路賓館拍攝的民主黨派的討論學習會場，及一九四九年一月在瀋陽拍攝的李濟深、沈鈞儒和李富春等人的照片都異常珍貴。

書中收入許多周海嬰家人的照片，有許廣平訪問周家老人、上海魯迅紀念館、魯迅外婆家及許廣平和家人的合影等等。其三叔周建人及家人的圖片也有十幾幅。書中沒有關於周作人的圖片，也沒有魯迅原來的居住地八道灣十一號的圖片，估計周海嬰也從來沒有為周作人拍過圖片。當年，周氏兄弟失和，魯迅被迫搬出八道灣故居，一直是周氏家人心中揮之不去的陰影。

文革十年間的圖片只有十幾幅，而記錄文革事件的圖片一幅也沒有，不知是這十年間沒有拍攝，還是有意避開。

周海嬰之子周令飛在編後記中說：「我的父親遵從祖父（魯迅）的叮囑不做『空頭文學家』，但他卻用自己的審美觀和攝影鏡匣，寫下了他對這個世界的感受和認知。」由於周海嬰的特殊身分，他拍到了很多一般記者所無法拍攝的照片，不但有審美價值，更具史料價值。周先生在經意不經意間，為人們留下了一幅幅珍貴的、鮮活的、有生命力的瞬間。

二○○九年二月五日，立春後一日於秋緣齋

【原載二○○九年四月十日《中國新聞出版報》（北京）】

雜家陳子善

在讀書界，陳子善這個名字已經是家喻戶曉了。陳子善是一位編著等身的著名學者、書人，現任上海華東師範大學中文系教授、博士生導師。長期致力於中國現代文學史料的搜集、整理和研究。我曾問他：「您編的書不下一百種了吧？」他說：「差不多吧。」其實，他到底編了多少本書，他自己也沒數了。有人建議他編一個目錄，他一直沒時間去做。

在北京的一個會上我第一次見到了陳子善教授，他高高瘦瘦的，戴一眼鏡，有一種魏晉學士的風度。來自全國各地的書友聚在一起，書友間大都第一次見面，但卻全無陌生的感覺，因平時皆用書信、電話聯繫，即使沒人介紹，也能猜出對方是誰。大家紛紛與陳先生合影，有人風趣地說：「陳先生成旅遊勝地了。」

陳先生講話風趣幽默，他對我說：「我收到你的信時，很激動呀。阿瀅，我以為是一個女孩子。」我說：「你現在是不是很失望呀？呵呵。」他在做客人民網文化論壇，與網友交流時，一位網友說：「看到你的照片，真清瘦啊！精神矍鑠！一個可愛的小老頭，做的事情卻樸實而又偉大。」他說：「感謝表揚。我知道我離小老頭還有一點距離，因為還沒有到老頭的份上。按照國家的規定，我還不到六十歲，還不到退休的年齡，雖然外表看起來比較像老頭。而離偉大更遠，永遠不可能偉大。」

我帶著他的著作和他編的書到他房間請他題跋。陳先生接過書，說：「好，我現在開始為你工作。」

陳先生研究的都是非主流作家：周作人、劉半農、郁達夫、梁實秋、林語堂、臺靜農、徐志摩、邵洵美、葉靈鳳、潘漢年、張愛玲等。對此，他曾說：「大家都在研究的，比如魯迅、鄭振鐸，別人都做得很好，我們就要借鑒、運用他們的研究成果，沒有必要重起爐灶了。而我所研究的作家，在我之前都沒引起注意，或者說研究得不夠，我感到有責任、有必要來研究。」《逃避沉淪》，一九九八年一月由東方出版中心出版，是一部名人寫郁達夫和郁達夫寫名人的作品集。陳先生題跋：「編這本書是編輯硬逼出來的，但編成以後覺得還有點意思，畢竟郁達夫是我喜愛的作家。為郭偉兄題。子善，乙酉仲秋。」

在一九九六年浙江文藝版「書齋文叢」之《閒話周作人》書中題曰：「阿瀅兄索題。這本書自以為編得比較好，費時數載，書出時，有些作者已謝世，總算為知堂老人研究留下一點有用的資料。子善，二〇〇五、十、十四。」

香港董橋是他較早地介紹到大陸來的，先後為董橋編了幾本書。我收藏的《董橋文錄》毛邊本是龔明德老師寄贈我的。陳子善編，龔明德責任編輯，一九九六年四月四川文藝出版社一版，一九九六年十月第二次印刷。陳先生在書扉題跋：「阿瀅兄：十年前編的這本書，是我與龔明德兄的一次愉快合作。我至今以為文學愛好者不可不讀董橋。編者陳子善。乙酉秋。」我說：「可惜今天龔明德老師因編校流沙河先生的書稿沒能來京參加會議。以後我再讓龔老師題跋。有機會讓董橋先生再題，那這書就更加珍貴了。」

陳先生喜歡養貓，一次他養的貓丟失了，夜裏兩點多，他隱約聽見貓的叫聲，趕緊叫醒老伴，兩人打著手電筒，尋著去。果真，發現了丟失了三天的小貓，喊著牠的名字抱回家來。每次外出，回家總要給小貓帶點好吃的作為禮物。愛屋及烏，在從事研究之餘，他把鄭振鐸、夏丏尊、豐子愷、冰心、梁實秋、徐志摩、季羨林、柏楊、劉心武等寫貓的文章輯錄在一起，編選了《貓啊，貓》一書，二〇〇四年六月由山東畫報出版社出版，書中配了很多精彩的圖片，有名人與貓的照片、有豐子愷畫貓作品、著名攝影家拍貓圖片等等，圖文並茂。陳先生在該書扉頁題道：「我是養貓人，至今仍與兩隻小貓為伴。所以編了這本書，與天下愛貓人分享養貓的樂趣。為阿瀅兄題　子善　乙酉秋日」。

陳先生還在我帶去的其他幾本書上簽名、蓋章。當我請求先生為我散文隨筆集《尋找我的精神家園》作序時，他爽快地答應了：「好呀，我在回上海的路上有東西看了。」

在京期間，我們一起去淘書。早上四點半，天不亮，我們乘坐一輛大巴，來到潘家園。攤位上沒有電燈，可能是故意製造這種鬼市氣氛，每人一個手電筒，晃晃悠悠。人們在鬼火一樣跳動著的手電筒光下淘書。陳子善先生跪在地上，兩手趴在書攤上掃瞄著每個書脊，唯恐漏過一本好書。

到布衣書局訪書，陳先生找到了一本鄭振鐸的女婿薩空了的《科學的藝術概論》，但在結帳時，讓書局的工作人員拿了出來，說是這本書在網上讓人預訂了。我挑的書也有幾本被撿了出來。陳先生給書局的老闆打電話，才答應賣給他，當算完帳到了樓下，陳先生翻看新購的書時，發現沒有那本《科學的藝術概論》，陳先生又馬上跑回樓上理論，總算買回了那書。這也是書局工作人員的失誤，訂出去的書就該從書架上撤下來，來這兒的人都是書蟲子，看到了好書，又不讓買，不是成心讓人難受嗎？陳先生說：「他先讓我對這書饞了，又不讓我買，這不是成心整人嗎！以後應該仿照性騷擾罪，定一條罪名，叫『書勾引』罪！」一語驚人，人們哄堂大笑。

從北京回來不久就收到了陳子善先生為《尋找我的精神家園》寫的序言，他說：「序已寫好，寄上，請查收，不知合用否？尊著書名似較囉嗦，也許改成《尋找精神家園》或《我的精神家園》較好？請酌定。也因此，我的序文中提到尊著書名的幾處，暫時空著，待你確定書名後添入可也。」原來的書名字數確實太多，按陳先生的意思改為《尋找精神家園》。

除了編書，他在大陸和臺灣出版了《遺落的明珠》、《中國現代文學側影》、《撈珍集——陳子善書話》、《文人事》、《生命的記憶》、《海上書聲》、《說不盡的張愛玲》、《陳子善序跋》和《發現的愉悅》等個人專著。

據說在現代作家研究論文中，最多的是魯迅，胡適次之，張愛玲排第三。一九九五年大陸流行張愛玲，為了讓讀者更真切地瞭解張愛玲，他先後編選了《私語張愛玲》、《作別張愛玲》、《記憶張愛玲》等書。陳先生編選的《沉香》，輯錄了張愛玲從上個世紀四十年代到她去世前所發表的一些散文和電影劇本。這個集子所收的文章，多是張愛玲的佚文。其中有張愛玲的電影處女作《不了情》以及第二部電影《太太萬歲》，和她在香港寫的電影《一曲難忘》。有關電影《不了情》的資料，張愛玲自己也找不到了。陳先生在廣州一家影像公司出版的一整套的中國早期電影的VCD裏發現了《不了情》，還原整理了《不了情》的文字劇本。陳先生挖掘出了好多張愛玲的佚文，人們一直認為一九四〇年發表的散文〈天才夢〉是張愛玲的處女作，張愛玲本人也是這樣說，但陳先生發現了張愛玲一九三六年在她就讀的聖瑪利亞女校《國光》半月刊上發表的小說〈霸王別姬〉和〈牛〉，推翻了〈天才夢〉是張愛玲的處女作的論斷。後來，陳先生又發現了張愛玲更早的作品，一九三二年發表於上海聖瑪利亞女校年刊《鳳藻》總十二期上的短篇小說〈不幸的她〉，當時張愛玲是該校初中一年級的學生。這一重大發現，把張愛玲的文學生涯又推前了四年。

陳子善這個名字已經成為「品牌」，在出版業低迷的今天，只要是他編的書，都能暢銷。淘書、藏書、編書、寫書、教書，構成了陳先生完美的人生，有好為人師者，喜歡為人開列書目，並出版了《必讀書XX種》之類的書，讓別人按照自己的意志去讀書。對於如何讀書，陳先生卻說：「對沒有興趣的書，你不要去強求，不要人家說這個是好書，你就認為自己非要去讀。作家余華最近講的話我很贊成，『什麼書對你是好書，那就是你讀了以後確實有感受的書』。可能別人讀了以後沒有感受，那無所謂，你讀了有感受，對你來說，這就是一本好書，跟你個人的經驗結合起來，和你個人的某個童年記憶，某一段回憶、某一段感受結合起來，你被觸動了、感動了，對你來講這本書就是好書，就有意義。」

陳先生儘管常常埋身故紙堆，但不是呆板的「老學究」，無論在會議上，還是在餐桌上，他都是最活躍的。講起話來，手舞足蹈。他忽而北京，忽而上海，忽而紐約，忽而臺北……穿梭於各地的學術會議上。

有人這樣總結陳子善：「個子高，房子小；藏書多，收入少；年紀不小，心態不老；編書於帷幄之中，交友於千里之外。」他的弟子毛尖這樣描述他：「這樣平易的教授、這樣世故的年頭真是不多了，他會坐在學生的自行車後座上，飛車黨一樣地掠過校園，兩隻長腳拖地而行，他只管緊緊抱住胸前的一大包書。他愛書太兇猛，顯得他的愛情生活似乎乏善可陳，但是，有很長一段時間，他穿一粉紅襯衣，肩挎一民俗布包，穿過黃昏的校園，去聽一女郎拉小提琴，這故事到底有沒有結尾，陳老師說，十年後告訴我們。不過，感傷憂鬱的形象似乎不適合我們的陳老師，他是永遠童心燦爛，永遠心情開朗。在倫敦，他和柳葉一起逛書店，用著超高的分貝問，色情書放在哪裏？柳葉公子花容失色，他卻不以為然，洋鬼子，聽不懂中文的。其實，就算在新華書店，他這樣問，我們做學生的也不會驚奇，同樣的事情，在他做來，是無邪，旁人要仿效，就邪了。因為，他是一個有工作的唐吉訶德。」

二〇〇六年二月二十一日於《泰山週刊》編輯部

【原載二〇〇六年十月《泰山》創刊號（山東）】

徐雁：構築書香社會的倡導者

在當今讀書界，關於讀書之書收藏最多大概要數徐雁先生了。認識徐雁先生前就從資料上得知，徐雁先生，筆名秋禾，一九六三年出生於江蘇吳縣，係南京大學教授、中國閱讀學研究會常務副會長、江蘇省作家協會會員、民革江蘇省委副主任委員。出版有《秋禾書話》、《名人讀書錄》、《雁齋書燈錄》、《故紙猶香》、《滄桑書城》、《蒼茫書城》、《書房文影》、《開卷餘懷》、《到書海看潮》、《中國舊書業百年》等多部學術著作，主編有《中國讀書大辭典》、《中華讀書之旅》等。

與徐雁先生結緣始於二〇〇五年初夏，徐雁先生一百餘萬字的巨著《中國舊書業百年》（二〇〇五年五月科學版）剛剛出版，就通過「彪記」快遞公司給我寄來一部，他在扉頁貼上一黃色紙條，上書：「《中國舊書業百年》精裝典藏本，郭偉存，乙酉芒種後於金陵，徐雁。」這也是秋緣齋所藏第一部徐雁先生的書。後來，我問徐雁先生簽名為什麼不直接寫在書上？他說這是港臺作家流行的一種簽名方式，以備受贈者在處理書時，把紙條撕下即可。我想我的藏書在我的有生之年是不會處理的。

《中國舊書業百年》是一部需要仔細研讀的大書，也是我國第一部系統探討近現代中國古舊書業發展歷史和經營業態的學術專著。該書成書歷時三年半，徐先生為搜集資料奔波於全國各地舊書市場，嘔心瀝血、廢寢忘食，填補了中國舊書業史的空白。封面有方成所作漫畫——一個身穿粗布長衫、裹著厚厚圍巾之人，手裏提著書，腋下夾著書，眼睛還盯著架上的書，愛書之相，憨態可掬。

我編《泰山週刊》得到了徐雁先生的幫助和指導，他為我推薦了許多作者，曲阜師範大學文學院文學博士、副教授張詒三發來郵件說：「前一段時間，有幸接南京大學徐雁先生贈書，告訴我您的郵箱，並鼓勵我與您聯繫，說您主編《泰山週刊》，很有書香，今慕名給您發信，並附寄近作書評一篇，算是投名狀……」當我創辦《泰山書院》雜誌邀徐雁先生做雜誌顧問時，他欣然同意，並發來稿子支持。《泰山週刊》增設四個版的文化版後，寄給各地作家徵求意見，徐雁對改版後的《泰山週刊》很滿意。他說：「董寧文經常在我們這裏宣揚你的版面編得越來越好，建議暑假中你可找一兩家企業贊助，召開一個『《泰山週刊》研討會』，邀約十幾位知名作家和同行朋友，共同發表對於進一步辦好『泰山書院』的意見，整理成為一份『言談錄』，並通過我們的書友網路，在《開卷》等各地報刊上積極加以宣傳評論，一定有益。」

二〇〇五年秋，應北京《芳草地》編輯部之邀，參加全國讀書報刊研討會。在會上見到了徐雁先生，先生清瘦瀟灑，風度翩翩。他建議，一年一度的研討會，都要有一項合作項目，當再次坐到一起來研討時，合作已經完成。在這樣一種機制下，報刊研討會才是建設性的、前瞻性的。我贊同他的意見，因此記憶深刻。每年都坐在一起，只是泛泛地空談讀書，而沒有一個具體的方案，就失去了研討會的意義。

有人不但吃了雞蛋還要認識下蛋的雞，而且認識了下蛋的雞還要索取雞蛋。不斷地向作家們索書，是讓作家頭痛的事，讀者要書，說明是喜歡作家的作品，可是出版社給的樣書根本滿足不了索書者的要求，只好自己買書送人。秋緣齋所藏的徐雁先生的書大都是從各地書店、書攤淘來的，徐雁先生主編的一九九九年七月南京大學版《中國讀書大辭典》，淘於泰安古舊書店；二〇〇二年五月東南大學版《開卷餘懷》淘於揚州新華書店；二〇〇四年十一月書海版《故紙猶香》和二〇〇一年七月江蘇教育版《書房文影》郵購於孔夫子舊書網……

徐雁先生是季羨林弟子白化文的學生，當他主編的《中國讀書大辭典》出版後，在北大舉辦了新書品評會，季羨林先生在會上講：「我拿到《中國讀書大辭典》以前的思想活動是，『讀書』怎麼能編成『大辭典』？但這是一個閃念。讀到這部書以後，發現設計、印裝都是出色的。規模很大，內容無所不包。如果要查找什麼東西，得心應手。因此，我感到讀書第一次有了這麼好的詞典。」季羨林的首肯更增加了書的分量，出版時間不長，就再版印刷。

《故紙猶香》的序言〈敬惜「字紙」，呵呵……〉讓人過目不忘，其中附有一老者挑著紙簍收字紙的《收字紙圖》，不禁讓人想起清代畫家曾衍東所畫的一幅《敬惜字紙》條屏，上方題詩云：「惜字當從敬字生，敬心不篤惜難成；可知因敬方成惜，豈是尋常愛惜情。」古代人對於文字紙張的愛惜程度，是現代人所無法理解的。每個讀書人都在書桌旁擺一個字紙簍，將廢棄的紙張丟入其內，等著用扁擔挑著字紙竹籮筐的沿路拾字紙的老人來到，再將字紙倒給老人，帶到敬字亭去焚燒。那是對字紙的一種敬畏，甚至是一種崇拜。

在《故紙猶香》中我最喜歡的是「訪書的小風景」一輯，其中有〈海上淘舊書記〉、〈金陵淘舊書記〉、〈北京潘家園淘書記〉、〈合肥淘舊書兩日記〉和〈富陽華寶齋去來〉，淘書文字篇篇精彩。在〈海上淘舊書記〉記錄了一段趣事：黃裳先生惜字如金，為人簽名只寫「X X先生教正」幾個字。徐雁先生為江蘇古籍出版社「中國版本文化叢書」組稿，去拜訪黃裳先生時，帶去了黃裳的《來燕榭讀書記》和《榆下說書》請黃老題跋，並拿出了抄寫在紙片上的杜甫詩句「自去自來堂上燕，相親相近水中鷗。」請黃老題寫，黃老一看，把紙條收了起來：「何必寫那麼多？」提筆僅留下「為秋禾先生題」六個字，在《榆下說書》扉頁題寫「為金陵雁齋主人題」。徐雁只得苦笑著頷首示謝。

讀〈北京潘家園淘書記〉，不禁想起那次與陳子善等一大幫書蟲凌晨四點到潘家園淘書的情景，每人帶一個手電筒，在晃晃悠悠的燈光中貪婪的爬在書攤上翻檢舊書，攤主們都不備電燈，可能是故意讓人們體驗逛「鬼市」的那種感覺吧。

為了方便外地書友到南京淘書，徐雁先生還專門寫了一篇〈南京書林「淘書圖」〉，詳盡地介紹了南京各個書店的地理位置。先到哪家書店，再沿哪條路往那拐，走幾站路，再到哪家書店，哪家書店有什麼特色，可以打多少折扣，都有說明。讀了先生的文章，在心中就形成了一個淘書路線圖，對南京的圖書市場有了初步的瞭解。

徐雁先生每年都奔波於各地，參加學術會議，每到一地，必去淘書，滿載而歸。在開封書店街訪書，見到一部開本寬廣的仿古線裝書《民間剪紙精品鑒賞》，圖文並茂，堪稱圖書收藏中的「精品」，心生愛意，詢問書價，店家告知，要在原價五十二元的基礎上再加收百分之十的交易費時，他竟「聞言不禁三呼僥倖」，並曰：「以此書品，若在南、北兩京的書店書攤，即使付出百元也豈易得手！」淘得心儀之書的那種喜悅、那種興奮，只有愛書人才能理解。董橋先生說黃俊東「四十幾年風雨不改，是香港讀書界著名的『書店巡閱史』，寫書話，寫掌故，十足書蟲。」其實，說徐雁是書店巡閱史，也是當之無愧的。

徐雁先生的雁齋裏藏書一萬多冊，能到雁齋中參觀先生的藏書，在書法家華仁德題寫的「風簷展書讀，古道照顏色」匾額下與先生合影，是天下「蠹魚」所嚮往的。據說，雁齋中書名帶「書」的書就有一千多冊。他不僅自身孜孜不倦的讀書治學、著書立說，還以傳播書香、構築書香社會為己任，千方百計地幫助讀書界的老學者出版個人專著，由他和傅璿琮主編、河北教育出版社出版的「書林清話文庫」，已連續出版了三輯。他先後與多家出版社合作推出了「讀書臺筆叢」、「松葉文叢」、「六朝松隨筆文庫」、「華夏書香叢書」等多種系列叢書，在讀書界產生了很大的反響。新文學版本專家、北京師範大學博士生導師朱金順教授在給藏書家韋泱的信中說：「一九九〇年我出了《新文學考據舉隅》，一直沒出集子。這以後十多年，寫了約七十多萬字，但我與出版社少聯繫，也不願開口求人。二〇〇六年，運氣來了，徐雁教授要我編個集子入他們的「書林清話文庫」，這就是《新文學資料叢話》（河北教育出版社二〇〇六年十二月出版）……」老先生的喜悅之情溢於言表。

在一次與書愛家龔明德聊天時，龔明德說：「徐雁是培育書香社會的領袖，我只是他的隨從。」徐雁先生也確實是一位構築書香社會的倡導者，他每年都到各地為讀者做專題讀書報告，他一直致力於推動社會閱讀，致力於「培養讀者愛書的情懷，來增益他們對圖書的愛好，從而把自己陶冶成為一個真正的中國讀書人」。他在主編的「華夏書香叢書」的總序中寫道：「解析源遠流長的中華書文化史，來貼近現代讀者的閱讀興趣，來培養讀者愛書的情懷，來增益他們對圖書的愛好，從而把自己陶冶成為一個真正的中國讀書人。」徐雁先生說：「閱讀讓全民族精神起來，我們要為我們民族的跨世紀發展培育下千萬個『讀書種子』」。

二〇〇七年五月一日於秋緣齋

【原載二〇〇七年第六期《書鄉》（江蘇）】

收藏張煒

「我覺得我踏上了一條奇怪的道路。這條路沒有盡頭。當明白了是這樣的時候，我回頭看著一串腳印，心中悵然。我發現自己一直在尋找和解釋同一種東西，同一個問題——永遠也尋找不到，永遠也解釋不清，但偏要把這一切繼續下去。」（張煒〈一輩子的尋找〉）張煒在這條道路上探索著、尋找著，行進途中不斷有新著充實著人們的書房。

自從上小學父親送給我一部長篇小說《戰地紅纓》時起，除了我借出的幾本無法收回的書外，我沒有丟棄過一部文學著作。對書的感情就像《遠河遠山》中的主人公對紙的癡迷一樣，螞蟻似地向家裏搬運書籍。數年的積累，藏書漸有規模，書房不敢有「嫏環」之稱，便取名曰：「秋緣齋」，並請豐一吟先生題寫了齋名。

巡視自己的藏書，發現齋中所藏當代作家的作品版本最多的是張煒的著作。對他的作品並非刻意尋求，是在讀了《古船》之後，開始偏重購買，他的作品有一種獨特的藝術魅力，《秋天的憤怒》、《外省書》、《九月寓言》使人如癡如醉。

不知不覺中，張煒著作竟買了幾十種，本以為收藏了張煒的大部分著作，查了資料發現他出版的著作遠遠不止這些，便心生收藏張煒之意，開始留意張煒的著作。研究一位作家，如果得到這位作家的簽名本更有價值。在濟南中山公園的舊書市場，無意中發現了一九九六年二月作家版《我的田園》的簽名本，上有「張煒　九七、四」字樣，可能是作者的簽名售書。攤主不知是簽名本，遂以極低的價格買了下來。有了這個經驗，以後即使遇到複本也翻看一下，果然又買到了一部一九九七年六月山東友誼版《致不孝之子》的簽名本，在扉頁上寫著：「ＸＸ兄正之　張煒　九七、七月」。受贈者是位知名人士，不知為何，使這部簽名本流落舊書攤。

知道我收藏張煒著作，河南劉學文寄來《楚辭筆記》、江蘇姜曉銘寄來《精神的絲縷》、安徽葉嘉新寄來《激情的延續》、清華大學李莉寄來《最美的笑容》、河南的劉學文和安徽的許進幾乎同時為我寄來了《守望於風中》、淄博袁濱送我《遠河遠山（續寫完整版）》……一些素不相識的書友在看到我的淘書日記後，也為我代淘張煒著作。大連的別冬生在《秋緣齋書事》後跟帖：「偶爾看到《秋緣齋書事》，深為阿瀅兄的文筆所感染，同時亦為兄的淘書精神折服。得知你收集張煒的作品，本人恰好有《醜行或浪漫》，願贈予阿瀅兄。」書友徐明祥轉贈我一部張煒為他簽名的一九九六年十月山東畫報版的《心儀》，並在扉頁題跋：「平陽子阿瀅創辦《泰山書院》，為各地書友交流搭建平臺，頗得好評。今有新著《尋找精神家園》問世，特以寒齋潛廬珍藏近十年的張煒簽名本《心儀》相贈，以示祝賀，亦為秋緣齋集藏張著增添一個品種。一九九三年曾寫過一首小詩，名為「尋找精神家園」，與阿瀅兄的書同名，亦緣也。」

終於有了機會，張煒在我所藏的《古船》、《秋夜》等幾本書上題寫了「閱讀幸福」、「請阿瀅指正」等。作家都非常看重自己的第一部作品，張煒從一九八〇年開始發表第一篇小說，到一九八二年下半年共創作了二十餘萬字的作品，他前期的作品大都寫到一條河——蘆青河，其實是張煒根據他家鄉發源於膠東南部山區的泳汶河作為原型杜撰的一條河流。他把蘆青河當作了自己的生命之河，以後的作品中大都有蘆青河的影子，他把處女集命名為《蘆青河告訴我》，一九八三年十月由山東人民出版社出版發行，後來山東文藝出版社再版時更名為《蘆青河紀事》。他曾說：「我最看重的，是第一本書所給我的喜悅、所給我的久久不能消散的美麗的餘音。就像一隻琴，它的獨特的音質和式樣令我偏愛，儘管它的模樣越來越老舊了。」張煒在我所藏的《蘆青河告訴我》上題道：「阿瀅是寫作者永恆的鑒定。」

張煒筆下的人物都有著鮮明的個性，《古船》裏的隋不召、《磨菇七種》裏的老丁、《外省書》裏的鱸魚、《九月寓言》裏的趕鸚……都是讓人過目不忘的人物。張煒筆下的玉米地是那樣地神奇，在玉米地能找到瓜果、找到野豬，甚至還可以找到媳婦，玉米地成了青年人的天堂，讓書齋裏的讀書人也對玉米地生出無限的遐想。他對荒野的描寫與玉米地一樣充滿誘惑：

「誰見過這樣一片荒野？瘋長的茅草葛藤絞扭在灌木棵上，風一吹，落地日頭一烤，像燃起騰騰地火。滿泊野物吱吱叫喚，青生生的漿果氣味刺鼻。兔子、草獾、刺蝟、鼴鼠……刷刷刷奔來奔去。」（《九月寓言》）

張煒有著深厚的鄉土情結，這從他作品的名字就可以看得出來：《融入野地》、《鑽玉米地》、《灌木的故事》、《原野的精靈》、《我的田園》、《田野的故事》、《如花似玉的原野》……他對田野的描述有很多印象來自童年，他在「關於《九月寓言》答記者問」時說：「我出生不久就隨家遷出龍口，搬到了海灘林子裏，那裏離一些村落還比較遠，是一個林場和園藝場。由於太寂寞，後來我就穿過林子到一個外地人聚居地去……我在那找到了極大的歡樂。我在那裏玩得入迷。直長到十四五歲我才離開林子，把小村藏到了記憶裏。」

後來，我收到了張煒掛號寄來的臺灣版的《蘑菇七種》和《遠河遠山》的簽名本。《蘑菇七種》是中篇小說，也是他中篇作品中最長的一部。後面附有〈生長蘑菇的地方〉、〈鑽玉米地〉、〈拉拉谷〉和〈激動〉幾篇小說，張煒自認為《蘑菇七種》是他最好的作品之一，但這部作品在社會上的影響卻不是很大。《遠河遠山》秋緣齋庋藏四個版本，明天版、南海公司版、時代文藝版和臺灣版。小說講述了一個人與「社會」相依為命的故事，母親早逝，繼父暴戾，少年的他離家流浪，悲慘的境遇和物質的匱乏都沒有阻止他的寫作，在流浪途中結識了形形色色的寫作者，歪歪、疙娃、大胖、老會計、賢人……一生都在找紙、找題材、找人物的他信奉這樣一種信念：一個人最健康的活法莫過於寫作。

張煒的作品收藏得越多感到難度越大，他的作品版本眾多，《九月寓言》有八種版本，其中上海文藝版四種，春風文藝版一種，香港天地版一種，臺灣時報版一種，日本流彩版一種；《古船》的版本有十五種，其中人民文學四種，作家版一種，花山文藝版一種，山東文藝版一種，香港天地版三種，臺灣風雲時代版三種，美國版一種，日本螺旋版一種。張煒是位崇尚完美的作家，他的作品再版時大都是修訂版，長篇小說《遠河遠山》出版八年之後，他又增補了四萬餘字的「綴章」部分，出版了「續寫完整版」。因此，張煒的著作更具版本價值。張煒的散文隨筆集中的文章有交叉重複的現象，對此，張煒也持反對態度，主動廢棄了一些出版合約，但各出版社根據自己的需要出版的選本各有側重，個別篇章重複在所難免。有朋友勸我說張煒出版的作品多，而且年輕，不斷有新著問世，收藏他的著作難度太大，不如另找個老作家作為收藏研究的對象，但個人的興趣很難改變。這些年早已沉浸到張煒的作品中去了，已適應了他的作品風格和語言敘述形式，況且一次性就能買回的作家全集，根本無法體會到偶爾得到一部張煒舊著帶來的那種喜悅之情。

我著手整理張煒的著作書目，二〇〇六年五月山東文藝版的《張煒研究資料》附有一份「作品年表」，而這份最新的年表中所載的張煒作品也只是一部分。我通過各種渠道彙集整理了一份書目，包括張煒在美國、法國、香港、臺灣出版的作品共有二百餘種，我把書目發到了張煒的電子信箱，讓他最後核實一下，他去掉了幾冊作者與他重名的書，添上了幾部新著，發了回來，於是，我手裏有了一份最為詳實的「張煒著作版本目錄」。

張煒在一路尋找，尋找著歷代作家也在尋找的一種東西。而我在尋找著張煒的足跡。張煒說：「太陽很大，大得不可想像，於是你迎著它走，自覺步步接近，到頭來它還是那麼遠。事物大到了一定程度，世上的尺子就不折自廢。但頑強的人永不放棄自己的尺子，他要尋找嶄新的刻度，通往上帝。」

二〇〇六年十二月二十四日於秋緣齋，時值聖誕前日，在收讀各地師友聖誕訊息之喜悅中完成此文

【原載二〇〇八年第六期《威海文藝》（山東）】

江南才子王稼句

蘇州書友為我寄來一本書——《談書小箋》，是稼句兄早年的著作，一九九四年十二月由哈爾濱出版社出版。書分兩輯，第一輯是書信，是他信中談書、品書內容的輯錄；第二輯是讀書的感想以及有關書的掌故。該書正三十二開本，薄薄的，封面素雅。寧靜的夜晚，妻子已進入了夢鄉，我便打開臺燈，斜倚在床上，進入了稼句兄的精神世界。彷彿看到，坐在窗前伏案疾書的稼句兄在向遠方的朋友訴說著自己讀書的感受；又彷彿坐在芭蕉樹下品著香茗，聽稼句兄說知堂、說孫犁、說錢鍾書、說陳平原、說黃裳，講徐志摩與陸小曼、林徽音的感情糾葛……那種感覺讓人陶醉。儘管《談書小箋》在印製上不如他後來出的書精美，但能給人一種極願親近的感覺。

與稼句兄神交已久。辛酉春日，他與止庵來山東，自牧邀我前往拜會，我有事，未能赴約。過後不久，稼句兄發來電子郵件：「阿瀅的名字久仰了，袁濱、寧文都說起過，還看到貴報「開卷文叢」的專版，真是很好。我前天方從濟南回來，此行先往天津，河北教育出版社有一個『書林清話叢書』的座談會。到濟南後，又去了曲阜、章丘、周村，止庵與我同行，他沒有到過泰山，只是因為時間關係，便各自回家了。」

稼句兄似乎為書而生，在他的「城南小築」裏有三萬多冊藏書，每日浸淫其中，讀書、編書、寫書成了他日常生活的重要內容。每每「去郵局取回那一大包一大包的新書，解開紙包時，心緒難以言說，好像是舊時進入花燭洞房，正挑開新娘蓋頭的一剎那，這裏究竟有些什麼呢，當看到真想買而未曾買或未曾買到的書，往往會笑出聲音來」（〈尋尋覓覓都是情〉）。這種心情每一位書友都體驗過，把打開包裹、急於看到包裹中書籍的那種急切、那種興奮，喻作洞房花燭夜揭開新娘蓋頭的心情，真是恰如其分。

秋緣齋收藏的稼句兄的第一部著作是《秋水夜讀》（二〇〇二年五月東南大學版），皆書人書事。稼句兄說：「我禍棗災梨，印了一些書，不知道你是否有存，不要重複了，如一本沒有，那就最好。知道你喜歡書話，就寄上《秋水夜讀》一冊，聊供消遣。關於書的隨筆，山東畫報社還有一本，年底印出，也當奉上。我一般不買書送人，但是真正的愛書人，自然例外。」之後，稼句兄每有新書出版，總不忘寄我一冊。

稼句兄耐得住寂寞，整日為還文債伏案寫作，還要鑽進故紙堆裏點校古籍。他說：「不甘寂寞固然很難，而甘於寂寞似乎更難，對於像我這樣的人來說，首先想到的就是承受得住寂寞，做人如此，文章學問之道，大概也是如此。」稼句兄曾主持一家出版社的編政，策劃了不少有關蘇州歷史、文化方面的圖書，如「憶江南叢書」、《蘇州古典園林》、《蘇州古城地圖》等，受到出版界同行的讚賞。他自己撰寫、編纂、點校了多部有關蘇州內容的專著，如《蘇州山水》、《姑蘇食話》、《蘇州舊夢》、《古保聖寺》、《蘇州舊夢》、《蘇州舊聞》、《三生花草夢蘇州》《消逝的蘇州風景》、《追憶》、《煙雨同里》、《走遍中國・蘇州》、《姑蘇斜陽》、《吳門柳》、《吳門四家》、《浮生六記》、《蘇州文獻叢鈔初編》等。如果說陸文夫先生的小說、散文反映了蘇州的文化精神，稼句兄則從蘇州文化的描述、研究、文獻整理上做出了貢獻。

王稼句這個名字已經和蘇州密不可分，在網上鍵入「蘇州」二字，就能搜到王稼句，搜索王稼句就會出現蘇州。有人說，給王稼句寫信，只要寫「蘇州王稼句」就能收到，而且還確有其事。「有一回稼句的一個外地同學給王稼句寫信，寫信封的時候，記不得地址，就先寫上「蘇州」和「王稼句」五個字，準備查到地址後再填上去，結果給忘記了，就把信件丟進了郵箱，最後遠在蘇州的王稼句還真的收到了這封信。」蘇州作家范小青在〈蘇州王稼句〉中這樣寫到稼句兄，一方面說明他是蘇州名人，再就是，他的信函、包裹、稿費單不斷，郵局的工作人員對王稼句這個名字太熟悉了，所以就能準確無誤地把信件送到稼句兄的手中。

本想在北京的一個會上能見到稼句兄，結果他沒有赴會。直到辛酉秋末，他有本書在山東出版，我們終於在濟南見了面。中午，高朋滿座，齊魯書社原副總編輯、《藏書家》叢刊主持者周晶先生，山東畫報出版社徐峙立女士，篆刻家陳威光先生，以及書愛家自牧、徐明祥、石靈……一大幫書蟲子聚在一起，席間話題亦皆書也。我曾在《上海古舊書會》會刊上看到虎闈這樣介紹稼句兄：「王稼句要朋友、好飲酒。凡讀書人，無論來自天南地北，一到姑蘇便可享盡其熱情之地主款待。書裏書外，說古道今之氣氛，足讓客人終身不忘。更讓客人難忘的是，酒宴開場每每王稼句敬酒他人頻頻，自己則不停豪飲，到後半場卻往往是朋友們倒過來勸王稼句少飲。」這次見面，讓我親身感受到稼句兄的豪爽，他不但具有江南人的細膩，亦具北方人的豪放，開懷暢飲，來者不拒。真是一個性情率直的江南才子。

稼句兄對我說：「《泰山週刊》在你們那地方辦到這程度，有那麼多的大家支持，很好。但你不要滿足，你滿足了，就是當地的阿瀅，不滿足，就是全國的阿瀅。」過了幾日，接到龔明德老師電話說：「你的《書事》我看到了，王稼句說得對，那句話很好，你不要只做山東的阿瀅，你要做全國的阿瀅。」

稼句兄「閒來喜歡讀前人的墨跡，有時讀著讀著，似乎那筆墨也在緩緩流動，覺得有一陣小風在樹林吹過，抑或是岩上的水滴落下深潭」（〈垂虹秋色滿東南〉）。他的書法和他的書話一樣耐讀。秋緣齋裏藏有一幅他為我寫的知堂先生的感逝詩：「繞過中秋三兩日，東園風景太蕭條，牆陰草色渾如舊，無復聞人話六朝。」時常展讀，以消倦意。

正當酷暑，又收到了稼句兄的新著《看書瑣記》（二〇〇六年七月山東畫報版），在這炎熱的季節，為我帶來了一絲涼爽。書中所收作品沒有一篇舊作，全是二〇〇五年三月至十二月間寫的讀書隨筆，並恪守承諾，在出書前沒有交報刊發表。稼句兄在〈小引〉中寫道：「幾乎每天午後，我常常拿一本書倚著軟榻，隨便翻翻，自己是當作休息的。特別是從天高雲淡的涼秋，到那暖風爛漫的杏花天，晴朗的日子，看著看著也就有些迷迷糊糊，前人說的負暄之樂，大概就是這樣得來的。」多麼愜意的讀書生活呀。

清人張潮在《幽夢影》中說：「人莫樂於閒，非無所事事之謂也。閒則能讀書，閒則能遊名勝，閒則能交益友，閒則能飲酒，閒則能著書。天下之樂，孰大於是？」真正的讀書人孜孜以求的不正是這種生活嗎？稼句兄已經在這種生活裏悠然自樂呢。

二〇〇六年八月十三日午後赤膊於秋緣齋窗下

【原載二〇〇七年四月蘇州市文學藝術界聯合會初版《閒話王稼句》】

感覺馬曠源

結識馬曠源源自自牧，牧兄寄我一篇〈歷下三士〉，作者馬曠源，記述了與山東自牧、徐明祥、于曉明的友誼。因是同道書友，看到這類稿子特別親切，我特地請了一位書法家題寫了篇名，用整版篇幅推出了這篇稿子。由於文末只注明作者係雲南省當代文學研究會會長，沒有聯繫地址，便將樣報由牧兄轉寄作者。不久，便收到了馬曠源寄來的《雲水書話》（二〇〇五年八月中國文聯版）和《天南書話》（二〇〇五年十二月遠方版）兩部簽名著作。

適逢腿疾，隨身帶了《天南書話》住院治療。這部著作緩解了我的病痛，也讓我走近了馬曠源教授。馬曠源一九五六年生於雲南極邊第一城——騰沖縣。大學畢業後，在楚雄師院任教，並兼任楚雄彝族自治州政協副主席、雲南省當代文學研究會會長、中國當代少數民族文學研究會副會長等職。

曠源兄是史學家。書中收錄了〈中緬邊界問題〉、〈磨盤山之役〉、〈張獻忠屠川〉、

〈杜文秀起義大事記〉等有史學價值的文章。其中還有一組四萬餘字的〈滇緬抗戰書錄〉，敘錄了二〇〇五年前出版的大部分反映滇緬抗戰的書籍資料。他之所以對滇緬抗戰史料感興趣，工作之餘收集了幾乎所有有關滇緬抗戰的書籍，是因為他的一家就是乘臘戍撤退的最後一組遠征軍車返回祖國的。

讀了〈張獻忠屠川〉一文，才知道披著農民起義領袖外衣的張獻忠竟是慘無人道之徒。張獻忠在四川作惡多端，殺人無數，他殺人完全不加選擇，殺從官、殺紳士、殺武士、殺婦孺、殺降官。「仆之地，滾以石軸，立成肉泥。」殺無可殺便殺妻妾，張獻忠偶夜靜無事，忽云：「此時無可殺者。」遂令殺妻妾數十人，唯一之子亦殺之。這種心理陰暗之人一旦成事，將國無寧日矣。

曠源兄是民俗學家。在《天南書話》中收錄了〈回族民間故事三則〉、〈說鼠〉、〈猴文化補說〉等。〈談廁所文化〉一文中，作者風趣幽默的語言讓人忍俊不禁。

曠源兄是文藝評論家。他曾先後出版過《新文學味羹錄》、《〈西遊記〉考證》、《回族文化論集》、《滇文化散論》等文學評論著作。在《天南書話》中有〈溯源革命文藝觀〉、〈詩論：五四的二重主題〉〈略談鄉土文學的現實主義內容〉等篇什。

曠源兄是作家。他出版有長篇小說《忘川之戀》，小說散文合集《飛海寨》，詩集《曠源詩選》、《迷亂的星空》、《秋聲集》和《邊城風雲》等。他在從政、教學研究之餘，還有精力寫出這麼多的文學作品。這種精神著實讓人敬佩。

曠源兄是書話家。他藏書兩萬餘冊，每日浸淫書海。有索借而萬不得已者，寧可買一冊送人，也不外借藏書，因為他的藏書隨時作了批注，而這些批注成了他創作書話的依據。在這部著作中收錄的一組關於朋友贈書的文字，是我最愛讀的。馬曠源在寫到每一冊書的同時，也記錄了與該書作者的友誼，一些恩怨也直言不諱，保持了書生本色。書中引用山西藏書家楊棟寫給他信中的一句話：「書不必別人看，自己覺得好就行。」馬先生對此話頗為贊同。出書如果只是孤芳自賞，完全可以自己列印、裝訂自藏。書一旦出版，就不屬於作者本人了，它是屬於整個社會的一筆精神財富，或多或少地會對社會的文明進步產生一定的影響，它不是沒有生命價值的私人物品。楊棟兄亦是我的好友，但二兄的觀點還是不敢苟同。

儘管曠源兄擔任州政協副主席多年，但他不是政治家。他在文中坦言：「官場無恆定因素，官場無定勢，官場無真正的朋友，官場無人情，官場無道義。官場只有利害衝突和利害結合。今天的朋友，明天可以是敵人，今天的敵人，明天可以做朋友。一切取決於利益，有利即友，無利即敵，有害尤其是敵。」官場上事都是只可意會不可言傳的，一個成熟的政治家怎能如此公開談論官場呢？曠源兄給自己書齋取名「風嘯齋」，「風嘯嘯兮易水寒，壯士一去兮不復還」。取荊軻殺身成仁之意，一意進取，在寒風凜冽中進擊。他在高中時期便通讀了魯迅著作，他曾買過三個版本的《魯迅全集》，通讀了十幾遍，深得魯迅思想精髓。他的座右銘是，屢戰屢敗，屢敗屢戰。說到底還是魯迅倡導的「韌」性。設定目標之後，勇往直前，不受任何干擾。哪怕碰得頭破血流，只要不傷及性命，依然執意向前。曠源兄這樣性格還是遠離官場，回到書齋做學問的好。即使魯迅再生又能如何呢？

《天南書話》所收文章較雜，多半超出書話的範疇，似乎叫文集較妥。從書中可窺視曠源兄豐富多彩的人生之路，從政、寫書、編書、教書、做學問，曠源兄是集眾長於一身的雜家。湯世杰在曠源兄散文集《春水桃花舊板橋》序中說：「吾友馬曠源，看上去既非『素數』，也非『非素數』，既不願只做『被約數』，也不甘只做『約數』。有時他能痛痛快快地『整除』他人，被同事朋友包容認同，實足一個『約數』，有時他既能『整除』他人，又能被他人『整除』，像是個『非素數』，也有些時候，他是絕不願也絕不能被他人『整除』的，那時當然就是個『素數』了。」至於曠源兄到底是什麼數，讀了他的著作，你就有數了。

二〇〇六年六月九日—十日於高孟骨傷醫院八號病房榻上。時窗外芙蓉花開，麥香撲鼻

【原載二〇〇六年第四期《隴南文學》（甘肅）】

書人蕭金鑒

生活在當今社會的愛書人是幸福的，雖然沒有唐弢、黃裳、姜德明那個時代，隨處可見新文學著作的簽名本、毛邊本，舊書市場萎靡得甚至無書可淘，但新出版的好書總是讓人目不暇接。況且，讀書、寫作也進入了一個相對寬鬆的時代。各地的民間讀書報刊亦有燎原之勢，這些民刊的創辦者都是純正的讀書種子，約稿、編輯、排版、發行，往往都是一個人獨立完成的。一個人就是一個編輯室，一個人就是一家雜誌社。一個人就幹著官辦雜誌十幾個乃至幾十個人的活兒。這些人不計報酬、不計時間，為了構築書香社會緊張地工作著，默默地奉獻著。《書人》編輯蕭金鑒先生就是其中的一位。

與蕭金鑒先生結緣於二〇〇五年，當時，龔明德先生為我寄來幾份讀書報刊，其中有一冊《書人》雜誌，只有一個半印張。雜誌雖顯單薄，但無論印刷質量、裝幀設計，還是文字內容都是一流的，作者大都是全國知名作家、書話家，刊佈內容皆為書人書事，正是我平日所喜讀的。從此，便與《書人》編輯蕭金鑒先生建立了聯繫。

蕭金鑒退休前曾任多家報刊編輯，自謂「經歷坎坷，看透人生，但不消極，愛崗敬業，生性淡泊，嗜書如命，讀而忘憂」。書人蕭金鑒編《書人》雜誌，正是黃金搭檔。每個雜誌都有一個「場」，這個「場」由人氣組成，單看《書人》的作者陣容，就可看出這個「場」的輻射力之強。有文化耆宿，亦有當紅作家。《書人》的封二每期都是一位著名作家在書房的照片，配以作家簡介及手跡，篇首便是蕭金鑒為該作家做的訪談錄，以滿足讀者瞭解名人書房及作家創作足跡的慾望。

困擾民刊的最大障礙是辦刊經費的問題，民刊大都是辦刊者自己承擔出版發行費用，往往剛步入正常軌道，就因經費問題而停辦。二〇〇六年，《書人》易幟岳麓書社，仍由蕭金鑒編輯，辦刊風格未變。有經濟實力雄厚的出版社做後盾，《書人》雜誌就不必擔心辦刊經費了。

自牧曾說，蕭金鑒的醜石齋裏已是書滿為患了，很多書籍不得不放進紙箱、裝進麻袋，租房子存放。但他還是不斷的手提肩扛地往家裏帶書。夜以繼日地讀書、編稿，使他的視力大損，醫生囑咐他少用眼，但他還是樂此不疲地工作著、奉獻著。讓《書人》走近更多的書人。蕭金鑒是熱心人，我主編的《泰山書院》創刊後，他多次給我發郵件，探討辦刊路子，對於如何辦好雜誌提了好多建議。每次拙著出版，他都及時在《書人》雜誌做介紹。當他得知我經常丟失師友寄來的書刊時，就給我出謀劃策，如何防備小蟊賊。但現行的郵政制度無法查詢平寄郵件，就給賊兒帶來方便，只要當時抓不住，他就可大膽下手。各種法兒都用了，郵件還是不斷丟失，因此，他給我封了個「丟書專業戶」的帽子。

他淘得好書也與我分享，他知道我愛讀書類書籍，就給我寄來《中國文化名人談讀書》和《紐約尋書》。他在《中國文化名人談讀書》扉頁題跋曰：「你贈我自己寫的書，我送你別人寫的書。總之，都是秀才人情一本書。阿瀅存讀　金鑒於二〇〇六年酷暑中」。在《紐約尋書》扉頁題道：「紐約尋書不辭遠，悅讀無處不銷魂。阿瀅臥讀　金鑒於盛夏長沙。」

一次，一位陌生的網友在網上發帖：「秋緣齋書事，一見心猶切。下載百餘張，連看半個月。睡前三十分，零點臥床閱。一讀竟忘我，兩點仍未歇。妻醒頓生疑，疑是情書帖。什麼吸引你？你得老實說。我說盡談書，妻心大不悅。書是一本本，這是一頁頁。又問誰寫的，我說阿瀅也。阿瀅女孩名，你又怎麼說？我即下床去，照片取一疊。北京年會上，合影張張列。阿瀅大鬍子，難道是我貼？妻見有名姓，臉上陰轉晴。你們這班人，盡是書呆鱉。不去爭官做，不去弄錢財。總是抱本書，活得真遭孽。明日訂個本，免得看散頁。看就日裏看，晚上應息歇。我眼竟含淚，心頭一陣熱。關燈潛入夢，好事頻頻接。上了閒閒版，阿瀅有新帖。鼻子聞一聞，書香猶濃烈。」書友們問這位網友是誰？我也莫名其妙，後來這位老兄自揭謎底，才知道是蕭金鑒先生。他在天涯閒閒書話發帖、跟帖皆用打油詩。因此，他的《醜石居雜俎》長貼被書友稱之為「蕭家油坊」。

流沙河先生說：「真正的讀書人都不喜歡張揚，這些主持民辦讀書類報刊的人就是這樣的讀書人。」蕭金鑒就是這樣的讀書人。

二〇〇八年七月二十九日於秋緣齋

【原載二〇〇九年總第三卷《泰山書院》（山東）】

夜訪伍立楊

中國真是個偉大而又神奇的地方，中午還是長衣大褂，幾個小時後，就進入了T恤衫的世界。每年一度的來訪，對海南已是輕車熟路，下了飛機，打的來到早已預定的賓館，一番洗漱，換上夏裝，步入附近的夜市，品嘗海南風味小吃，一下子被淹沒在嘰哩呱啦的海南土語之中，頓有置身異域之感。

這些年，獨自外出已成習慣，自己喜歡的地方可以多玩一會兒、多住幾天，無拘無束，不受任何人的干擾。每到一地，訪書訪友是必做的功課。用過晚餐，給伍立楊打電話，他正巧在家，約我過去聊天。遂打的趕到海南日報社新聞公寓。

來到浮漚堂，彷彿進入了一個書的世界，寫字臺、茶几、地上到處都是書籍。他亦用書架放書，高大的書架及至房頂。我也不喜歡用書櫥，書櫥放書太少，不實用，總覺得那是擺在官員身後做裝飾用的。對愛書人來說，書籍就像皇上的妃子，沒有嫌多的時候。立楊兄在人民日報社工作時，與另一家人合住一套房子，真不知當時他把那些寶貝藏在哪兒。後來，他放棄燈紅酒綠、市聲喧鬧的京華生活，攜八千「佳麗」飛抵海南，著書立說，與世無爭，做他的逍遙「皇帝」去了。

一百四十平方米的房子被他佈置成了一個大書房，客廳四十多平方米，為第一書房，藏書大都放在這兒，命之曰：「浮漚堂」，齋名由范曾題寫。「浮漚」一詞典出蘇軾〈龜山辨才師〉一詩，「羨師遊戲浮漚間，笑我榮枯彈指內」。本意是指水面上的小泡沫，旋生旋滅，喻人生無常耳。立楊兄在其〈書房散墨〉一文中云：「是日已過，命亦隨滅；如魚少水，斯有何樂？是曰浮漚而已。」寫字臺後懸掛著流沙河的一副對聯：「九州風雨寫史筆，百尺樓臺讀書燈。」以前，我曾走馬觀花地看過立楊兄的藏書，有好多只聞其名而未見之書。第二書房十平方米，名「發呆室」，立楊兄解之曰：「蓋以不為發呆之事，難遣有涯之生而已。」另外還有畫室，立楊兄不但是作家，他的國畫造詣頗深，圈內人皆以藏有他畫作為榮。

說起這些年出版的作品，他說已經出版十八九本書了，但個別書印數少，影響不大。秋緣齋所藏立楊兄的著作大都是他的簽贈本，也有一些是從孔夫子舊書網郵購的。○六年去海南時，剛到賓館，立楊兄就駕車來接我出去吃飯，他給我帶了《漏船載酒》和《墨汁寫因緣》兩本書，我讓他簽名，他說，吃完飯再簽吧。結果回來時給忘了。立楊兄曾給我寄過他的《故紙風雪》，郵途丟失，所以我不敢再相信郵政，把書寄給立楊兄簽名。事隔兩年，我去海南時又把那兩本書帶上請他補簽。每次拜訪立楊兄都有收穫，他又找出了《讀史的側翼——打撈歷史的碎片》簽名相贈。

立楊兄的作品愈來愈受到讀者的青睞，出版社稿約不斷，他說，最近還有幾部書稿要趕寫，忙得焦頭爛額。近日，遼寧教育出版社同時推出他的兩部新著《烽火智囊——民國幕僚傳奇》和《倒計時——晚清迷局中的生死較量》。出版社要在濟南舉行的第十九屆全國圖書交易博覽會上舉辦首發式，立楊兄也親臨現場簽名售書。聊天時，立楊兄先後給濟南、泰安的幾位朋友打了電話，分別告知他要去濟南參加書博會。

怕影響立楊兄休息，我起身告辭。立楊兄說，他約了《南國都市報》副刊主編葉海聲來與我見面，現正在報社值班編稿子，一會兒就過來。大約十點左右，葉主編帶著報樣過來了，他剛從北京魯迅文學院進修回來，我問起魯院的一位朋友，他說是他的副班主任。這次和他同去魯院學習的有兩個山東人，其中的一位也是我的朋友。有共同的朋友，話題也就多了，聊得興奮，忘了時間，不知不覺聊至深夜，相互留了聯繫方式，匆匆告別。立楊兄讓我回山東時一定給他打電話，他說要送我一幅畫。

辦完了在海南需要做的事情，便訂了返程機票。本來不想再打攪立楊兄，但經不住那幅畫的誘惑，還是在給他打了電話之後，冒雨趕到海南日報社，立楊兄已在大門口等候，他交給我一個手提袋說：「裏面有一罐食品，是香港的朋友寄來的，送給你！」立楊兄執意要送我去機場，他那麼忙，怎麼再去麻煩他呢？遂婉拒之。

回到賓館，見手提袋裏還有一本書，是唐晉主編的《治國與治史》，收錄了二月河、孫立群等七人的史學講座內容。一個大信封內裝有立楊兄的國畫《峨眉山月》，另有一個微型冊頁，有十幾幅立楊兄的《花鳥小品》。隨即發訊息致謝，立楊兄回覆說：「那個冊頁是我的早期作品，但願有點意思。」

二〇〇九年四月十九日於秋緣齋

【原載二〇〇九年六月三十日《汕頭日報》（廣東）】

天津有個羅文華

傳說孫犁的文章一個字也不能改，因此，有些編輯即使發現錯誤也不敢改，認為孫犁是大師，這樣寫肯定有來頭。還有人認為約來孫犁的稿子不易，擅自改動會引起孫犁的不快。《天津日報》社副刊編輯羅文華卻敢於給孫犁糾錯，他認為有錯不改，以訛傳訛，實際上是幫了孫犁的倒忙，是對讀者不負責，也對孫犁不負責。他在處理孫犁的稿子時發現孫犁將伊藤博文寫成了「齋藤博文」，馬上提出來改正，後來又發現過幾處錯別字，在徵得孫犁的意見後一一改正，孫犁也很滿意。孫犁說：「外界傳言，我的文章，不能改動一個字，不知起自何因。」其實，孫犁是位嚴謹的作家，他認為編輯的把關對作者是「難得的匡助」。後來，羅文華又在孫犁的〈買《崔東壁遺書》記〉和〈我的經部書〉兩篇文章中發現，「崔東壁」的「壁」應該是「璧」，而且很多版本收入這兩篇文章也都用錯了。孫犁特別賞識羅文華，當羅文華去看望孫犁時，怕時間長了影響孫犁休息，幾次提出告別，孫犁都用手示意不要著急，繼續探討關於讀書、辨報的話題。羅文華散文集《槐前夜話》出版時，孫犁特意題寫了書名。

認識羅文華是在一次全國讀書年會上，之後不久便收到了他寄贈的著作《與時光同醉》，二〇〇三年八月由東南大學出版社出版發行。初冬的一個午後，它飄然而至。我小心翼翼地打開塵封五年的佳釀，馬上被濃郁的書香所陶醉。這是一部毛邊本，我讀毛邊本沒有一些師友一手拿書一手持刀，邊讀邊裁的雅興，那是一種閒適的閱讀，比較適合讀詩詞類書籍。如果讀到精彩之處，再手忙腳亂地去裁書，也影響了閱讀的情緒。所以，我讀毛邊書都是先全部裁開，再慢慢去享受。《與時光同醉》是一部讀書隨筆集，是看了目錄和插圖就使人著迷的一部書。晚上散步歸來，便打開床頭燈，沉浸到羅文華的世界裏去了。

羅文華是幸運的也是幸福的，負笈燕園而且可以隨時親聆大師謦欬，是讀書人羨慕和渴求的。四年的大學生活，除了正常的上課和必要的課外活動，他泡圖書館的時間竟達七千多小時，同學們忙著交友、談戀愛、託門子找關係跑分配的時候，他卻沉迷於嫏嬛洞天，不問世間俗事了。他翻閱的很多書裏都有蔡元培、梁啟超、李大釗、胡適、魯迅等大師的筆跡和手澤，那是多麼讓人激動的事呀。他在圖書館竟泡出了感情，工作人員為他在一個靠窗戶的地方專門安放了一把太師椅，成了北大圖書館唯一的專座。當年，毛澤東在這兒當圖書管理員時，也沒有享受到這種待遇。圖書館職工舉辦各種活動也都邀請他參加，有時還讓他替班，給出入閱覽室的教師和研究生換閱覽證。那段寶貴的時光，成了羅文華人生中最美好、最難忘的記憶。畢業後，他如願分配到天津日報社工作，榮幸地成為孫犁的同事。孫犁是天津日報社的驕傲，先後在《天津日報》發表了八十多萬字的作品，佔他全部發表作品的三分之一，是天津日報社的榮耀。羅文華到文藝部工作後，直接編發了不少孫犁先生的稿子。

老作家邱勳在一次會議上說，上世紀二三十年代的作家都是學者，既能寫作，也能翻譯，胡適、林語堂等還能直接用英文寫作，而現在的作家，有幾個能懂英語、搞翻譯的？是的，現在的作家不但不能搞翻譯，有些作家竟然聲稱不讀書也能寫作，似乎自己就是天才了，而這種所謂的作家又能支撐多久呢？一個不讀書的作家能創作出思想深刻的作品嗎？羅文華編稿之餘手不釋卷，閱讀了古今中外大量的文學作品，因其淵博的學識，天津師範大學文學院聘其為兼職教授。他不但熱衷於文學創作，對書畫、文物亦多有涉獵，先後出版了《燭邊茶話》、《槐前夜話》、《羅文華說紫砂壺》、《消逝的天津風景》等幾十部著作。翻譯出版的英國女作家簡・奧斯丁的長篇小說《理智與情感》，印行數萬冊，一個月內便再版印刷。

因為工作關係，他接觸的作家、藝術家較多，他的謙恭好學，得到了許多大師的首肯。書法家劉炳森曾說：「我曾經從我的前輩和朋友張中行、龔望、王學仲、馮驥才、孫伯翔諸先生那裏，零零星星地聽到過對文華的好評。文華約我為《天津日報》寫稿，修改編排得十分得體，使我感受到他的熱情和嚴謹。見面一聊，談書法，談文物，談文學，談佛學，談得十分投緣。文華遊學於未名湖畔，親炙眾多名師教澤，受過非常正規的學術訓練，寫作起點較高，多年來又堅持鑽研，扎實修煉，不輟筆耕，與日俱進，才、學、識相融互通，文章自有不凡之處。」劉炳森對羅文華的評價是中肯的，也是恰如其分的。

一次，啟功去天津，羅文華與眾多記者前去採訪，有關部門為啟功的身體著想，規定採訪時間為半個小時，啟功因午睡晚出來了幾分鐘，一見面就作揖致歉。羅文華說：「您是國寶，理應保重身體。」啟功聽了笑道：「國寶？對了，有人說我長得像大熊貓。」啟功的幽默使現場的氣氛活躍起來，當談到他的〈自撰墓誌銘〉時，羅文華當場背誦下來，啟功很興奮，聊興大發，無形中延長了採訪時間。

羅文華的藏書之豐譽滿京津，許多讀者寫信詢問他藏書的數量，一般的藏書家都沒有一個準確的藏書數字，如果去一部部查對書的冊數，所耗費的時光可以讀好多書了。加之源源不斷地購書，因此，藏書家的藏書數量是無法準確統計的。當他被推薦為藏書家庭，有關人員前來調查時，對他的藏書估算了一下，說若把他的藏書一本本摞起來，恐怕要比他工作的三十多層的天津日報大廈還要高。說這話是在十幾年前了，如今他的藏書肯定比幾座天津日報大廈摞起來還要高。一個成功的藏書家離不開家庭的支持和理解，早在一九九八年，他就在妻子的鼎力支持下，購買了一百五十坪的房子，樓下是生活區，樓上是藏書、讀寫區。需要什麼書，妻子都幫忙代淘。姜德明先生曾在〈愛書的朋友〉一文中說：「天下書癡的夫人們都是可敬的！」羅文華夫婦舉案齊眉，志同道合，令人豔羨。紅袖添香夜讀書，羅文華何其幸也！

二〇〇八年十一月十五日夜於秋緣齋

【原載二〇〇九年八月二十八日《文彙讀書週報》（上海）】

燈下窗前長自足

認識劉德水緣於他的女兒。那次我們一幫書蟲去北京布衣書局淘書，一個小女孩兒也跟著去了。我們淘書，她在一旁寫寫畫畫，當時誰也沒有在意。吃飯時，小女孩兒拿出她畫的速寫，讓陳子善教授題了「陳子善淘書圖」幾個字。我看了，見畫面上也有我在翻找舊書。這才知道小女孩兒叫劉莸，是北京書友劉德水的女兒。

德水兄給自己的書房取名「三餘齋」。「三餘」二字，語出《三國志・魏書》裴松之注引《魏略》，「三餘」者，「冬者歲之餘，夜者日之餘，陰雨者時之餘也」。以三餘名齋，意在珍惜時光、勤奮讀書自勉。德水兄從首都師範大學畢業後，一直在京郊一所中學教書。地處京畿，又愛苦讀，因而結識了一些大家耆宿。在他的《三餘齋雜寫》一書中，前兩輯「書緣瑣記」和「三餘獨語」皆為書人書事及讀書隨筆，記述他與張中行、啟功、金克木、蕭乾、姜德明、鍾叔河等文化老人的書緣。老作家們每有新著出版，便常常打電話讓他去取書。關係密切且獲益最多的，大概要屬張中行先生。十幾年的交往中，他與張中行先生結成了忘年之交，隔一段時間不去說夢樓，老人便常念叨：「劉德水怎麼好久沒來了？」

一九九九年，行公患腦血栓住院，讓家人給德水兄打電話，把正在印行的幾本書的終校任務交給他。前後兩個月的時間，他為行公審校了浙江文藝出版社的《張中行散文》、群言出版社的《望道雜纂》、北京廣播學院出版社的《舊燕》、上海書店出版的《不衫不履文抄》和蘇州大學出版社的《順生論》。行公新書出版後，總要送德水兄一冊簽名本，他說：「你幫我做了那麼多事，我得感謝你！」

德水兄還曾為行公「捉刀」寫過一本書呢。一九九八年，遼寧教育出版社準備出版一套「茗邊老話」。「老」，一是話題限定在傳統文化中，二是作者必須是腹笥充盈的耄耋老人。張中行也在被邀之列。當時，行公的精力已難以完成，卻又難以推辭。無奈，給劉德水打電話，說：「咱爺倆趣味相投，文筆相近，看看能否你先寫，然後我再看看，幫我把這一關渡過去。」最後商定了選題，決定寫兩人都感興趣的「八股文」。德水兄在工作之餘，用了兩個多月時間搜集資料，寫出了《閒話八股文》一書。編輯在署名的問題上徵求德水兄的意見，但他堅決不肯署名。書出版後，行公把所得稿費全部給了他，並在贈書的扉頁上題道：「此劉君德水費心血之作，應出版社之情，由我掠美，甚慚愧也。」

讀、寫多了，德水兄的腦子裏也不可免地多不合時宜者。身邊便有人指責他「不務正業」。出版家鍾叔河得知，在信中鼓勵他：「讀書寫文章，即如酒人之於酒，欲罷不能，不懂味的人是難於理解的。恐怕由他去吧是唯一的處理辦法。中學教師，夏丏尊，朱自清，周作人，都是當過的，如果他們當初不『不務正業』，在文學上會造成多大的損失！」當然，如今確不比二十世紀二三十年代讀書人自由，遇到不合意的人或事，可以拂袖而去，到哪兒都可以工作、生活，一不留神就可能出現一個大家，體制束縛了人們的思想，遇到這些事，也只能忍氣吞聲，委屈自己，怎麼能充分張揚自己的個性呢？孟子曰：「不得罪於巨室」，良有以也。

德水兄《三餘齋雜寫》中的最後一輯除了〈愛竹雜說〉一文外，全是談吃的文字。〈兒時野味〉、〈春日菜肴〉、〈豬蹄兒〉、〈狗肉〉……由此可見德水兄亦屬饕餮之徒。但他又特別愛竹，信奉「寧可食無肉，不可居無竹」的古訓，在他終於有了自己的一處地處一樓的房子時，馬上從友人處刨來竹根，種在窗前，並想像著三五之夜，竹影搖窗的景像，復名書齋曰「竹影婆娑之室」。這德水兄懂吃、會吃，且能吃出趣味吃出品味來，真堪稱「老饕」矣。

虎父無犬子。德水兄的女兒劉莸受其影響，不但善畫而且能寫。那次一起淘書之後，便寫了〈書鬼陳子善〉一文發給我。多少年來，人們對愛書人有各種稱呼：書迷、書癡、書蠹、書奴、書呆子……但「書鬼」一詞卻是第一次聽說，實屬劉莸首創。文章描寫也特別傳神，寥寥數筆便勾勒出了愛書家陳子善教授對書的癡迷形象。

德水兄在他的〈書齋不亦快哉〉中戲言：「余每欲終生與書為伍，而人多思與官同列；人視我為『書蠹』，不求上進；我視人為『祿蠹』，一心求官。直如潑婦罵街，打一平手，不亦快哉。」德水兄讀書、教書、編書、寫書，與友交往也都以書為媒。他先後給我寄來了張中行的《順生論》、啟功的《詩文聲律論稿》等。在贈我的《三餘齋雜寫》扉頁上寫道：「因為有了書，這世界便不再清冷，而平添了幾許暖意。」

唐弢先生詩云：「平生不羨黃金屋，燈下窗前長自足。」德水兄讀書成癮，甘以書蠹自居，移以比況，庶幾當之。

二〇〇六年十月十一日於秋緣齋，時夜深人靜，秋風微涼

【原載二〇〇七年第二期《藏書報》（河北）】

書香盈盈一水間

書畫大師王學仲為袁濱兄的新著《盈水詩草》（二〇〇六年八月作家版）題詞：「袁濱君學生時為少年詩人，青年為散文作家，中年為廣播電視媒體人物，近則為萬卷淘書人，故有此贈。」王老的題詞也是對袁濱兄創作歷程的總結。袁濱兄此前還出版有詩集《窗子與風》，但我對他的書話集《草雲集》更感興趣，一直放置案頭，其中的文章讀過不止一遍。

結識袁濱兄，亦為書緣，我曾編發過吉林作家葛筱強的〈清新淡雅《草雲集》〉一文，介紹了書話集《草雲集》。不久，便收到該書作者袁濱寄來的《草雲集》的毛邊本。原來，袁濱兄亦是山東人，我居魯國邊境，他在齊國故地，相距不遠，卻是通過千里之外的朋友介紹相識，豈不為緣？

書生相交，電話、書信、E-mail皆為書也，相互通過作品去探尋對方的心路歷程。兩年後，在勝利油田的一個筆會上，我見到了一直未曾晤面的袁濱兄，他剛到賓館，就來到我所在的房間，知道我收藏志書，為我帶來了《周村區誌》和《百年商埠——周村》兩部大型誌書和他早期的詩集《窗子與風》。

筆會結束，袁濱兄搭乘我的車回家，車到周村，我們去了一條古建築街遊覽。中央電視臺《旱碼頭》劇組正在這兒拍外景，編劇是《大染坊》的作者陳傑。過去時，劇組剛剛收工，一桿做道具的大秤還掛在那兒。

我們在這條街上選了一家飯店，裏面陳設全是清代裝飾，隨時可作拍片的場景。就餐的桌椅也是古式，用一種黑碗喝酒，端起酒碗就不由自主地想起梁山好漢。飯菜極具當地特色，這次晚餐似乎是在體驗生活。袁濱兄約了幾個朋友陪我們，其中的葛思緒是專寫長篇小說的作家，捨下庋存他的長篇歷史小說《李世民大帝》，幾位朋友與袁濱一樣豪爽，在他們的熱情中，我們不知不覺中也進入了角色。吃過晚飯，袁濱兄執意挽留我們住下，由於預訂了去海南的機票，急於回家收拾行裝，便帶著袁濱兄贈送的當地特產——周村燒餅趕回家。

袁濱兄與各地的藏書名家均有交往。丙戌秋日，他隨《魯商》攝製組跑了二十多個城市，他的動態不斷從各地反饋回來，武漢李傳新發訊息說：「袁濱來武漢，黃總請客，我把《崇文》一至五期讓他給你捎回去。」蘇州王稼句發郵件說：「前天，袁濱一行八人來蘇州，他沒有來過，因為時間短促，只看了幾個地方，今天下午去揚州，然後轉道南京回淄博。」……袁濱兄回來後就馬上發來電子郵件：「這次外出採訪長達二十八天，頗有收穫，除了採訪報導，還見到了王學仲、峻青、何滿子、阿紅、李福眠、韋泱、王稼句、黃成勇、段華、袁毅等師友……《泰山書院》創刊號很有影響，我見王學仲、何滿子和峻青先生時都問過他們，他們都已見到，並且印象很好。」

袁濱兄近年來致力於書話的創作，他的《草雲集》除最後一輯外，全是有關書的文字，其實也是一部書友交遊集。書友每有新著出版，他都會及時寫出一篇賞讀文字，為書友吶喊助威。在網上看到我連載的《秋緣齋書事》，馬上發來一首藏頭詩：「秋水瀅瀅照書窗，緣分如詩滋味長。高朋雲集憑欄處，雅興意飛看斜陽。」袁濱兄人緣好，美女作家夏嵐馨的暢銷書《你們的惡》出版時，也特意請袁濱兄作序。

袁濱兄性情耿直，為人作文皆直抒胸臆，亦不為尊者諱。孫犁先生對周作人偏見頗深，他在《書衣文錄》中寫道：「因緣日婦，投靠敵人之無聊作家，竟得高齡，自署遐壽，毋乃恬不知恥，敢欺天道之不公乎！」（《魯迅小說裏的人物》）「都說他讀書多，應加分析。所寫讀書記，無感情、無冷暖、無是非、無批評。平鋪直敘，有首無尾。……是一種頹廢現象，不足為讀書之法也。」（《知堂書話》）。這段話曾多次被人引用過，作為對知堂書話的評價。袁濱說：「耕堂老人為延安革命作家，長期受赤色宣傳，排斥性靈文學，其義憤填膺，情由可原。文字本身很難區分高下，就文學性所言，知堂比之耕堂要高。知堂文字之妙實非芸齋主人所言也。老人觀點，宜應辨析。」孫犁先生是我敬重的作家之一，但對知堂老人的評價，我亦與袁濱兄持相同的觀點。

賈平凹的《廢都》出版後，引起了悍然大波，一些滿口仁義道德、一肚子男盜女娼的偽君子，一邊琢磨著《廢都》裏那些方格中應該是什麼內容，一邊口誅筆伐。《廢都》在國內遭到圍剿，卻在法國獲了獎，不能不說是一種絕妙的諷刺。談到《廢都》時，袁濱兄說：「他的『方格』不同於《金瓶梅》，《金》本係後人所加，《廢都》則是作者自加，幾百年了，作者寫作還要加『方格』，這從某方面體現了一種文化現象。加『方格』是無奈之舉，國情所限，也含有一層抗議的意思。」在賈平凹四面楚歌時，袁濱兄撰文支持，可謂賈氏知音矣。

愛書人都有一個書齋，袁濱兄原來齋名草雲齋，因名字帶有水字旁，總覺得與水有一種說不清的情愫。當他喬遷新居之後，便改齋名為盈水軒，並請王學仲先生題寫了齋名。盈水軒裏，袁濱兄坐擁書城，挑燈夜讀，正如吳門作家王稼句為袁濱兄所題：「香茗一盅，殘書一卷，臥遊勝地，此樂何極！」

二〇〇六年九月十三日於秋緣齋，時夜深人靜，秋月盈窗

【原載二〇〇六年十二月十一日《藏書報》（河北）】

紐約書市一蠹魚

《書人》編輯蕭金鑒兄寄來一本《紐約尋書》，在扉頁題跋：「紐約尋書不辭遠，悅讀無處不銷魂。阿瀅臥讀，金鑒於盛夏長沙。」《紐約尋書》，李廣宇著，一九九八年十二月國際文化出版公司出版，書分「揀葉書園」、「魚庵書話」、「書話識小」、「讀鳳心解」、「蠹魚漫記」和「紐約尋書」六輯，單看目錄，便篇篇想讀，連讀幾篇卻又不忍心一口氣讀完，就像鮮美的食物要一點點慢慢品味。

李廣宇的名字並不陌生，我的書齋裏藏有他編著的《書文化大觀》（一九九四年四月中國廣播電視版）一書，那是他在大學攻讀研究生時，學習之餘的副產品，洋洋灑灑四十萬字，是一部關於書的小百科全書，姜德明先生在〈序〉中贊曰：「先看篇目就很吸引人，至少在我們的書店裏還找不到這樣一本有知識，也很有趣味的書。」

作者在美國求學一年，書中大部分篇什寫於紐約，篇末的〈紐約尋書記〉即為在紐約的淘書日記，作者在求學之餘，走遍紐約的大街小巷，四處訪書，淘到了很多在大陸難以見到的港臺版圖書。

在美國買書特別的貴，一般書都在十美元以上，有的達到二三十美元，店員的服務態度也差，閉路電視監控不算，還看賊似的盯著，當好不容易揀了一些書再去別處淘時，回來已經給插架了，只好重新尋找，在一家書店見到了約瑟夫‧布魯門瑟爾所著的《印本書的藝術》，十六開巨冊，所附書影之多、印裝之精美，讓人目瞪口呆，但看到五十美金的定價，也只能望書興嘆。

失書之痛幾乎每個愛書人都經歷過，當他心愛的《知堂書話》被人拿走上冊後，「一對孿生兄弟連理枝折，死別生離，怎不讓人望眼欲穿，肝腸寸斷？」竟「連連做夢，夢見此書乃友人借讀，有望歸還。醒來知是夢中，便悵然，悵然，好一個苦澀的夢醒時分。」

古人云：「借書一癡，還書一癡。」意思是說，把書借給別人是傻子，借別人的書而歸還的人更傻。李廣宇當年為寫專欄從編輯處借了一套葉靈鳳的《讀書隨筆》，陰差陽錯一直沒有歸還，他心裏一直記著這個書債。後來竟得出了另一結論：「要不是這筆書債，我何以能如此牽掛吳君？怕早已天各一方，相忘於江湖了。」

這冊小書，共收書話一百零四篇，除〈紐約尋書記〉較長些外，其餘皆為千字文。這也是為報紙開專欄的結果，寫專欄文字受字數限制，不能展開寫，只能簡單地介紹一個人、一本書或一件事。王稼句新出版的《看書瑣記》中的文章則自由得多，出版社約稿時只要求談書，但對談什麼書、怎麼談書並無規定，於是篇幅可以放開來寫，因此這部十萬字的書，文章卻只有二十篇，讀起來也相當過癮。而《紐約尋書》中的〈知堂書話〉一文兩千餘字，還分為一、二兩部分。

書中「讀鳳心解」一輯是專寫葉靈鳳的，其中有〈葉靈鳳與魯迅〉、〈葉靈鳳與郁達夫〉、〈葉靈鳳與潘漢年〉等十七篇。李廣宇對葉靈鳳的偏愛超過了任何一位作家，他執意搜求葉靈鳳的作品，在紐約的唐人街，淘到了數量可觀的葉靈鳳的著作，又從哥大圖書館的舊書庫裏複印了葉靈鳳不少的絕版文章。「很長一段時間，葉靈鳳充斥了我整個夢境，翻開任何一頁出版物，只要出現葉靈鳳三個字，都會放電一般對我產生一種勾魂攝魄的力量。」（〈想起了葉靈鳳〉）愛屋及烏，寫到香港淪陷後，葉靈鳳為日本人編輯《新東亞》、《大同》等雜誌時，還說：「他以蘇武自況，以隱晦的筆法，寫了不少寄故國之思，揚民族大義的作品。」很難想像曾參與創辦《救亡日報》的葉靈鳳落水後還能寫出「揚民族大義的作品」。後來李廣宇寫了一本《葉靈鳳傳》（河北教育出版社二〇〇三年五月版），在其後記中寫道：「寫完《葉靈鳳傳》的最後一句，我禁不住掩面而泣；葉靈鳳沒能實現他為所喜愛的比亞斯萊作傳的願望，而我的這個心願竟終於實現了；我的落淚，是為靈鳳，也是為自己。」作者對知堂的態度則不一樣了，他對知堂的作品「說實話，很是喜歡……他那『污點』，任憑書寫得再好，也還是抵消不過的。」（〈知堂書話〉）。愛也往往會出現偏差。

李廣宇淘書回到家，便把所淘之書，悉數放到几案，倒一杯可樂、燃一支香煙，一本本細細欣賞，完全陶醉於書的世界。讀了一會兒，便拿起杯子一飲而盡，喝到最後，感覺味道不對，仔細一看，杯底全是煙灰，而煙灰缸裏卻空空如也。

真乃書癡也。

二〇〇六年九月一日夜於秋緣齋

【原載二〇〇七年第四期《翠苑》（江蘇）】

書林漫步

《海星》和陸蠡

一次淘書，看見一本很不起眼的小冊子——《海星》，裝幀設計很平常，而當我看到了作者陸蠡的名字時，眼睛不禁為之一亮。我剛剛從《文人筆下的文人》一書中讀了巴金、唐弢等人懷念陸蠡的文章，正想找陸蠡的書讀，無意中遇到，真是天意。

《海星》一書只有八十八個頁碼，定價零點三零元，三十二開本。巴金一九三六年至一九四八年期間主編的《文學叢書》由上海文化生活出版社先後出版十集，每集十六種。其中收有當年我國文壇上不少優秀作家的主要作品。一九八四年四月廣東人民出版社從中編選十種出版發行，陸蠡的《海星》便是其中的一冊。

陸蠡原名陸考原，字聖泉，陸蠡是他的筆名。浙江天臺平鎮岩頭下村人。資質聰穎，童年即通詩文，有「神童」之稱。一九二二年跨越初中，考入之江大學附屬高中部，初露文學創作的才華。後進入杭州之江大學、國立勞動大學學習，畢業後與吳朗西等南下福建，在泉州平民中學任教，課餘從事創作和翻譯。第一本散文集《海星》的大部分文章，就是在這時寫的。

一九三四年，陸蠡到上海教書。一年後，因吳朗西和巴金等在上海創辦文化生活出版社，便辭去教職，改任編輯。在此期間，經常與巴金、麗尼、許天虹等促膝交談到深夜，使其文學創作邁上了新的臺階。繼處女作《海星》於一九三六年八月問世後，一九三八年三月，他的第二本散文集《竹刀》（曾名《溪名集》）出版，編入《文學叢刊》第五集；一九四〇年八月，又出版了第三本散文集《囚綠記》，列入《文學叢刊》第六集。三個集子的共同特色，是凝煉、質樸，蘊藉而秀美。陸蠡還翻譯出版了屠格涅夫的《羅亭》、《煙》和拉馬丁的《葛萊齊拉》三部小說。陸蠡也寫過許多短篇小說，給人的感覺總是「渴望著更有生命、更有力量、更有希望和鼓舞」。

一九三七年八月，吳朗西、巴金分別去重慶、廣州籌建分社，上海文化生活出版社便由陸蠡負責。幾年中，在敵機轟炸中出版的書籍竟達數百種，還有十幾種叢書。期刊《少年讀物》因有抗日內容被強令停刊，他又先後主編了《少年讀物小叢書》和《少年科學》。一九四二年四月，陸蠡發往西南的抗日書籍在金華被扣，日本憲兵隊追蹤到上海，查封了書店，沒收了全部的《文學叢刊》。陸蠡不顧眾人勸阻，親自去巡捕房交涉，便遭關押，從此失去蹤跡，那年陸蠡三十四歲。

陸蠡短暫的一生中寫下了許多優美的散文，這些散文表達了他嚮往光明、追求快樂的美好理想。在三十年代的散文家中，陸蠡的散文最是奇麗明朗、清新可誦。《海星》一書只選了二十五篇散文，短的只有百餘字，有的聽著就彷彿進入醉人的音樂境界；有的讀來又宛若身臨美麗的童話世界，然而作者在這中間卻深刻地表現了那裏面的美與醜、愛與憎、哀與樂；表現了自己要追求什麼、鄙棄什麼。文中蘊涵著高潔的情懷、深邃的哲理，讀來令人回味無窮。林非在評論陸蠡的散文時說：「在三十年代發表作品的一批作家中，陸蠡具備著很多作家所有的長處，他像李廣田那樣洋溢著鄉野和泥土的氣息；他像吳伯簫那樣駕馭著優美、清麗的文筆；他像師陀那樣善於傾訴憂鬱和動人的故事。他的作品的內容是比較狹窄的，然而在思想和藝術上卻都閃爍著自己特有的光彩。他的不少篇章都像澗水那樣明朗和清亮，像野花那樣芬芳和嫵媚。」

陸蠡雖然是外表柔弱的文人，卻是一個鐵骨錚錚的漢子，在關鍵時刻，他總能挺身而出。詩人柯靈說：「聖泉不趨時，不阿俗，切切實實，閉門勞作，殷勤地獻與世人。他決不『孤芳自賞』，或者『孤影自憐』。他是淳樸的，一個地道的山鄉人。這點淳樸使他在品格上顯得高，見得厚，也正是他終於默默地為祖國獻出生命的根基。在彼時彼地，如果真有所謂高貴的東西，我願意舉出聖泉的淳樸的性格為例。」

在他失蹤以後的半個多世紀中，許多熟悉或者不熟悉他的人，一直不停地寫紀念文章，緬懷其崇高的心靈和無私的品格。與其說是陸蠡優美的散文打動了讀者的心，使他留名青史，毋寧說是他人格的巨大魅力在歷史上所留下的巨大影響。巴金先生在〈懷陸聖泉〉一文中深情地寫道：「在我活著的四十幾年間，我認識了不少的人，好的和壞的，強的和弱的，能幹的和低能的，真誠的和虛偽的，我可以舉出許多許多。然而像聖泉這樣有義氣、無私心，為了朋友甚至可以交出生命，重視他人的幸福甚於自己的人，我卻見得不多。古聖賢所說：『富貴不能淫，貧賤不能移，威武不能屈。』他可以當之無愧。」這樣高的評價，可能在巴金先生的一生中再也沒有送給過第二個人了。

近年來，全國許多出版社爭著出版他的散文集，浙江和臺灣先後出版了《陸蠡集》、《陸蠡傳》，好多版本的中國現代文學史在論述散文部分裏都寫到了陸蠡，中國現代散文的各種選集也都選進了他的許多作品。

陸蠡雖然不是一個叱吒風雲的偉人，但他是一個真正有骨氣的人，他以自己三十四歲的生命在天地間書寫了一個大寫的「人」。

二〇〇三年七月十一日於秋緣齋

【原載二〇〇六年十月二十五日《濟南日報》（山東）】

朱自清的第一本詩文集

《蹤跡》是朱自清的第一本詩文集，中華民國十三年（西元一九二四年）十二月，由上海亞東圖書館出版發行。

《蹤跡》分為兩輯，第一輯收入作者新詩三十一首，其中有〈光明〉、〈羊群〉、〈悵惘〉、〈輓歌〉、〈侮辱〉和長詩〈毀滅〉等，〈光明〉是詩集中的第一首詩：「風雨沉沉的夜裏／前面一片荒郊／走盡荒郊／便是人們底道／呀！黑暗裏歧路萬千／叫我怎樣走好／上帝，快給我些光明吧／讓我好向前跑／上帝慌著說，光明／我沒處給你找／你要光明／你自己去造」。這首詩寫於一九一九年二月二十二日，當時中國正處於辛亥革命初期，中國命運前途未卜，一片混亂，國人處在迷茫之中。詩人便發出了「你要光明，你自己去造」的呼籲。〈羊群〉一詩寫了一群夜間在田野熟睡的羊被狼驚醒了，牠們「瑟瑟的渾身亂顫／腿軟了／不能立起，只得跪了／眼裏含著滿眶亮晶晶的淚／口中不住地芊芊哀鳴」，「狼們終於張開血盆的口」，「他們喉嚨裏時時透出來／可怕的勝利的笑聲……」面對如此的慘景「這時月又羞又怒又怯／掩著面躲入一片黑雲裏去了」。一首詩把中國人的奴性、帝國主義的殘暴和腐敗政府的無能軟弱描寫得淋漓盡致。〈毀滅〉是一首二百多行的長詩，一九四八年朱自清去世後，李長之在〈雜憶佩弦先生〉一文中曾提到了這首詩：「一般人常常提到他的〈背影〉，並且因此稱他散文家，我想這是故意小看了他，他給我印象最深的，卻是〈毀滅〉——在中國是一首可紀念的長詩。」第二輯收入散文四篇，其中有名篇〈槳聲燈影裏的秦淮河〉。扉頁是周作人的詩〈過去的生命〉：「這過去的我的三個月的生命，哪裏去了／沒有了，永遠的走過去了／我親自聽見他沉沉的緩緩的一步一步的／在我的床頭走過去了／我坐起來，拿了一枝筆，在紙上亂點／想將他按在紙上，留下一些痕跡／但是一行也不能寫／一行也不能寫／我仍是睡在床上／親自聽見他沉沉的緩緩的，一步一步的／在我床頭走過去了」。周作人的詩權作為序了。

朱自清早年寫詩，後來逐漸轉向散文的寫作，寫的小說極少。一九三六年五月出版散文集《背影》時，他在自序中寫道：「我寫過詩，寫過小說，寫過散文。二十五歲以前，喜歡寫詩，近幾年詩情枯竭，擱筆已久。前年一個朋友看了我偶然寫下的〈戰爭〉，說我不能做抒情詩，只能做史詩；這其實就是說我不能做詩。我自己也覺得如此，便越發懶怠起來。」郁達夫在評論朱自清時說：「朱自清雖則是一個詩人，可是他的散文仍能夠貯滿著那一種詩意，文學研究會的散文作家中，除冰心外，文章之美要算他了。」

《蹤跡》全書一百八十八個頁碼，文字豎排，每冊定價大洋四角。書後附有上海亞東圖書館發行的十種新詩集廣告。其中有胡適的《嘗試集》，康洪章的《草兒在前集》和《河上集》，俞平伯的《冬夜》和《西還》，汪靜之的《蕙的風》，陸志韋的《渡河》，宗白華的《流雲》，還有《胡思永的遺詩》和《一九一九年新詩年選》。

一九八五年六月，上海書店出版了一套《中國現代文學史參考資料》，輯集了我國現代文學史上的各社團、流派、著名作家流傳較少的著作，以及作家傳記、作品評論、文學評論集等，皆為原樣影印，供研究參考。朱自清的詩文集《蹤跡》也在其中。

二〇〇三年六月二十七日於秋緣齋

【原載二〇〇三年八月十三日《泰山週刊》（山東）】

郁達夫選編《散文二集》

《散文二集》是《中國新文學大系》叢書其中的一本。「中國新文學大系」為魯迅、茅盾等編選的中國新文學運動第一個十年（一九一七年至一九二七年）理論和作品的選集，由上海良友圖書公司趙家璧主編，於一九三五年至一九三六年間出版。全書分十卷。由蔡元培作總序，編選人作導言；胡適選編第一集《建設理論集》，鄭振鐸編第二集《文學論爭集》，茅盾編第三集《小說一集》，魯迅編第四集《小說二集》，鄭伯奇編第五集《小說三集》，周作人編第六集《散文一集》，郁達夫編第七集《散文二集》，朱自清編第八集《詩集》，洪深編第九集《戲劇集》，阿英編第十集《史料・索引》。

郁達夫選編的《散文二集》，文字豎排，四百五十餘頁碼。全書選編了魯迅、周作人、冰心、林語堂、豐子愷、鍾敬文、川島、羅黑芷、朱大楠、葉永蓁、朱自清、王統照、許地山、鄭振鐸、葉紹鈞和茅盾等十六位著名作家新文學運動以來的散文作品一百二十六篇。

在〈導言〉中，郁達夫對新文學運動以來的散文和從前的散文做了比較：「從前的散文，寫自然就專寫自然，寫個人就專寫個人，一議論到天下國家，就只說古今治亂，國計民生，散文裏很少人性，及社會性與自然融合到一處的，最多也不過加上一句痛哭流涕長太息，以示作者的感憤而已。現代的散文就不同了，作者處處不忘自我，也處處不忘自然與社會。就是最純粹的詩人的抒情散文裏，寫到了風花雪月，也總要點出人與人的關係，或人與社會的關係來，以抒懷抱。一粒沙裏見世界，半瓣花上說人情，就是現代散文的特徵之一。」

郁達夫對魯迅，尤其是對周作人特別偏愛，他說：「魯迅的文體簡煉得像一把匕首，能寸鐵殺人，一刀見血。重要之點，抓住了之後，只消三言兩語就可以把主題道破。」「周作人的文體，又來得舒徐自在，信筆所至，初看似乎散漫支離，過於繁瑣！但仔細一讀，卻覺得他的漫談，句句含有分量。一篇之中，少一句就不對，一句之中，易一字也不可，讀完之後，還想翻轉來從頭再讀的。」

《散文二集》中選了茅盾散文兩篇、川島散文一篇、冰心散文六篇、朱自清散文七篇、魯迅散文二十四篇，而更讓人吃驚的是周作人散文竟然選了五十七篇。一部百餘篇的散文選集中一位作家的作品竟佔了一半，這是讓人很不理解的，也是一般的編選者所做不到的。對此，郁達夫專門做了解釋：「中國現代散文的成績，以魯迅、周作人兩人的最豐富最偉大。我平時的偏嗜，亦此二人的散文為最所溺愛。一經開選，如竊賊入了阿拉伯的寶庫，東張西望，簡直迷了我取去的判斷，忍心割愛，痛加刪削，結果還把他們兩個人的作品選成了這一本集子的中心，從分量上說，他們的散文恐怕要佔得全書的十分之六七。」沈從文在〈讀《中國新文學大系》〉一文中說：「郁達夫選散文全書四百三十餘頁，周氏兄弟合佔二百二十二頁，分量不大相稱。其實落華生不妨多選一點。」

《散文二集》一書所選散文有好多被選入中學課本。

十卷本的「中國新文學大系」的編選者皆為中國文學巨匠。一九二二年郁達夫在上海與郭沫若、成仿吾等人成立創造社，在創辦的《創造季刊》的創刊號上，郁達夫發表的〈夕陽樓日記〉和〈編輯後記〉，抨擊當時不正確的翻譯，引起了胡適之對創造社的一場激烈筆戰，雙方的筆墨官司引起了社會的極大關注。後來為了文學事業，兩人能在一起齊心協力編選「中國新文學大系」，這種精神非常難能可貴。

二〇〇三年七月十六日於秋緣齋

【原載二〇〇三年八月十九日《泰山週刊》（山東）】

由《羅亭》想起麗尼

一直在尋找陸蠡翻譯的屠格涅夫的長篇小說《羅亭》，卻只找到一九九六年譯林版石國雄譯的《羅亭》。不能讀到陸蠡的譯本，心裏總感到一種缺憾。年初三，無意之中在舊書攤上看到了這本心慕已久的書。讓人驚喜的是，這本一九五七年十二月人民文學版的《羅亭》不單是陸蠡翻譯的，還是麗尼校改的。麗尼在〈校後記〉中說：「二十年前，陸蠡、巴金和我曾相約分譯屠格涅夫的六部長篇，陸蠡所擔任的是《羅亭》和《煙》。抗日戰爭期間，陸蠡在當時淪陷的上海，被敵寇架去，不屈遇害。距《羅亭》譯本刊行二十年後，由我來校訂陸蠡的遺譯，每當執筆，對於為祖國犧牲的亡友，猶復不勝悼念之情。校讀中，對原譯文頗有改動，但已不能與陸蠡共同商榷，所有謬誤，就應當由我自己負責了。」

人們對巴金、陸蠡比較熟悉，但對麗尼多數比較陌生。麗尼原名郭安仁，湖北孝感人。據說他兒時有個非常要好的叫麗尼的外國女友，後來女友因病去世，為了紀念她，便用麗尼做了筆名。一九三五年，麗尼與陸蠡、巴金等人在上海創辦了文化生活出版社，並出版了第一本散文集《黃昏之獻》，後來又出版了散文集《鷹之歌》和《白夜》。

《黃昏之獻》收入作者一九二八年六月至一九三二年四月間的作品五十六篇，全書分為四輯；第一輯「黃昏之獻」是唱給戀人的傷逝曲；第二輯「傍晚」和第三輯「深更」是一顆「漂流的心」漏出的疲憊曲和絕望曲；第四輯「紅夜」則是不滿黑暗、不願沉淪的抗爭曲。作者感懷從「黃昏」、「傍晚」至「深更」、「紅夜」，迫近「黎明」而暫告一個段落，貫穿始終的是作者「個人底眼淚，與向著虛空的憤恨」。整部作品充滿了苦悶、壓抑、感傷和失望。

他的第二本散文集《鷹之歌》已經回到現實和人生中間來了，在寫法上也增加了敘事的因素，他克服了早期散文中的個人感傷氣息，開始歌唱希望和鬥爭。

他的第三本散文集《白夜》側重抒情與寫人、敘事的結合。麗尼的散文以抒發內心感受見長，較多採用散文詩的抒情方式，他的抒情方式個性近於傾瀉型，長歌當哭，不吐不快，他用「我」的內心告白直抒胸臆，毫不掩飾，深受讀者的喜愛。

抗戰開始後，麗尼和逃難到桂林的巴金邂逅，巴金準備在桂林復刊《文叢》，正巧麗尼手中有翻譯的契訶夫的戲劇《伊凡諾夫》、《海鷗》和《萬尼亞舅舅》，答應交給巴金。第二天，敵機把他住的旅館炸成了一片廢墟，麗尼辛辛苦苦翻譯的手稿頃刻間化為灰燼。後來麗尼又重譯了那三個劇本，郭梅尼在回憶父親麗尼時說：「在那寒冷的冬夜，我們住的小土屋特別冷。深夜，我被徹骨的寒氣凍醒，看見爸爸還坐在小菜油燈前寫著，兩根燈芯的微光，照著他瘦削的臉龐。那時，他才三十多歲，可是，沉重的生活擔子和過度的用腦，已經使他過早地禿頂了。大概是太冷的緣故，他瑟縮著身子寫著寫著，不時用嘴呵呵熱氣，暖暖凍僵的手指，一字一句地翻譯契訶夫的劇本……」

一九五〇年，麗尼擔任武漢中南人民出版社編輯部副主任，後歷任該社副社長兼總編輯、武漢大學中文系教授。一九六五年，調任廣州暨南大學中文系教授。文革期間受到迫害，一九六八年，在勞改中猝死，直到十年後才得到平反。

解放後，麗尼重譯了屠格涅夫的長篇小說《前夜》和《貴族之家》，校改了陸蠡翻譯的小說《羅亭》，但再沒有寫過散文。一九八二年，上海文藝出版社出版了《麗尼散文選集》，巴金寫了一篇〈關於麗尼同志〉作為「代序」。巴金這樣評價他的朋友：「他不曾做過什麼驚天動地的大事，他只是一個心地善良的老好人，一個清清白白、平平常常的人。」

二〇〇四年二月十一日於秋緣齋

【原載二〇〇五年第四期《書友》（湖北）】

劉大白與《舊詩新話》

劉大白（一八八〇～一九三二），浙江省紹興人，現代詩人、教育家。原名金慶棪，字伯楨。辛亥革命後改姓劉，名靖裔，字清齋，號大白。浙江紹興人。五歲熟讀唐詩，八歲學習制藝試帖律賦，十歲潛心詩詞，十五歲應科舉考試，得過優貢生，並曾膺拔貢。一九一四年在東京加入同盟會，辛亥革命後曾發表反對袁世凱的文章，東渡投身「二次革命」，避難日本，旋至南洋。一九一六年回國，編《杭州報》並出任浙江省議會祕書長。一九一八年擔任浙江第一師範學校國文教員。一九一九年擔任浙江教育會總幹事。「五四」運動中，與經亨頤、陳望道、夏丏尊合稱「五四浙江四傑」。因支持學生進步活動，被迫離校，後去上海復旦大學、第三中山大學（後改浙江大學）等校任教。一九二九年擔任國民政府教育部次長，同年十二月十五日辭去了教育部政務次長的職務。一九三一年開始，劉大白閉門進行寫作。一九三二年病逝。

在一九二一年至一九二二年這兩年中，劉大白寫了許多新詩和隨感，發表在《民國日報・覺悟》上，新詩署名劉大白。一九二四年，劉大白加入以柳亞子為首的新南社，同年，他加入文學研究會上海分會。三月，劉大白的第一部詩集《舊夢》由上海商務印書館出版，共收五百九十七首詩，列入「文學研究會叢書」之一，陳望道、周作人為詩集作序。

一九二六年十二月，劉大白另一本新詩集《郵吻》由上海開明書店初版，列入「黎明社叢書」之一，該書收錄了一九二三年五月至一九二六年五月三年中寫的一百首詩。

劉大白的第一部詩集《舊夢》，印刷裝訂粗糙，錯誤百出。全書從左往右橫排，四十開狹長本，五百頁訂成厚厚的一冊，封面灰色，劉大白很不滿意。一九二九年九月，劉大白把《舊夢》完全打散，「剔除了些，添補了些，移動了些，訂正了些」，重新斟酌組合，「把撕碎了的《舊夢》，做成現在的——《丁寧》、《再造》、《秋之淚》、《賣布謠》」四本詩集。上海開明書店分別於一九二九年九月至一九三〇年一月出版了這四本新詩集。

一九三〇年前後，劉大白出版了多種學術著作：一九二八年五月，《舊詩新話》作為黎明社叢書之一種由上海開明書店出版；一九二九年七月，《白屋說詩》由上海開明書店出版；一九二九年八月，《白屋文話》由上海世界書局出版；一九二九年十二月，《五十世紀中國年表》由上海商務印書館出版。成稿於這個時期的《中國文學史》、《中國文字學概論》、《中詩外形律詳說》等也在其逝世後印行。

《舊詩新話》共有六十篇詩話，前四十五篇作於一九二六年以前，可以說是為文學革命「吶喊」的文字。作者要「從古墓中掘出抒情詩來」，以歷史中的白話詩為由頭，倡白話、反綱常。其文不僅有學問、有見識、有性情、有才華，而且還透露著「五四」的熱情、凌厲與歡快。而後面十幾篇，則是關於自家詩歌的詩話。

《舊詩新話》中有一篇〈雙紅豆〉記述了他與江蘇農民運動領袖周剛直的友誼。一九二四年元旦，周剛直送給劉大白一雙紅豆，過了幾天又說：「此物是我故鄉鄉間所產。老樹一株，死而復甦；現在存活的，只有半株。有時不結子，有時結子僅十餘粒或百餘粒不等，如將此豆作種別栽，又苦不易活；即活，也不容易長成；望它結子，更不知等幾何年。所以此物頗不易得，實是珍品。」劉大白細觀此物，顏色微紫，形狀頗類心房，感嘆古人以它為相思的象徵，大約不是無故。劉大白睹物懷人，倍受相思之苦，作了三首紅豆詞。詞前面還有一個小序：「一九二四年元旦，江陰周剛直君贈我一雙紅豆，說：『此物是我故鄉鄉間所產。』」

一九二九年十月《舊詩新話》再版時，又增加了五篇，其中的〈淚如紅豆紅〉是劉大白在得知故友周剛直慘遭殺害後所作：「書一通，葉一叢，慰我相思尺素中，看花約我同。約成空，恨無窮，死別吞聲淚泗重，淚如紅豆紅。」並在序中說周剛直「因為提倡農民合作的緣故，被賞以赤化的罪名，慘遭殺死了！我知道，周君底心是赤的，周君底血是赤的，周君贈我的紅豆，也可以算是赤的：除此以外，甚麼是赤的呢？……然而江蘇省議員勒令他赤，江陰縣知事勒令他赤，五省聯軍總司令勒令他赤，他又怎能不赤呢？於是三刀斬下，赤血橫飛，而周君便真的赤化了」。〈淚如紅豆紅〉表達了詩人相約成空、此恨無窮的悲痛心情，詞中的情感熱烈，似乎能聽到詩人的聲聲泣訴。

西安書友文泉清寄我一部臺灣的《舊詩新話》，中華民國七十年（一九八一年）三月莊嚴出版社三版，係該出版社出版的「古典新刊」之五，封底印有出版《古典新刊》的宗旨：「創行《古典新刊》的目的，在於以淺近生動的白話，透過現代學術研究的眼光，重新闡述中國古典作品，包括哲學、歷史、文學、藝術等，使國人能夠瞭解先民偉大的心血結晶，浸泳於浩瀚的書海中，獲得中國人特有的人生智慧與才情氣概，從而享受到讀書的性靈樂趣。」

該書由蔣夢麟作序。蔣夢麟是劉大白的老同事，也是老朋友，他們相識於一九一七年，當時劉大白擔任浙江省議會祕書，一九二八年，蔣夢麟任職浙江教育當局，他找到了當時在復旦大學任教的劉大白，想讓劉大白任自己的祕書，他對劉大白說：「大白，有人不敢請教你，有人不配請教你，我也敢，也配。你來不來？」劉大白說：「來。」就做了蔣的祕書，後來蔣夢麟升任教育部長，劉大白也被任為次長。

蔣夢麟的序作於民國四十六年（一九五七年），說明臺灣版的《舊詩新話》初版於一九五七年。該書有詩話六十篇，刪掉了那篇〈淚如紅豆紅〉，因周剛直是國民黨當局殺害的，所以臺灣的出版物不可能收錄這種揭自己瘡疤的文章。雖同樣是六十篇，但也不是完全按初版本照排的，因為初版本是一九二八年五月出版，而臺灣的《舊詩新話》中有一九二八年九月的文章，臺灣版的《舊詩新話》是從劉大白的作品集《白屋詩話》、《舊詩新話》和《白屋說詩》三本集子中選編的。

劉大白是提倡新文化運動的主將之一，作為清朝的舉人，他的舊學功底深厚，可他反對傳統文化的情緒尤為激烈，他與胡適等人不遺餘力地提倡白話寫作，並致力於新白話詩的創作，為新文化運動的發展做出了巨大的貢獻。

二〇〇六年八月十二日於《泰山週刊》編輯部

【原載二〇〇六年九月十日《天水日報》（甘肅）】

路大荒與《蒲松齡年譜》

蒲松齡（一六四〇～一七一五）去世後，世間除了各種版本的《聊齋誌異》問世外，還刊刻了大量的蒲松齡遺作，像《聊齋先生遺集》、《聊齋詞集》、《聊齋誌異逸稿》、《聊齋白話韻文》、《聊齋誌異未刊稿》等等。

一九三六年，上海世界書局出版了《聊齋全集》，全書分四冊，除了通行本四百三十一篇《聊齋誌異》外，還收錄了其他文集、詩集、詞集、雜著、戲曲和年譜，共計六十餘萬字。《聊齋全集》的編者路大荒（一八九五～一九七二）是蒲松齡的同邑人，原名路鴻藻，曾用名路愛範，字笠生，號大荒山人、大荒堂主人等。世居山東淄川北關外的菜園莊，與蒲松齡的蒲家莊相距只有八里路，是研究蒲松齡及其著作的專家。解放前，曾擔任山東省圖書館特藏部主任，一九四八年濟南解放後，被任命為山東省圖書館副館長。文革中，被迫害致死。學者梁漱溟為路大荒題寫墓誌銘：「盛德不顯，有功不矜；高風亮節，報效國恩。得時則駕，日月胸襟；半生貧賤，一代聞人。留仙知己，永垂竹帛。」

二十世紀三十年代初，路大荒便陸續在上海《申報》、《國聞週報》、天津《大公報》等報刊上發表研究蒲松齡的文章。一九三五年，日本東京文求堂出版了他注釋的《聊齋誌異外書磨難曲》。一九三六年，上海世界書局出版了他搜集整理的《聊齋全集》，係蒲松齡著作出版史上第一次規模大、內容多的版本。路大荒撰述的《蒲松齡年譜》（原名《蒲柳泉先生年譜》）初稿於一九三一年，定稿於一九三五年，「聊齋全集」出版時便收入其中。

路大荒是中國收集佔有蒲松齡手稿最多的一位學者。他幼年在鄰家的私塾求學，這家主人藏書頗豐，其中有不少《聊齋誌異》抄本和蒲松齡詩集手稿本，路大荒初步獲得了蒲松齡著作的版本知識，從此以後，他留心收集，四處奔走借閱，遇到相關的內容就隨手抄錄，較比同異，開始了初步的蒲松齡研究。

當年搞蒲松齡研究並不容易，首先要有研究的資料，而大部分資料在蒲氏後人手中祕不示人，他為了見到蒲松齡的軼文軼詩，千方百計地接近蒲氏後人，為了表達對蒲松齡的尊重，有時侯還要跟隨蒲氏後人給他們的先祖上墳。精誠所至，人家才肯把先人遺物拿給他看。

路大荒曾經就蒲松齡研究與胡適進行過切磋，他糾正了胡適把《醒世姻緣》列為蒲松齡著作的錯誤考證。有一次，胡適請他把「柳泉先生墓表」拓印一份寄給他，最後發表在《益世報》上。胡適在跋文中寫道：「此碑的拓本每行底下缺四個字，大概是埋在泥土中了，所以我請他把泥土挖開，再拓一份，正當十二月寒冷的天氣，蠟墨都不能用，往返四次，才勉強拓成。他的熱心使我們今天得讀全文，得知蒲松齡的事實，得解決許多校勘和考據的疑難，這是我最感激的。」

一九三七年十二月，日本人攻陷淄川城，得知路大荒有蒲松齡手稿，日本人到他的家中進行搜查，路大荒得到消息後，背負著聊齋手稿躲藏到了深山中。日本人一無所獲，便放火燒掉了他家的房屋，聊齋手稿卻得以保全。

一九六二年，六十二歲的路大荒又整理了一百二十三萬字的《蒲松齡集》，由上海中華書局出版發行，其中又對《蒲松齡年譜》做了進一步的修訂。

路大荒終生致力於蒲松齡先生著述的收集和研究，他考證了蒲松齡的生卒年月、主持整修了蒲松齡故居，還收集了蒲氏的眾多文稿和手跡。他的研究成果在國際上也有很大的影響，捷克斯洛伐克漢學家雅洛斯拉夫・普實克院士的論文《蒲松齡聊齋誌異最初定稿時間的探討》中所引用的材料，百分之七十以上是引用路大荒的《蒲松齡年譜》，他說：「路大荒用驚人的熱忱和不屈不撓的努力，對蒲松齡的全部生活和作品，進行了搜集和注釋工作。」日本學者天野原之助的《清・蒲松齡〈農桑經〉考》一書，是以《蒲松齡集》為底本寫成的。天野稱路大荒是「當今研究蒲氏著作的第一位，應給予十二分的評價」。

為了紀念路大荒在蒲松齡研究方面的貢獻，一九八〇年八月，齊魯書社把他所編的《蒲松齡集》中的「年譜」抽出來出版了《蒲松齡年譜》單行本，並將他的次子路士湘在他去世後替他整理的《蒲松齡年譜補遺》附後，作為史料的增補。沈雁冰題寫了書名，封面的白描像是尹瘦石所畫。《蒲松齡年譜》三十二開本，六印張，一百一十九千字，四插頁，印數八千冊。正文前有西元一七一三年蒲松齡的第四個兒子蒲筠特請江南畫家朱湘鱗為蒲松齡作的肖像畫，上面有他自己的題句：「爾貌則寢，爾軀則修。行年七十有四，此兩萬五千日，所成何事？而忽已白頭。奕世對爾孫子，亦孔之羞。康熙癸巳自題。」又題「癸巳九月，筠囑江南朱湘鱗為余肖像，作世俗裝，實非本意，恐為百世後所怪笑也。松齡又誌。」

二〇〇三年六月二十六日於秋緣齋

【原載二〇〇七年第二期《蒲松齡研究》（山東）】

曾衍東與《小豆棚》

曾衍東，生於清乾隆十五年（一七五〇年），字青瞻，一字七如，號七如居士、七道士。為曾子第六十七代孫，清乾隆壬子舉人。據嘉祥《曾氏祖譜》記載，其祖上在明代嘉靖十八年被封為翰林院五經博士，並從此世襲爵位。曾衍東的父親，名尚渭，是個恩貢生，遊宦江南，曾官居廣東博羅縣令。曾衍東自幼隨父遊走南北，這種童年的經歷，奠定了其開闊的胸襟，同時也開啟他坎坷飄蕩的一生。仕途坎坷，直至五十歲遲暮之年由人舉薦，任湖北江夏縣令，後調任巴東縣令。曾衍東個性清高、倔強。他曾在《日長隨筆》寫道：「人所不能做的，我偏要做去，人所不能減的，我偏要減去。」這種性格在中國官場的遭遇是可想而知的。六十三歲那年，因斷案而觸怒巡撫，而他堅持「此官可去案不移」，終被降罪罷官，流放溫州。

曾衍東攜家小流放溫州後，先住在同姓舊宦曾儒璋後人曾立亭的家中，曾立亭居溫州郡西，其宅名「依綠園」。他念同姓之誼，款接曾衍東居園之「入畫樓」。第二年，曾衍東在園邊寶庵橋附近一大榕樹下自建房屋。這裏面向九山湖，湖光山色正好。於是他把自己的居所命名「小西湖」，他在門上寫了一幅對聯：「掛冠自昔曾騎虎，閉戶於今好畫龍」。

屢遭磨難，流放溫州的曾衍東心境黯然：「……直住得意懶心灰，了無生趣。最是沒飯吃，乃一樁要緊事。家中大口小口，啞啞待哺，溫州又特死煞，道士困窮，拙於謀生，不得已，只好塗塗抹抹，溷人眼目，畫幾張沒家數的畫，寫幾個奇而怪的字，換些銅錢，苦渡日子」（《古榕雜綴・小引》）。

曾衍東博學多才，「工詩及書畫，筆墨狂放，大致以奇怪取勝。鐫圖章，摩古出奇。」有詩曰：「風扇扇風扇在空，扇風風出扇之中；有風不扇無風扇，不扇無風扇有風。」《藥堂語錄（周作人自編文集）》中有〈曾衍東詩〉一文。曾衍東曾畫一幅「敬惜字紙」的條屏，上方題詩云：「惜字當從敬字生，敬心不篤惜難成；可知因敬方成惜，豈是尋常愛惜情。」他是一位頗有造詣的書畫家，按說以字畫糊口應該不成問題，但他又是個狂放奇才，「人索我畫，我卻不畫；人不索畫，我偏要畫」。有一巨賈特來買畫，甚倨傲，立竣拒。

從他的作品中可以看出晚年生活的淒苦：「苦的是老來窮，萬里孤苦，愁的是亡命囚徒東海鰥。無生路，穿也無衫，食也無餐，斷髮文身，盡消磨甌越荊蠻。」（《古榕雜綴・折桂令》）嘉慶二十五年（一八二〇年）八月遇赦，年已七十，貧老而不能歸，於道光十年（一八三〇年），終客死於永嘉。

曾衍東著有《武城古器圖說》、《啞然集》一帙、《小豆棚》十六卷，還有詩集《啞然詩句》、《古榕雜綴》、《七道士詩抄》、雜記《日長隨筆》等存世。

《小豆棚》是曾衍東最重要的著作，為文言短篇小說，其內容涉及忠臣烈婦、文人俠士、仙狐鬼魅、奇珍異聞、善惡報應等。豆棚瓜架，歷來是人們避暑消閒、談古論今之所，所以古人常以「豆棚」名其閒書。曾衍東的《小豆棚》，原為八卷，近似於《聊齋誌異》，後人評價此書「在清人筆記小說中尚屬佳構」（《說苑珍聞》）。在藝術上，《小豆棚》敘事婉曲，往往騰挪跌宕，妙趣橫生；語言簡潔，卻能窮形盡相，神態畢現，文學成就還是很高的。清末民初偽書風行，表現在文言小說領域尤烈。民國間《小豆棚》曾以《聊齋補遺》之名翻印。

曾衍東在〈《小豆棚》序〉中說：「《小豆棚》，閒書也；我，忙人也。作此等書，必其人閒、其所遭之時閒、其所處之境閒，而後能以閒心情為閒筆墨。我為秀才忙舉業，為窮漢、為幕、為客忙衣食，那得工夫閒暇，作一部十餘萬言的閒書？即偶有閒時候、閒境地，又焉能忙裏偷閒，向百忙中草草幹這閒事！然則我何以有是書？我問之我，我亦不解。我平日好聽人講些閒話；或於行旅時見山川古跡、人事怪異，忙中記取；又或於一二野史家抄本蛤錄，亦無不於忙中翻弄。且當車馬倥傯，兒女嘈雜之下，信筆直書。無論忙之極忙，轉覺閒而且閒。蓋能用忙中之閒，而閒乃自忙中化出；無他，貴心閒耳。心一閒，則無往不得其閒。將所有諸般貪、嗔、愛、惡、欲，種種不可思議，而我心閒閒，不與之逐而與之適；把那些閒情、閒話、閒事、閒人，竟成一部閒書於我這忙人之手。」

在《小豆棚》卷十六有雜劇〈述意〉一折，即曾衍東自演其家事。劇中寫山東一儒生，性情落拓狂放，平生與琴、棋、書、畫、詩、酒、花為伴，故自號「七如居士」。但居士久未發達，家徒四壁，窮困潦倒，囊中羞澀，便四處遊歷。後因天氣炎熱，居家消夏。此劇一開始寫劇場佈景：場上設豆棚一架，滿開豆花。陳几案筆硯瓶塵。中懸「雨絲草堂桂馥書屋」匾額，兩旁掛「白晝饒人聽說鬼，青天扯淡坐濃陰」對聯。儒生在豆棚下批閱自己的新作《小豆棚》數卷，其妻妾攜兒女至跟前湊趣，儒生見「妻賢妾淑，兒大女嬌，八口清貧，一家歡聚」，便甚感欣慰自足，遂將書中的古今典故，歷述一番。

在曾衍東去世五十年後，即光緒六年（一八八〇年），上海申報館出版了《小豆棚》十六卷本（二百零三篇，一部一函六冊全套）；中華民國二十四年（一九三五年），上海大達圖書供應社出版了標點排印本，其編排體例同光緒本。一九八九年中州古籍出版社出版了杜貴晨校注《小豆棚（校注）》本（十六卷，二百零九篇）；一九八九年荊楚書社出版了南山點校《小豆棚》本；一九八六年浙江古籍出版社出版了徐正倫、陳銘選注《小豆棚選》本；二〇〇四年齊魯書社出版了盛偉點校《小豆棚》本等。

二〇〇七年三月二日於秋緣齋

【原載二〇〇七年十一月十五日《清泉部落》創刊號（內蒙古）】

《南村輟耕錄》小識

《南村輟耕錄》是一部文學史料著作，元末明初陶宗儀著。陶宗儀，字九成，號南村，黃岩（今屬浙江）人，生卒年代不詳，元末舉進士不第。入明，曾任教官。能詩，工書，善小篆。

元末，陶宗儀為避兵亂，遷居松江，以耕為樂。他「作勞之暇，每以筆墨自隨，時時輟耕，休於樹陰，抱膝而嘆，鼓腹而歌。」過著一種恬靜而極富情趣的農家生活。每有所思，便在樹下，採樹葉來作記錄，寫完後，放一罐內。及滿，便埋於樹下。如是十年，已貯滿十幾罐。陶宗儀把罐挖出，令僕人門生抄錄下來，編成三十卷，名曰《南村輟耕錄》。

《南村輟耕錄》一書，記載了元代社會的掌故、典章、文物、風俗、以及小說、戲劇、書畫和有關詩詞等方面的內容，對於史學研究者和文學研究者具有一定的參考價值。

書中還介紹了民間織女黃道婆這位發明者的事跡，介紹了雜劇作家關漢卿、散曲家喬吉、書法家趙孟頫。書中對和聖柳下惠也有記載：柳下惠，姓展名禽，山東新泰人，春秋時魯國大夫，任掌刑獄的「士師」，柳下是他的封邑，惠是他死後的謚號。他為官清廉，作風正派。據《南村輟耕錄》載，他「夜宿郭門，有女子來同宿，恐其凍死，坐之以懷，至曉不為亂。」這位生於幾千年前的男人，不必馳騁沙場，不必案牘勞形，就憑回城太晚，城門關閉，不得不在城門洞宿夜，碰巧遇一女子，居然留名千古。

《南村輟耕錄》卷十五有一則寓言《寒號蟲》，講的是五臺山有一種叫寒號蟲的鳥，長著四條腿，生有肉翅，卻不能飛，每當炎熱的夏季，便長滿了色彩豔麗的羽毛，於是，牠便得意洋洋地叫道：「鳳凰不如我漂亮。」等到了嚴冬，牠身上美麗的羽毛卻漸漸脫落，光禿禿地像初生的小鳥，一副可憐兮兮的樣子叫道：「得過且過。」寓言諷刺了那些沒有操守，庸俗無為，得意時志滿意得，失意時搖尾乞憐，得過且過的人們。

《南村輟耕錄》也較早地提出了「戲曲」一詞。在《南村輟耕錄》卷二十五《院本名目》云：「唐有傳奇，宋有戲曲、唱諢、詞說，金有院本、雜劇、諸宮調。院本、雜劇其實一也。」該書卷二十七《雜劇曲名》云：「稗官廢而傳奇作，傳奇作而戲曲繼。金季國初，樂府猶宋詞之流，傳奇猶宋戲曲之變，世傳謂之雜劇。」

《南村輟耕錄》有元刻及明刻本多種。一九五九年二月，中華書局用一九二三年武進陶氏影元刻本為底本，斷句重印。元刻本正文每節沒有標目，中華書局在出版時，據卷首的總目，補標目在每節之首。全書計二十三萬字。一九八〇年三月再版，共發行九千三百冊。

陶宗儀對書學理論也頗有研究，曾著有《書史會要》，載錄上古至元代書家小傳，摘採前人技法理論，頗有影響。此外，還著有《南村詩集》，並輯有前人小說、史志為《說郛》等，其中以《南村輟耕錄》而聞名於世。陶宗儀在「摘葉書之，貯一破盎」的時候，他也沒有想到因此而得到一部「上兼六經百氏之旨，下極稗官小史之談」的《南村輟耕錄》。因為對陶宗儀來說，只要能活著、寫著，也許就已經夠了。

二〇〇三年八月十一日夜於平陽西郊秋緣齋

【原載二〇〇七年第六期《齊風》（山東）】

《萬曆野獲編》瑣談

《萬曆野獲編》乃文學史料著作。著者明代沈德符（一五七八～一六四二），字景倩，又字虎臣。浙江嘉興人。他的父、祖，都是科舉出身。他自幼隨祖父、父親居住北京，熟悉朝廷諸事。中年以後，他回到了南方，這時他仿照歐陽修的《歸田錄》，開始把早年從祖父、父親那兒聽來的朝章故事，加之自己的其他見聞，隨錄成篇，撰成《萬曆野獲編》二十卷、《續編》十二卷。此書原未分類，直至清康熙年間，桐鄉人錢枋因「苦其事多猥雜，難以查考，因割裂排纘，都為三十卷，分四十八門」。另有《補遺》四卷，是清康熙年間沈德符的後代沈振搜輯的。原為八卷，後仍按錢枋例重排，分成了四卷。此書內容上記朝章掌故，下及風土人情、瑣事軼聞，舉凡內閣原委、詞林雅故，以及詞曲技藝、士女諧謔，無不畢陳。有明一代，尤其是世宗、神宗兩朝的掌故，此編所記，最為詳贍，是資料十分豐富的明代筆記。

書中所記，多為作者所見所聞，所以敘述有些史事較《明史》為詳。特別是所提供的朝廷種種情況，足以補苴史闕。作者所述內閣諸事的原委，亦考證切實、議論平允。清代編修《明史》，有不少傳中所載的事實，其來源皆出於此書。

《萬曆野獲編》對正史少敘或不敘的社會見聞、民間情狀、大小統治者的卑劣行徑記述頗多。書中描述士風日下、邪諂滔天的情狀非常具體。書中還提供了嘉靖、萬曆時期，上至皇帝、首輔，下至按院、和尚、塾師、士兵淫風甚盛的普遍情況。這些都是研究嘉靖、萬曆以來出現《金瓶梅》等小說，《東郭記》等戲劇的可貴的旁證資料。另外，書中關於妖妄之說盛行亦有詳細記載，這對探討明代中葉以後神魔小說大量出現的原因也有助益。這些記載也為研究明代萬曆以來的文學思潮的某個側面提供了背景材料。

《萬曆野獲編》對民歌、戲曲、小說的演變及其創作情況的記載和有關議論，大多比較中肯穩妥。作者論述民歌從宣德、成化年間有《鎖南枝》、《傍妝臺》、《山坡羊》三曲盛行於中原。陳所聞《南宮詞紀》中所收「汴省時曲」的山歌《泥捏人》便屬《鎖南枝》的曲子：「傻俊角，我的哥！和塊黃泥兒捏咱兩個。捏一個兒你，捏一個兒我，捏的來一似活托，捏的來同床上歇臥。將泥人兒摔碎，著水兒重和過，再捏一個你，再捏一個我。哥哥身上也有妹妹，妹妹身上也有哥哥。」想像之新奇、感情之真摯，令人百讀不厭。

到嘉靖時興起《鬧五更》、《寄生草》、《羅江怨》、《哭皇天》、《乾荷葉》、《粉紅蓮》、《桐城歌》、《銀紐絲》等，再到萬曆年間又出現《打棗竿》、《掛枝兒》的發展過程，提供了明代民歌發展狀況的重要依據。他對南北散套、弦索入曲、笛曲俚語、戲旦俗樂的考索，更為戲曲研究者稱道。書中對《金瓶梅》、《玉嬌李》的創作情況的記載，提供了對有關問題進一步探討的線索。

由於明朝嘉靖、萬曆時期的不少作家是作者父祖及自己的知交、朋友，所以關於他們的記述都頗真切生動。比如，作者寫在自己邸中與袁中郎論詩，十分形象地描繪了袁中郎攻譏王世貞、李攀龍，推獎徐文長的情狀。又記作者朋友張幼予的怪癖，竟在「常廡間掛十數牌，署名張幼予賣詩或賣文，以及賣漿、賣癡、賣呆之屬」，寫出了當時一部分文人玩世不恭的處世態度。書中關於「以詩卷遍贄達官」的「正人」愚妄可笑事蹟的記載、關於高僧達觀生平事蹟的介紹，為考察嘉靖、萬曆時期明代詩人的狀況和研究著名戲曲作家湯顯祖也提供了重要材料。

一九五九年十二月中華書局用清道光七年姚氏扶荔山房刻本為底本出版，三十二開本，全書分為上中下三冊，豎版，繁體字，初版發行一千三百套。一九八〇年十二月仍按舊型再版五千五百套。

《萬曆野獲編》一書，是二〇〇二年夏在七彩書社淘到的。當時只有上下兩冊，閱讀時才發現，這套書上中下三冊。後來，多次去七彩書社和各地的舊書攤尋找《萬曆野獲編》中冊，一直沒有找到。每次翻讀這本書時，總是感到遺憾。沒想到，時隔一年，我在七彩書社的倉庫裏無意間發現了這本書的中冊，當時的心情就像見到了闊別多年的朋友，真比淘到了孤本還興奮。

二〇〇三年八月十七日於秋緣齋

【原載二〇〇七年第六期《齊風》（山東）】

呂劍自印《半分園吟草》

因著各地師友的厚愛，秋緣齋一直書香不斷，不論掛在辦公室樓下的信箱還是電子信箱，每日都有各地發來的包裹、信札、電郵，打開實體信箱和虛擬信箱時的心情是興奮的，充滿了期待。師友贈書時往往先發來一封電子郵件，告知書已寄出，然後，就是漫長的等待了，長沙書人吳昕孺說：「等書，其實是天底下最美的事，比等人美。」這種等待既高興又擔心還夾雜著焦慮。高興的是又有新書可以一睹為快，擔心的是新書在郵途丟失，發生這種事已是司空見慣，等待時間長了就有些焦躁不安了。

己丑新春，杭州子張兄發來郵件說，給我寄來了呂劍先生的《半分園吟草》，他說：「此書劍翁曾題贈我一部，此部為劍翁親自『改正本』，轉贈阿瀅兄收藏，我想劍翁會高興的。」

呂劍先生原籍山東萊蕪，與我鄰縣，他原名王聘至，別名一劍、原白，一九一九年九月二日出生。抗日戰爭爆發後，即流轉鄂、川、滇等地，後來又到香港，主要從事文藝和新聞工作。一九三八年，開始創作詩歌，先後擔任《掃蕩報》、《華商報》副刊主編、《人民文學》編輯部主任、《詩刊》編委等，一九六二年任《中國文學》英文版編輯。出版有《草芽》、《溪流集》、《呂劍詩集》、《呂劍的詩》等多部作品集。

二〇〇七年四月，《開卷》主事人董寧文兄策劃的開卷文叢第三輯由湖南教育出版社出版，一套十冊，其中就有劍翁的《燕石集》。該書出版不久，上海書友袁繼宏兄就寄贈一套，從而得以拜讀劍翁大著。

經過半月漫長的等待，一個週末的午後，子張兄的郵件終於抵達秋緣齋的案頭，拆開信封，內面還套著一個小信封，是劍翁親筆書寫寄給子張的原封，地址後面寫一呂字。小心翼翼地打開，一部精緻的線裝書躍入眼簾，封面用布紋紙仿絹面印製，正文用宣紙印刷。扉頁有劍翁題跋：「子張　曉霞惠正　呂劍」，鈐「呂劍」白文印章和「一劍」朱文印章各一枚，下方另有子張兄題跋：「劍翁此集轉贈阿瀅藏家　子張　己丑春日」，鈐「子張」白文印章。扉頁後是劍翁在書房圖片、劍翁夫妻合影及劍翁手跡。

這是一部自印本，扉頁有「一劍閣印」字樣，沒有出版日期，劍翁所作〈前言〉日期為二〇〇四年四月，據子張兄說，該書劍翁編成多年，至二〇〇八年底才付梓出版。問該書印數，子張兄說：「具體印數我也不知道，大概幾百冊吧。」

劍翁是新詩作者，自一九三八年他與風磨、魯丁三人在宜昌自費出版合集《進入陣地》

以來，所出詩集均為新詩，寫古體詩只是偶爾為之。這部《半分園吟草》為古體詩集，劍翁在《前言》中說：「此集初名《涓埃集》，因參與王以鑄、聶紺弩等九人詩詞合集《傾蓋集》的出版，曾易名為《青萍結緣軒詩存》。在這之後，又陸續寫了一些。茲將三十年來之作，略加檢點，共得一百八十餘首。各詩難於按照寫作年月排列。今勉強輯為一集，命之曰《半分園吟草》。」

子張兄說該書為劍翁親自「改正本」，仔細翻閱，發現劍翁用圓珠筆改正了四個錯字，另在附錄的〈《涓埃集》代序〉中刪掉了「補我淺薄」之語。

現在出版社進入市場化運營，有好多有價值的書稿因市場原因不能正常出版，採取自印本的方式印行也是一個很好的路子，這樣可以把一些有價值的文稿完整地保存下來，而不致湮沒。《半分園吟草》線裝本在編排、用紙、印刷、裝訂都很講究，既可賞讀，又可收藏。這種書印數少，只在親朋中流傳，因而更具收藏價值。

二〇〇九年三月七日於秋緣齋

【原載二〇〇九年六月二十三日《汕頭日報》（廣東）】

與姜德明同行

書是最好的旅伴，每次出門都要帶一本便攜的小書，以解旅途寂寞。去海南前，收到了姜德明先生寄贈的《金臺小集》。此前，曾在報上看到過對該書的介紹，知道是廣西師範大學出版社出版的「煮雨文叢」之一，該文叢還有詩集收藏家劉福春、雜誌收藏家謝其章等人的集子，是一套超級書蟲叢書。在報上看到書影，本以為是大三十二開或十六開本，收到書後，才知道是小三十二開本，這種開本的書最適合床頭臥讀或隨身攜帶。當即決定要帶這本書出差，讓姜德明先生伴我同行。

姜德明先生是我最喜愛和敬重的書話家之一，他主編的那套十六冊的「現代書話叢書」堪稱中國書話經典著作。他的書秋緣齋庋藏十幾部，都是從各種渠道搜求而來，這些書大都有姜先生的簽名，是辛酉年我去拜訪他時帶去請他簽的，這本《金臺小集》是我收到的第一部姜德明先生的簽贈本。

到達機場後，我把隨身攜帶的行李都辦理了託運，只帶著《金臺小集》過了安檢門。當飛機上升到一萬米高空時，已平穩的像坐在自己的書房裏，品著空姐送來的咖啡，進入了姜德明先生的精神世界。這是一部懷人、讀書和閒話新文學期刊的隨筆集。關於書名，先生在短序中說沒有特別的意義，他半個世紀以前，從天津移居北京，先後在西城、東城、南城住過，最後落腳在朝陽區的金臺路上，取其順口，留下一點紀念而已。在「懷人短札」中回憶了他與臧克家、李健吾、蕭乾、孫犁、陳原、趙清閣等文化老人之間的交往。姜德明先生主持《人民日報》副刊幾十年，與文化界耆宿大賢素有交往，隨便扯出一件小事、一封短札就是一段掌故，娓娓道來，耐人尋味。

姜先生在家寫書話，出門寫散文。文風樸實，少華麗，不造作。陳原談及他的散文時說：「讀大作〈多好的早晨〉，深為感動。這是一篇很討人愛的散文，樸實無華，而又有那麼高尚的情操。有些作家的散文過於憂傷，有些又過於華麗，多數篇章沒有能夠傳達一種新時代的氣息。而你這篇則給人很多東西。」

姜先生收藏的新文學書刊在收藏界達到了一個無人企及的高度，巴金曾說，在中國收藏現代文學版本，除了唐弢就屬姜德明了。香港作家古劍先生在新出版的《書緣人間——作家簽贈本紀事》中記姜德明先生的一文中寫道：「黄（裳）寫信給姜（德明），說唐弢從上海調北京，書裝了幾車皮，到了北京，政府撥了幾間房子給他放書，然後對姜開玩笑說，你要多買書，多多買書……意思是說，你多買就可以獲得政府撥房子給他放書了。」他哪裏知道姜先生的苦衷呢？姜先生曾因藏書無處存放，找有關部門解決房子問題，遭到的回答卻是，人都沒地方住，哪有閒房子放這些破書。如果姜先生看了古劍先生的文章也只有苦笑而已。姜先生的無名書齋就是一個巨大的寶庫，藏書之豐，讓人眼花撩亂。姜先生的書櫥分三部分，中間是推拉玻璃，是完全開放式的，裏面的圖書一目瞭然，上下兩部分則是封閉式的櫥門，是放新文學版本的。書刊放置久了，就會發黃變脆，極易損壞，因此，在拜訪先生時沒有讓他打開櫥門參觀那些珍貴的書刊，只是從先生的書話中去認識這些塵封已久的寶貝。在本書第二輯「舊刊新拾」中，姜先生帶我們認識了一些鮮為人知的民國雜誌《最小報》、《定點》、《群鳥》、《草莽》、《螞蟻小集》等，這些雜誌即使一些大型圖書館也難覓蹤影，而在姜德明先生家裏，隨手就可拿出。

　　姜先生在一篇介紹上海孤島時期的文藝刊物《蕭蕭》的文中寫道：「許廣平特意為《蕭蕭》第二期提供了未發表的魯迅致王冶秋的信，並王冶秋編『魯迅序跋集』後寫的跋，及她寫的序。可惜這個業經魯迅先生首肯的版本，始終未能出版。」（〈文載道與《蕭蕭》〉）。王冶秋編輯《魯迅序跋集》，得到了魯迅的支持，並答應為之作序，後來魯迅病重，沒有完成，之後，總是陰差陽錯，《魯迅序跋集》一直沒能問世。時隔七十年，魯迅研究專家、南開大學教授劉運峰完成了魯迅的未竟心願，編輯了《魯迅序跋集》，分上下卷，二〇〇四年六月由山東畫報出版社出版發行。正文前有魯迅致王冶秋的信，但沒有許廣平的序和王冶秋的跋。運峰兄說，一直沒有找到。如果《魯迅序跋集》有機會再版，就可以把《蕭蕭》中刊發的序跋補入書中了。

最後一輯「書邊漫記」讓人更感興趣，特別是對淘書時突遇佳冊時那種緊張而又興奮的描寫更是維妙維肖、栩栩如生。上世紀七十年代，姜先生到北京琉璃廠中國書店訪書，見有成捆的線裝書被隨意地擺在地上，他蹲下來一本本翻閱，發現一冊孫中山著《會議通則》上竟有孫中山的親筆簽名，他便「不動聲色地把《會議通則》夾在同時選出的幾本雜書中，怕的是老夏開發票時，會注意到有國父的簽名而不肯放手。幸好學孔是位大而化之的人，他光顧看書後的定價，對封面和書名就馬馬虎虎了」（〈中山先生的簽名本〉）。就這樣一部極有收藏價值的書被收入囊中。後來，姜先生查資料得知，這本《會議通則》是中山先生《民權初步》的初版本，《民權初步》由於印量大，人盡皆知，而這部《會議通則》則是稀見的珍本。更何況還有孫中山的簽名，其價值更是不可估量了。

飛機抵達海口時，我仍沉浸在姜德明先生的書香世界裏，走出機艙，立刻就感受到了南國所特有的溫潤氣息。坐上去市區的計程車，路旁的椰樹向後飛速急駛，大腦神經亢奮起來，書香乎？花香乎？

二〇〇九年四月二十三日世界讀書日於秋緣齋

【原載二〇〇九年《點滴》第二期（上海）】

一位傳教士眼中的老山東

前些年，週六去通天街淘書是必做的功課，每次都有收穫，秋緣齋裏好多書是從那兒淘來的。現在的幾家舊書攤已萎靡得無書可淘，便很少去通天街了，這日路過，擺舊書攤的老曹老遠就連連擺手，說沒有什麼書。我還是在他的書攤前停了下來，瀏覽一番，正想離去，在一不起眼處，見有一冊《老山東》，是一部外國傳教士拍攝的攝影集，我隨手拿起翻閱，當即決定買下。

老曹見我拿起了這部書，趕緊站起來，說，這書很好賣，進了十本，就剩這一本了，定價六十八，我就按進價給你。我問，多少錢？他說，八塊錢吧。我馬上付錢買下了，我知道這個價格絕對值。

《老山東》，十二開本，一九九六年十二月山東美術出版社出版，印數三千冊。照片的拍攝者威廉・史密斯是加拿大傳教士，一九三四年至一九三七年期間，他在山東陽穀、莘縣、壽張、東阿、聊城等地拍攝了近千幅照片，本書收錄了他在山東拍攝的百餘幅圖片，分「集貿市場」、「城鄉舊貌」、「風土人情」、「農業勞作」、「人物特寫」和「黃河水災」六部分，真實地反映了七十年前那個舊時代的沉重歲月。

威廉•史密斯是細心之人，從搭車趕集開始，一直拍攝到集貿市場的攤位，帽子攤、鞋攤、鐵器攤、頭花攤、賣斗攤、皮貨攤、菜餅攤、饊子攤、書攤……應有盡有，有些場景也只是在電影、電視劇中偶爾見到，有趣的是賣饅頭的竟然把饅頭像糖葫蘆一樣用小木棍串起來，插在一個木棒上賣，就像一顆結滿饅頭的果樹。人們的穿著臃腫、破舊，表情木訥、茫然，沒有一絲活力；在「風土人情」中有迎親、新娘下轎、婚禮的場面，也有出殯、路祭、守靈、哭喪的鏡頭，真實地記錄下了魯西的婚喪習俗；「農業勞作」中有製甕、運土坯、曬紙、鋸木、編筐、蓋房上樑的場景；「黃河水災」反映出了黃河水患使人們流離失所、露宿街頭的淒涼景象。這些珍貴的圖片真實地再現了山東歷史的場面，有著不可替代的史料價值。聊城編輯出版的《聊城圖片百年》一書中就收入了多幅威廉•史密斯拍攝的圖片，這些歷史畫面見證了山東歷史的變遷。

威廉•史密斯一九〇七年生於蘇格蘭佩斯利城，父親在第一次世界大戰中陣亡，一九二五年他隨母親從英國移居加拿大。他當過鐵匠，幹過車床工、製模工，後來他進入神學院學習，成了一名虔誠的傳教士。年輕的史密斯熱衷冒險生涯，在他聽了兩位傳教士介紹中國後，對中國這個古老的國家產生了濃厚的興趣，他在回憶錄中說：「我越讀有關中國的書，就越迷戀中國，我強烈地意識到，上帝在召喚我到中國去。」一九三一年三月，他到達上海，在上海逗留數日後，又乘火車來到北京，投入了緊張的中文學習，老北京的鐘鼓樓、天壇、長城、頤和園、小胡同……這一切都令他著迷。他站在長城上，手提心愛的照相機，凝視北京，「這一切是多麼令人興奮和激動啊！」之後，到湖南傳教。一九三四年，史密斯離開湖南來到山東。作為傳教士，史密斯接觸的都是生活在社會最底層的勞苦大眾，舊中國的貧窮、落後深深地震撼了史密斯，在佈道之餘還積極地參與教徒的活動，應邀參加各種慶典、幫助貧困戶等。他隨身帶著相機，走街串巷，撲捉人們生活中的每一個細節。他說：「在山東的日子，我得到了非常寶貴的經驗和巨大的歡樂，我與正直、坦誠的山東人結下了友誼。此後，我總覺得自己是山東人。」後來他曾三次到中國，專程來山東與老友相聚。

《老山東》一書由施吉利和宋家珩合編。施吉利是加拿大里賈納大學教授，曾在中國工作和講學，原名吉羅德・斯珀林，施吉利是他的中文名字。宋家珩是山東大學教授，主要研究方向為加拿大史，曾多次赴加拿大進行學術訪問。一九八八年，施吉利教授通過威廉・史密斯的外孫傑瑞米・艾德爾曼瞭解到史密斯珍藏了在中國時期所拍攝的圖片，在傑瑞米的陪同下，施吉利採訪了史密斯，觀看了史密斯所拍攝的珍貴圖片，便產生了將這些圖片結集出版的想法。一九九一年，宋家珩教授到加拿大進行學術訪問時，施吉利與她一起探討在中國出版史密斯圖片集的問題。經過兩人的努力，並得到了加拿大駐華大使館文化處的經費贊助，終於使這部《老山東》得以順利出版。

二〇〇九年三月十八日於秋緣齋

《魯迅序跋集》的出版

在濟南中山公園舊書市場淘書，見到一套《魯迅序跋集》上下卷，二〇〇四年六月山東畫報出版社出版。魯迅作品我有很多版本，而序跋集卻是第一次見到，兩卷書印數七千套，定價三十八元，品相九品，二十元買了下來。

《魯迅序跋集》收錄魯迅序跋近二百篇，按類別分為六輯：第一輯為創作序跋；第二輯為翻譯序跋；第三輯為輯校古籍序跋；第四輯為他人著作序跋；第五輯為編校書刊序跋和廣告；第六輯為藏書題跋和贈書題記等。

《魯迅序跋集》的編選者劉運峰是一位業餘魯迅研究愛好者，出版有《魯海夜航》、《書林獨語》等學術專著。在魯迅誕辰一百二十週年前夕，經過十餘年的搜遺拾補，他編輯出版了五十八萬字的《魯迅佚文全集》（上下卷，群言出版社出版）。《魯迅佚文全集》收錄了一九八一年版《魯迅全集》中未曾收錄的魯迅著作，包括雜文、書信、聯語、詩歌、題跋、廣告、談話、講演、考證文字以及近年來發現的魯迅翻譯作品等三百餘篇（部），具有極高的收藏與研究價值，填補了魯迅研究的一項空白。魯迅研究專家陳漱渝、朱正等先生均給該書很高的評價。劉運峰多年來仔細研究一九八一年版《魯迅全集》，針對其中校勘、注釋等方面的錯誤，做了一百多萬字的筆記資料。人民文藝出版社為此特邀他參加《魯迅全集》的修訂工作。

早在一九三六年，王冶秋就曾編過一冊《魯迅序跋集》。王冶秋，原名之紘，字冶秋，筆名野秋、野囚、汪洋、外山、老外等，原籍安徽霍邱。一九二五年在北京西山中學加入共產主義青年團，同年轉入中國共產黨。這時魯迅、韋素園、臺靜農、曹靖華等正組織了未名社，經韋素園介紹，王冶秋結識了魯迅。王冶秋寫詩和小說，每有成稿，便寄給魯迅指導，一九三五年十月二十八日，王冶秋將自己的著作《唐代文學史》寄贈魯迅。

一九三六年三月三十日，王冶秋給魯迅寫信，提出了編輯《魯迅序跋集》的設想，得到了魯迅的支持。魯迅在四月五日回信中說：「序跋你如果集起來，我看是有地方出版的。不過有許多篇，只有我有底子，如外國文寫的，及給人寫了而那書終未出版的之類，將來當代添上。至於那篇四六文，是《淑姿的信》的序，初版已賣完，聞已改由聯華書店出版，但我未見過新版，你倘無此書，我也可以代補的。《文學大系》序的不能翻印是對另印而言，如在《序跋集》裏，我看是不成問題。」同年五月四日，魯迅再次給王冶秋寫信：「此集我至少還可以補上五六篇，其中有幾篇是沒有刊出過的；但我以為譯序及《奔流》後記，可以刪去（〈展覽會小引〉，〈祝《濤聲》〉，〈「論語一年」〉等，也不要）。」魯迅還答應為《序跋集》作序，後來魯迅病重，一九三六年七月十一日，魯迅在給王冶秋的信中說：「事情真有湊巧的，當你的《序跋集》稿寄到時，我已經連文章也無力看了，字更不會寫。……現在還未能走動，你的稿子，只好等到秋末再說了。」未到秋末，魯迅就去世了。後來，王冶秋致函許廣平，希望能由魯迅全集編委會把他編的那本《魯迅序跋集》收入全集內，算作「對先生一種形式上的紀念」，他在信中表示：「對這本書我不要任何的報酬，算是我對海嬰一點極微力的幫助。」抗戰開始，這部書稿暫時擱了下來。

一九四一年，巴金主持的文化出版社準備出版此書，由陸蠡負責編輯，序也已寫好，王冶秋也第三次做好了跋。正在這時，陸蠡被日本憲兵逮捕，死在獄中。《魯迅序跋集》的出版再次流產。

解放後，王冶秋擔任文化部文物局局長，積極地籌畫建立魯迅博物館，並於一九五六年十月十九日魯迅逝世二十週年時落成開放。王冶秋還出版了《民元前的魯迅先生》一書，表達了對這位文化巨人的懷念和敬仰之情。

時隔七十年，《魯迅序跋集》終於由劉運峰編輯出版了，儘管魯迅的一些序跋大多數已收錄在《魯迅全集》第十卷和姜德明主編的《魯迅書話》中，而這部《魯迅序跋集》的出版仍有不可替代的價值。

《魯迅序跋集》並非魯迅所寫序跋的全部，編者在書後附了一個〈本書未收錄的魯迅序跋存目〉，每篇序跋後都有發表日期及發表報刊名稱。劉運峰在〈編後記〉中說：「當初的設想是編一部完整的《魯迅序跋集》，但由於部頭太大且考慮到魯迅古籍和翻譯序跋絕大多數已收入一九八一年版《魯迅全集》第十卷，因此，對這兩部分的序跋只保留專門著作部分。」部頭過大並不是理由，再加上一卷又有何妨，正因為魯迅序跋過於分散，才有必要出一部完整的《魯迅序跋集》，而這部書不全，就有些遺憾了，但願在本書再版時能把存目的部分收入。當初許廣平為《魯迅序跋集》寫的序和王冶秋的跋語被日本人查抄捲走了，若能找到補入書中，更是吾輩所願。

二〇〇五年三月二十二日於《泰山週刊》編輯部

【原載二〇〇五年六月六日《舊書資訊報》（河北）】

圓性法師的《風》和《鏡子》

圓性法師是韓國正在走紅的僧侶畫家，以繪畫童僧而聞名於韓國。俗名趙玄一，一九七二年生，十七歲時為母親還願而出家。上過海印學院，畢業於韓國中央僧侶大學。一九九五年，開始創作以童僧為主題的繪畫作品。擅長表達童僧天真無邪的表情、清澈透明的瞳孔和燦爛的笑容。他先後在美國、日本、米蘭、上海等國家和地區舉辦過二十多次個展。

一九九九年，圓性法師在韓國出版了第一本詩文禪畫集《風》，收錄了禪畫九十餘幅，並配有詩文，一幅幅活潑可愛、肥墩墩的小沙彌禪畫，帶給喧鬧場地中的現代人一份清澈如泉的心境。圖書一上市便引起了轟動，在短期內銷售六十萬冊。他的第二本詩畫集《鏡子》創造了一百五十萬冊的銷售佳績。

在《風》中，圓性法師通過〈出家〉、〈剃度〉、〈母親的眼淚〉、〈怎樣的懷念〉〈回想〉等作品，刻畫了小沙彌的寂寥心情和思鄉情懷；〈第一次削髮〉中的小沙彌即將溢出的淚水，流露出了對塵世的眷戀；〈木魚下〉、〈修行者時節〉、〈道場〉、〈禪〉等作品描述了童僧的簡單的生活故事，在〈早課〉中這樣寫道：「清晨黎明時分／晨鐘劃破黎明／我揉揉雙眼／步出了大廳仰望星斗滿天／土牆小巷道場漸漸亮起／向著我信仰的如來佛祖／恭敬地獻上一炷香／誦經發願專心地修行」。讓讀者一起感受僧侶們一天的功課。

他的《鏡子》更詳盡地描述了修行生活的所感所得，圓性法師筆下的小沙彌，也明顯地隨著圓性的長大而逐漸脫離少小時的稚嫩。每一篇都流露出用心靈感知寫出來的真性情。

圓性法師在《鏡子》自序中說：「生活中稍縱即逝的種種感悟，使我時時有新的體會與感動，心靈也更加開闊。即使書中所寫的不是什麼文情並茂的內容，或是比別人有獨到的見解或體驗，但它默默地引導我，去發現真我的本性。或許是真我的本性與毫無虛假、純潔善良的小沙彌是完全一樣的吧。」

據臺灣媒體報導，圓性法師的出家有因果關係。他自己曾經說過，他之所以在高中時選擇出家，有兩個原因，一是為母親還願；二是他看見自己八世為人，他的前世曾經是印度的婆羅門，曾經是歐洲貴婦，曾經是中國女人，在身為中國人這一世，養了很多小孩，生活十分清苦，雖然八世為人，但每一世都是辛苦的，於是他選擇出家修行，既為母親還了願，也給自己一個全新的人生歷練。

圓性法師是否有此一說，無法考證，這也許是媒體炒作圓性法師作品的一種方式。且不說圓性法師出家的原由，他用繪畫的方式把出家眾僧生活真實的一面，向世人表達出來，是非常成功的。

二〇〇二年五月，新疆人民出版社出版了圓性法師的《風》和《鏡子》，在版權頁上注明「本書中文版翻譯權由臺灣香海文化事業有限公司免費提供」。

二〇〇四年七月，新疆維吾爾自治區新聞出版局下令，對新疆人民出版社出版的《風》和《鏡子》兩本書進行查繳、銷毀。據稱原因是，臺灣佛光山分支機構香海文化公司在未向新聞出版署報送重大選題備案和未報國家宗教事務局審查的情況下，通過非法渠道從新疆人民出版社購得書號，在大陸出版發行了詩畫冊《風》和《鏡子》，新聞媒體報導了新疆人民出版社非法買賣書號的消息。

風動——因風，因心，因一份慈悲……圓性法師的禪畫拉近了人與佛之間的距離，讓大眾瞭解到佛法的奧妙，盼望著圓性法師筆下可愛的小沙彌盡早以合法的身分通過中國的簽證。

二〇〇四年十一月三十日於秋緣齋

【原載二〇〇五年第三期《書友》（湖北）】

出賣文章為買書

大鬍子彭國梁在《書蟲日記》序中說：「這一年，除了編書寫書，我幾乎所有的時間都在逛書店。以買了書為準，這一年我共逛書店一百四十多次。……買書花去了四萬多元。」一在《開卷》讀了國梁兄的序文，心便癢了起來，盼望著《書蟲日記》早日出版，一睹為快。天遂人願，不久，我便收到了上海書友袁繼宏寄來的一包書，我迫不及待地打開，是湖南教育出版社出版的「開卷文叢」第三輯，一套十冊，其中就有彭國梁的《書蟲日記》。翻讀新書的那種興奮，也許只有愛書人可以理解。我沒有向繼宏兄道謝，我認為多一個「謝」字，卻使書友間相互贈書的這種聖潔之情流俗了。

彭國梁的藏書樓「傍河居」，因緊靠撈刀河，距湘江也只是一箭之地而得名。在這座四層的藏書樓裏，每一層都有一個大書房。曾在《書人》雜誌看到過他的書房圖片，那寬大的寫字臺、高及房頂的書架，讓我等為藏書的存放發愁的愛書人羨慕至極。

淘書、讀書、寫作是彭國梁生活的全部內容，賣文所得，仍舊是淘書……周而復始。離開了書，他便不知道怎麼打發日子，他曾說：「有人說，在這個世界上，要是沒有美國，難以想像。可對我而言，要是沒有書，那才真是難以想像。」在鄉下老家過完春節，「回到家後，至少在書房傻站了一個小時。這裏摸摸，那裏看看，有一種『小別勝新婚』的感覺。其實，也就在鄉下待了三天，可那是傻吃傻喝傻睡的三天，無所事事無可奈何的三天，站也不是、坐也不是的三天，那三天真是特別的長啊！」我常自稱為書蟲，但與國梁兄真是難以相比的。如果幾天不逛書店，他便心癢難忍，就有一種饑渴感。即使大雪紛飛的天氣，本想在雪地走走，可走著走著又走進了書店。在老家給母親過完生日，回到長沙，來不及回家就直接打的去書店淘書，「好像只有到了書店，心才能靜下來」。

《書蟲日記》讀完一遍後，我又拿來與拙著《秋緣齋書事》一起對照著讀，因兩書皆為二〇〇五年的日記，某天，彭國梁買了什麼書，而我則買了哪些書，更覺有趣。相比之下，《書蟲日記》語言簡練，而《書事》則有些囉嗦，對書的介紹過多。

因著龔明德老師的介紹，我與彭國梁結識，至今雖緣慳一面，卻時時感受到他的關注。當他收到我寄去的《泰山週刊》文化版後，就馬上發來電子郵件：「寄來的幾期《泰山週刊》收到，感到非常親切，見到了許多的朋友。我曾經也在一家廣播電視報工作過，辦一個叫『月亮島』的副刊，在當時還算有些影響的。你現在能用這麼大的篇幅辦一個如此有品味的文化讀書週刊，真的是一件大好事……」《書蟲日記》中有好多他在書店買自己的書用於朋友間交流的記載。

與他結識不久，就收到了他寄來的《跟大師開個玩笑》簽名本，附信曰：

阿瀅兄：

你好！早就在明德兄處聽到關於你和你的《泰山週刊》的介紹，最近幾天，我又頗系統地把你寄來的報紙翻閱了，總的感覺很好。辦一份文化氣息很濃的《週刊》是很不容易的事。現在的一些報紙紛紛地砍掉副刊或縮小其版面，讓人一見那些報紙就感到俗不可耐。

看你的名片，知道你著了本《中國節日大全》，不知現在有存書否？

我和楊里昂先生為岳麓書社主編了一套「中國傳統節日」系列，已出來了「端午、中秋、春節、元宵」四本，還有「清明、七夕、中元、重陽」四本待出。岳麓書社新建的網站上可查到。

寄上我的一本《跟大師開個玩笑》，請雅正。

多多聯繫！即頌

編安！

彭國梁

二〇〇五年十一月十日

當我創辦讀書雜誌《泰山書院》向他約稿時，他發來了寫沈從文的〈兄妹書緣〉一文。創刊號由於個別圖片印刷質量欠佳，他來信說：「《泰山書院》收到後，便先找朋友們的文章看，有一種異常的親切感。圖片有些『朦朧』之美，下一期也許就雲開霧散了。夏天，長沙是一個火爐，而《泰山書院》的到來，彷彿就有了一些清涼。」看到他說的「朦朧之美」，對印刷廠的怒氣也便消散了。

彭國梁的工作不需坐班，他的生活充滿了隨意，往往讀書到深夜，翌日，再賴在床上讀書，早晨總是從中午開始。他自己有時也說：「這沒人監督的日子過得有些亂套了。」書生做夢也離不開書，有一次做夢，夢見四部比他還高的精緻大書，他打開其中的一部，發現自己變成書裏的插圖。他把頭從書裏探出來，老闆卻讓他賠書，說書中有了一張他這樣肥胖的插圖，誰都背不動了。夢醒之後，好像還覺得脖子被書卡得有些痛。在夢裏淘書，幾乎每個愛書人都經歷過，然而，這麼有趣的夢也只有彭鬍子才能做得出來。除了讀書、寫作，他很少出門，「偶爾在街上碰見他，不是在去書市的路上，就是從書市回家的途中」。

整理藏書是書人的樂趣，彭國梁常常整理到深夜兩三點鐘，仍興致勃勃。他說：「什麼叫充實？什麼叫聚精會神？什麼叫任勞任怨？看看彭鬍子搬書就知道了。陶醉，癡迷，想像不出世界上還有什麼事比這更愉快的了。排列，組合，讓他們排隊，給他們分班，書們真好，任我隨心所欲地折騰，卻不發表任何意見。」彭鬍子在他書的世界裏自我陶醉。

彭國梁出版有《愛的小屋》、《流浪的根》、《太陽起床我也起床》等詩文集二十多部，在全國十幾家報紙開設了專欄，並與朋友合作編了八十多部書。稿費收入相當可觀，銀子到帳後，轉眼間便又擲入書肆。日記中多有從郵局或銀行取出稿費，便直接去書店的記載。書店的老闆對彭國梁也格外優待，往往打最優惠的折扣，書買多了，老闆還親自開車把彭國梁送回家。一位書店老闆說，如果長沙有一百個像他這樣的買書人，書店的生意就好做了。

「絕交流俗因耽懶，出賣文章為買書。」郁達夫的這句詩也是對彭國梁的寫照。《書蟲日記》序中配了一幅豐子愷的漫畫《鑽研》，畫一黑一白兩部大書，一群書蟲鑽進鑽出。而彭國梁正是那鑽進鑽出、樂此不疲的大書蟲子。

二〇〇七年六月十日於秋緣齋

【原載二〇〇七年七月七日《海南日報》（海南）】

百年風流毛邊書

一九〇九年三月，魯迅與周作人合作編譯出版《域外小說集》時，專門製作了一些毛邊本，這也是中國的第一部毛邊書。因此，魯迅與周作人可謂中國毛邊書的祖師爺。後來，作家們出書時也都有意識地做一些毛邊本贈與同好。上世紀二三十年代，堪稱中國毛邊書的鼎盛時期。郁達夫、胡也頻、郭沫若、張資平、林語堂、葉靈鳳、邵洵美、豐子愷、巴金、施蟄存、章衣萍、冰心等作家都加入了毛邊黨的行列。北新書局、光華書局、開明書店和創造社等書局、文學社團出版的書籍、創辦的雜誌，也都留有部分毛邊本。一時間，中國文壇毛邊書之花盛開，蔚然成為一種風氣。

新中國成立初期，亦有部分毛邊本問世，《詩刊》雜誌創刊號也有毛邊本。後來，隨著各種運動的開展，被視為小資玩物的毛邊書銷聲匿跡。谷林先生在談到毛邊書時，曾有趣地說：「倘有那麼一個好事之徒，竟把『紅寶書』全套一至四卷搞成毛邊存藏，躬逢六十年代將終時的那次『大革命』，為革命小將查抄發現，其能逃於『現行反革命』之列乎？豈不可怕也哉！」

直到一九七九年十月，國家政局趨於穩定，黑龍江省文學藝術研究所王世家、王觀泉根據蕭軍自藏的一九三三年十月哈爾濱五畫印刷社印製的蕭軍、蕭紅合著的小說集《跋涉》毛邊本，仿製了五千冊毛邊書。王世家後來說：「一九七九年，毛邊書尚未如今日之盛行，此冊發行後，（丁）景唐先生、（姜）德明、朱正、（朱）金順等兄亦先後推出自著之毛邊本，至今已蔚然成風，毛邊黨隊伍擴而大之。九泉之下的魯迅先生恐亦深感欣慰矣。」從此，毛邊書又進入了一個新的繁榮時期。徐雁、董寧文策劃的「六朝松隨筆文庫」、「開卷文叢」等全部留了毛邊本；龔明德責編的《餘時書話》、《董橋文錄》、《凌叔華文存》、《文壇登龍術》等等也都做了毛邊本；自牧的日記書坊策劃出版了數十種毛邊書。唐弢、黃裳、姜德明、張中行、谷林、流沙河、陳子善、胡洪俠等作家的著作出版時也都製作了毛邊本。

所謂毛邊書就是魯迅先生說的「三面任其本然，不施切削」的那種，那才算正宗毛邊本。現在有些毛邊本有的是上毛、下光、翻口毛，有些是上下毛、翻口光，還有上光、下毛、翻口毛。張中行的《詩詞說寫叢話》、龔明德的《書生清趣》、劉雪的《雪落陰山》都是上下毛、翻口光。泰山管委會編印的《泰山名詩名聯》是上毛、下光、翻口光。拙著《秋緣齋書事》出版時囑咐印刷廠留一百冊毛邊本，但印刷工人忘了，等喊刀下留書時，已把翻口切光了。

毛邊書是文人對書的一種偏愛，藏書大家唐弢說：「我之愛毛邊書，只為它美——一種參差的美，錯綜的美，也許是我的偏見吧：我覺得看蓬頭的藝術家總比看油頭的小白臉來得舒服。所以所購取的書籍，也以毛邊的居多。」在書房裏，泡一杯清茶、拿一部毛邊書，邊讀邊裁，是一件很有情趣的事。裁毛邊書不能用太鋒利的刀具，那樣會把書頁裁偏，竹刀裁書比較適宜，竹刀裁出的毛茸茸的頁口更顯毛邊之美。但性急之人往往嫌麻煩、費工夫。為此，周作人在〈《毛邊裝訂的理由》按語〉中寫道：「本來讀書就是很費功夫的，只能請讀者忍耐一下子。在信仰『時即金』的美國，這自然是一個很大的損失，在中國似乎還不十分痛切地感到罷。」姜德明先生因孫犁給他寫信說：「從昨天上午收到您惠寄來的書，就開始了裁書的工作，手眼跟不上，直到今日上午才把兩冊裁完。這當然是雅事，不過也耽誤先睹為快的情緒。心急讀不了毛邊書，這就是結論。」便寫了〈告別「毛邊黨」〉一文，但後來又說：「喜歡毛邊書的人日多，也並非老年人的獨好，不能以『懷舊』目之。我自己不做毛邊本，卻不反對別人來做。或曰，我雖聲明退出『毛邊黨』，退得並不徹底，仍然有點依依不捨。」看來姜先生一時還無法抵禦毛邊書的誘惑。

一般毛邊本只留五十至一百冊，在同好之間相互交流，市面上極少見到，因而一些業內人士也感到陌生。毛邊書研究專家沈文沖編著的《毛邊書情調》在河北教育出版社出版前，沈文沖專門前往出版社做了一個關於毛邊本的報告，社領導當即決定加印二百冊毛邊本，每位員工人手一冊。在該書發行時，沈文沖還專門設計製作了與該毛邊書配套的紅木裁書刀。繼《毛邊書情調》之後，沈文沖的又一部毛邊書研究專著《百年毛邊書刊鑒藏錄》由上海遠東出版社出版發行。該書從一九〇九年魯迅兄弟出版的第一部毛邊書，直至當今近一百年來出版的大量毛邊書中，輯錄遴選出二百七十多種有代表性的毛邊書進行逐一介紹。每種書都附有書影及對該書內容的描述，並有搜得時間、參考時價、版本來源、裝幀品相、實際尺寸等。這是一部內容詳實的集中國百年毛邊書之大成之作，有好多只是聽說而無緣目睹的老版本集中展現在了愛書人面前，為愛書人提供了精美的視覺盛宴。

《百年毛邊書刊鑒藏錄》中收錄的幾種文革期間的報社出版的活頁文選，是否屬於毛邊書範疇，目前尚有爭議，毛邊書都是有意為之，而活頁文選是無意裝訂的。對此，陳子善教授認為這種活頁文選不能算毛邊書。那個時期的這類讀物不在少數，至於是否劃歸毛邊書範疇，還有待於進一步探討。

毛邊書經歷百年風雨，愈來愈顯現出其獨特的藝術價值，並已逐步成為收藏界新寵。毛邊黨徒亦有日益壯大之勢。

二〇〇八年十一月七日於秋緣齋

【原載二〇〇九年一月十一日《天津日報》（天津）】

複簽本的魅力

人們通常把作者的簽名圖書稱為簽名本，經過作者兩次簽名的圖書姑且稱之為複簽本。為什麼一本書上有作者的兩次簽名，這裏面肯定有值得讀者探尋的故事。

當簽名本流入市場，被愛書人買到後，再次請作者簽名，就形成了複簽本。還有一種可能，就是受贈人把簽名本轉贈他人，新主人再找作者簽名。簽名本流入舊書攤是令作者不舒服的一件事，但是這樣可以賦予它新的生命。被有緣人淘得，會倍加珍惜，因為買走它的人一定是喜歡它的人，可以使它找到更好的歸宿。一本書有作者兩次簽名，亦可成為書界佳話。

我收藏的近千冊作者簽名本大都是作者為我題上款簽贈的，也有一些是從舊書市場上淘來的。前些年淘書時，常遇簽名本，賣者不明白簽名本的價值，往往以很低的價格就可買到。一次，在濟南中山公園淘到了自牧的《人生品錄——百味齋日記》簽名本，一九九三年十月山東文藝出版社出版，是自牧的早期日記集，自牧在扉頁前空白頁上題道：「XXX先生雅正　自牧一九九九年三月十六日於淡廬」。翌年秋，自牧攜家人來我所棲居的小城遊玩，我拿出那冊簽名本說，這書上有兄的題跋，你再題幾句話，就更有紀念意義了。自牧接過該書，前後翻閱了一下，題曰：「阿瀅兄再存之。是書曾在XX兄家小住，後流落於歷下中山公園舊書市，被阿瀅兄淘得，丙戌仲秋應約來新泰遊覽，阿瀅兄出示之，淡廬自牧謹記數言以為跋。自牧丙戌仲秋。」

江南才子王稼句著作頗豐，他每有新著出版，都寄贈一冊簽名本，但他早期的著作已難尋覓。蘇州一位書友知道我與稼句兄相識，給我寄來了在舊書市場淘來的稼句兄的《談書小箋》，一九九四年十二月哈爾濱出版社出版，扉頁書名右側寫有「XX指正，稼句，丙子暮春於吳門」字樣。在一次會議上，我拿出該書說：「稼句兄，這是你的簽名本，是一個朋友從舊書攤上淘來送給我的。也不怕你傷心了，請你再簽一次吧。」稼句兄苦笑了一下，在書名左側簽道：「阿瀅得此冊，係當年送人，世事無常，書亦如此。王稼句謹識零八年十月十六日淄博。」

書友士心喜歡流沙河先生的著作，在一家網店看到有流沙河先生的《莊子現代版》，而且標注是簽名本，喜出望外，馬上郵購回來。他把帶簽名的扉頁發到網上，只見簽有「流沙河〇七、九」字樣，並鈐有「流沙河印」白文印章。士心問我，是否真品？因流沙河先生字體獨特，自成一家，很好辨認。我說，流沙河簽名的第一個字很像，二三字稍有不同，印章基本一樣，應該沒問題。晚上，士心帶書到我家，我找出了流沙河先生給我的題簽及書信，流沙河先生先後用了四枚不同的印章，找出一個相同的印章仔細對照，發現印章筆劃有些粗細不一，無法斷定真假。士心有些沮喪，便想請流沙河先生甄別，我為他提供了流沙河先生的地址，他用快遞把書寄了過去。

不久，流沙河先生掛號寄回了該書。流沙河先生在扉頁上方寫道：「山羊認得自己的蹄印OK屬羊七十七歲二〇〇八年十月十二日流沙河」。鈐「流沙河印」朱文印章。在書名右側又題：「世間許多事情不可反覆推敲，過分推敲，真的也會看似假的了。山羊又及。」果然是先生真跡，士心大喜。這書經過流沙河先生兩次簽名題跋，不但成為珍貴的藏品，而且還使人從中領悟到一種處世哲學。

二〇〇八年十一月六日於秋緣齋

【原載二〇〇八年十一月十五日《新京報》（北京）】

藝術家吳藕汀的奇言異語

湖州作家張建智向我推薦《藥窗雜談》，他說，這是一部值得一讀的書。《藥窗雜談》，吳藕汀著，二〇〇八年七月中華書局出版。張建智兄在扉頁前題跋曰：「余和藕老訂交三十餘年，其音容笑貌宛在心底，那藥窗前之恬寧猶如眼前矣。阿瀅先生暇時一讀　張建智轉贈於湖州　戊子年冬日」。

吳藕汀（一九一三～二〇〇五），浙江嘉興人，號藥窗，小鈍、信天翁等。詞壇名宿、畫家、版本目錄學家。弱冠時即負才名。一九五一年，被派往南潯嘉業堂藏書樓整理藏書，遂與嘉興人失去聯繫，後退職休養。文革期間，靠變賣家什度日，以寫作、填詞、種藥、養貓「閒適鄉里」。一九七三年，吳藕汀的老友沈侗廔（原名沈茹菘）（一九一九～一九八九），託人在南潯打聽吳藕汀的下落。從此兩人取得聯繫，並開始了長達十七年的書信來往。沈茹崧曾擔任安徽阜陽師院美術系副教授，兩人信札多為談論藝術之語。這期間吳藕汀寫給沈茹崧的信件多達四百餘封。沈茹崧去世後，家人將保留下來的三百多封信還給了吳藕汀。二〇〇〇年，吳藕汀回到嘉興，除作畫外，多有著述，主要著作有《詞名索引》、《藥窗雜談》、《戲文內外》、《十年鴻跡》、《藥窗詩話》、《吳藕汀畫集》、《詞調名辭典》等。

二〇〇一年，吳藕汀的長子吳小汀整理了部分吳藕汀信中的談藝部分，在嘉興的《秀州文化報》上發表，後在《萬象》刊發。二〇〇五年，秀州書局以白皮書形式印行一百冊。本書為吳小汀在原來的基礎上重新輯錄，增加至十四萬字。

《藥窗雜談》內容龐雜。談戲曲、評書畫、論經史、說掌故，包羅萬象。作者對一些書畫、影視、戲劇的評論別出心裁，甚至是驚世駭俗，其中不乏真知灼見，但也有不少奇談怪論，書中多有驚人之語。

藕公對一些名畫家多有否定，對畫院派更是嗤之以鼻：「美院中人，大都不是有了天才，才去學畫，他們學畫是有目的的，就是『為繪畫而繪畫』，作為一種職業，這是一種不自然的現象。好比過去小廟裏買個小孩子來做和尚一樣，沒有善根，絕不能成為高僧。沒有天才，決不能成為一個獨特的畫家，最多不過是蕭規曹隨而已。」

「繪畫方面，吳作人、程十髮不是說他們不好，算他們『彩墨畫』是好的，算他們是『中國畫』，那麼真是可憐得很。」「石濤本來沒有什麼了不起，不過是被日本人捧起來的，其實日本人也不懂什麼中國畫。」「其實吳昌碩的畫也被他們捧得太高了。所以日本人沒有眼光，因而書畫都沒有好東西。」「我在電視中看到四川張大千畫展中的畫，實在差得很，完全是工匠畫，與文人畫差得很遠很遠。我年輕時很崇拜他，現在已煙消雲散了也……」

他對徐悲鴻的成見似乎更深：「徐悲鴻的畫，只要不說他是中國畫，我也很佩服他。可能徐氏自己也不算中國畫，被別人瞎捧捧出來的。他的《山鬼》是很好的。我們學中國畫的人，總要愛護中國畫，不受外來硬搬（消化是好的）的侵襲，這種死搬硬套，應該要加以抵制，而且要口誅筆伐之，不論是誰的話，尤其是一般所謂『權威人士』，對他更不能姑且，有什麼了不起。」「我為什麼痛恨徐某人，因為他在西洋畫中已有很大的名聲和地位，為什麼偏偏要來毒害中國畫呢？既然要『撥亂反正』，首先要徹底消除這一類。『假中國畫』比『假洋鬼子』更討厭。」

藕公的繪畫風格與黃賓虹比較相近，因此對黃賓虹的評價很高：「我看歷代山水畫家足可以法師者，不過是宋米元章、明董玄宰、近代黃賓虹三人而已，其他可不去管他。」「近來我的畫，人家見了總說像黃賓老，確實我受賓老的影響最深。其實我與賓老在畫法上有分歧，賓老畫山水先畫輪廓，然後再皴，而我則同時進行。」

藕公對豐子愷卻是格外青睞：「我倒佩服子愷先生的畫，別具一格，可以說『前無古人』，當然不敢說『後無來者』。讀他所著的《緣緣堂隨筆》比畫還佩服。」「豐先生的畫和他的小品文我是很佩服的，有人要說我是鄉邦觀念在作祟也不妨的。」

上述觀點只是藕公的一家之言，對於自己的言行，他自己也認為有些怪異：「我近來發了三句怪話：『一是《紅樓夢》不是曹雪芹所著，二是唐伯虎不會畫仕女，三是徐悲鴻畫馬隻隻錯。』人家聽了好像有些『怪』，其實一些兒也不怪，不過是觸動『權威』而已。」老人半生僻居鄉野，整日與藥草為伴，自己的才識、作品無人認知，那種寂寞是可想而知的。與沈茹菘的通信成了他與外界交流的唯一方式，因缺乏交流，資訊閉塞，觀點未免偏激。藕公說：「我一生的活動半徑是三百公里。」與外界幾乎完全隔絕，他對沈茹菘說：「我與你通信還是繼續常例為是，你我頭已白，身體也不好，不知還有幾多信好通。我經常計算你信來時，那郵遞員過門不入，我真有樁心事似的，見到了你信，真是皆大歡喜了也。」張中行晚年曾寫〈剝啄聲〉一文，他期盼著剝啄聲（叩門聲）的響起，他以「風動竹而以為故人來」表示切盼之情。剝啄聲「因為他常常能夠化枯寂為溫暖」，親朋的叩門聲對他來說，竟是那樣的美妙。可見人到晚年，孤寂落寞，渴望友情，渴望溫暖。對於塵封於鄉野幾十年的老藝術家來說，我們還能苛求他什麼呢？

感謝張建智，讓我認識了一位高傲自負、偏執怪異、滿腹掌故、可愛有趣的文化老人。藕公在鄉下沉寂多年不為世人所知，晚年回歸鄉里，聲名鵲起，日受推重，可謂大器晚成。錢君匋先生談及藕公，亦稱之為「無名國手」。

《藥窗雜談》，吳藕汀著，吳小汀整理。平裝。中華書局二〇〇八年七月初版。定價十八元。

二〇〇八年十二月二十二日於秋緣齋

【原載二〇〇八年十二月三十一日《中華讀書報》（北京）】

一九五八年的詩

在地攤上的一堆舊書中，我找出一本由《詩刊》編輯部選編的《一九五八詩選》，隨手翻看了一下，覺得有趣，便買了下來。《一九五八詩選》共十五印張，一九五八年八月由作家出版社出版，發行五千五百冊。

《一九五八詩選》收錄了國內詩作者當年創作的數百首詩詞作品。有元帥陳毅、葉劍英的詩。有學者鄧拓的詩，有大詩人郭沫若、臧克家、郭小川的詩，也有工人農民普通作者的詩。

一九五八年全國大躍進，詩歌創作也來了一次大躍進，徐遲在為《一九五八詩選》所作的序言中說：「到處成了詩海。中國成了詩的國家。工農兵自己寫的詩大放光芒。出現了無數詩歌的廠礦車間，到處皆是萬首詩鄉和百萬首詩的地區，許多兵營成為萬首詩的兵營。

幾乎每一個縣，從縣委書記到群眾全都動手寫詩，全都舉辦民歌展覽會。到處賽詩，以至全省通過無線電廣播來賽詩。各地出版的油印和鉛印的詩集、詩選和詩歌刊物，不可計數。詩寫在街頭上，刻在石碑上，貼在車間、工地和高爐上。詩傳單在全國飛舞。」

這一切皆因毛澤東一九五七年公開發表了十七首詩詞，一九五八年又發表了詞〈蝶戀花・遊仙（贈李淑一）〉和七律〈送瘟神兩首〉。主席寫詩，全國唱合。詩歌這一形式的文藝作品的地位在中國得到了空前的提高。就連一九五八年二月舉行的第一屆全國人民代表大會第五次會議上，各地人民代表在北京懷仁堂的莊嚴的講壇上發言時都引用了詩歌。那次會議被稱之為「一個詩意充沛的偉大會議」。

到甘肅下鄉的詩人李季，在一首〈祝豐收〉詩中有：「敢問河西英雄漢，小麥何時上五千？」的詩句，張掖地委書記把這詩在四級幹部會議上朗誦了。與會者集體作了答詩：「糧棉高產再高產，答謝詩人一片心。」

臧克家、賀敬之、郭小川等皆為這種民歌體寫了讚歌，郭沫若也寫了〈遍地皆詩寫不贏〉的組詩。

下面再請讓我們看一看被稱之為「開一代詩風」的詩吧。

《一九五八詩選》一書前面是毛澤東的詩詞手跡。隨後第一首詩便是長篇小說《大刀記》的作者郭澄清的〈太陽的光芒萬萬丈〉：「太陽紅，太陽亮，／太陽的光芒萬萬丈，／我們如今倆太陽，／兩個太陽不一樣，／一個太陽在北京，／一個太陽在天上，／天上的太陽暖身上，／北京的太陽暖心房。」河北徐水的一首〈黨是眼珠子〉更有趣：「黨是眼珠子，／社是命根子，／破壞黨和社，／小心腦瓜子。」還有一首〈龍王爺走了〉讀起來讓人忍俊不禁：「龍王爺走了，／水也有了，／土地爺沒了，／地也有了；／灶王爺滾蛋了，／人也吃飽飯了。」一位煤礦工人寫的詩：「決心書、保證書、挑戰書……一擺擺了好幾里。」一位裝卸工人的詩更大氣：「左手抓來上海市，／右手送走重慶城。」這些所謂的詩在當時被稱為「新的一代詩風，是社會主義的詩風，是東風，是民歌的風」。

中國是一個詩的國度，中國文學史上最早的作品集便是由孔子編定的《詩經》，是我國最古老的一部詩歌總集，也是中國詩歌、樂曲的源頭所在，在國際文化史、中國文學史、中國藝術史上具有重要的價值和地位。在封建社會，上至帝王將相，下到士子庶民，皆可吟詩作賦，到了唐代，詩歌的創作達到了一個鼎盛時期。五四新文學運動以來，胡適的白話詩仿西方詩體，用白話寫詩，打破了舊詩的格律，聞一多、劉半農、朱自清、徐志摩等詩人致力於白話詩的創作，正式宣告了新詩的開始。

從一九五八年大躍進到文革結束二十幾年來，中國詩歌的創作乃至中國文化、經濟皆進入了一個畸形發展的怪圈，期間，產生了大量的文化怪胎。就連曾以《女神》在思想上、藝術上以嶄新的姿態出現在五四新文學的詩壇上的老詩人郭沫若，也寫出了「大家齊努力，／學習毛主席」的詩句。文化大革命不僅沒有使中國文化有所進步，甚至對文化形成一種破壞，使中國的文化落後了幾十年。

《一九五八詩選》裏的作品就算是打油詩的話，也沒有「江上一籠統，井裏黑窟窿，黃狗身上白，白狗身上腫」的那種意境。

二〇〇三年八月二十七日於秋緣齋

【原載二〇〇五年七月二十八日《僑報》（美國）】

文革中的六十部「毒草小說」

秋緣齋有一部特殊的藏品——《六十部小說毒在哪裏？》。這是一個油印本，由人民文學出版社《文藝戰鼓》編輯部編的《文藝批判材料》，封面畫著一些歪曲了的文人漫畫頭像，下面有「紅文司泰安地區司令部新汶分部翻印」字樣，翻印日期為一九六八年七月三十日。

在封二上是兩條「最高指示」：

「利用小說進行反黨活動，是一大發明。凡是要推翻一個政權，總要先造成輿論，總要做意識形態方面的工作。革命的階級是這樣，反革命的階級也是這樣。」

「我們的文學藝術都是為人民大眾的，首先是為工農兵的，為工農兵而創作，為工農兵所利用的。」

在〈前言〉中，充滿了火藥味，都是特殊的「文革」語言，開頭就這樣寫道：

萬木霜天紅爛漫，天兵怒氣衝霄漢。

當前，一場革命大批判的新高潮在全國蓬勃興起。我們無產階級革命派懷著對黨內最大的一小撮走資本主義道路當權派的刻骨仇恨，經過二個月的連續奮戰，把六十部反黨、反社會主義、反毛澤東思想的毒草小說和有嚴重錯誤的作品，暴露在光天化日之下來示眾。……

在反革命修正主義文藝路線的影響下，解放十九年來，在小說創作園地上，毒草叢生，群魔亂舞，出現了一大批露骨的反黨、反社會主義及反毛澤東思想的大毒草。每當國內外階級鬥爭尖銳激烈的時候，毒草小說總是紛紛出籠，大肆氾濫。為階級敵人的進攻煽風打氣，吶喊助威。

文章對《保衛延安》、《苦菜花》、《青春之歌》等一批優秀小說肆意歪曲批判後，筆鋒一轉，開始歌頌文革期間出現的一些「文學怪胎」：

殘冬盡時春華發，烏雲散處朝日紅。

在史無前例的無產階級文化大革命的高潮中，無產階級的新文藝，英姿颯爽地衝殺出來了！東風勁吹，百花盛開，無產階級文藝事業呈現出一派生機蓬勃的大好景象。讓我們更高地舉起革命的批判大旗，徹底埋葬反革命修正主義文藝黑線，用千丈大樹作筆，萬里雲天當紙，畫出一個光輝燦爛的無產階級文藝的新天地！

文章最後說：

在這份資料裏，我們主要對人民文學出版社、作家出版社所出版的長篇小說、中篇小說和短篇小說集，進行一些初步的消毒工作。這六十部小說，有一部分是毒草必須徹底剷除，有一部分是思想內容有嚴重錯誤，有許多毒素，也需要加以消毒。……

這本資料分「反黨、反毛主席，為劉少奇等人樹碑立傳」、「歌頌錯誤路線，攻擊毛主席的革命路線」、「歪曲階級鬥爭，宣揚階級調和論、人性論、和平主義」、「歪曲和攻擊社會主義革命和社會主義建設」等幾部分，對六十部小說逐個進行了分析批判。那些教育了幾代人的優秀小說，都被上綱上線，貫以毒草之名加以批判。這本批判材料現在讀來，實在是荒唐可笑。可是在那個人們靈魂被扭曲了的年代裏，它卻猶如基督徒手中的《聖經》一樣，被人民所推崇。

六十部「毒草小說」是：

1.《劉志丹》，李建彤著

2.《六十年的變遷》，李六如著

3.《保衛延安》，杜鵬程著

4.《青春之歌》，楊沫著

5.《朝陽花》，馬憶湘著

6.《小城春秋》，高雲覽著

7.《紅旗譜》，梁斌著

8.《播火記》，梁斌著

9.《我的一家》，陶承著

10.《風雨桐江》，司馬文森著

11.《火種》，艾明之著

12.《三家巷》，歐陽山著

13.《苦鬥》，歐陽山著

14.《晉陽秋》，慕湘著

15.《太陽照在桑乾河上》，丁玲著

16.《大波》，李劼人著
17.《苦菜花》，馮德英著
18.《文明地獄》，石英著
19.《在茫茫的草原上》，瑪拉沁夫著
20.《山鄉巨變》，周立波著
21.《山鄉風雲錄》，吳有恆著
22.《三月雪》，蕭平著
23.《變天記》，張雷著
24.《山河志》，張雷著
25.《普通勞動者》，王願堅著
26.《我們播種愛情》，徐懷中著
27.《工作著是美麗的》，陳學昭著
28.《上海的早晨》，周而復著
29.《在和平的日子裏》，杜鵬程著
30.《乘風破浪》，草明著
31.《風雷》，陳登科著

32.《在田野上，前進！》，秦兆陽著
33.《歸家》，劉澍德著
34.《水向東流》，李滿天著
35.《過渡》，沙汀著
36.《南行記續篇》，艾蕪著
37.《高高的白楊樹》，茹志娟著
38.《靜靜的產院》，茹志娟著
39.《紅日》，吳強著
40.《暴風驟雨》，周立波著
41.《破曉記》，李曉明、韓安慶著
42.《橋隆飆》，曲波著
43.《屹立的群峰》，古立高著
44.《紅路》，扎拉嘎胡著
45.《清江壯歌》，馬識途著
46.《辛酸地》，管樺著
47.《鐵門裏》，周立波著

48.《戰鬥到天明》，白刃著

49.《新四軍的一個連隊》，胡考著

50.《下鄉集》，趙樹理著

51.《三裏灣》，趙樹理著

52.《靈泉洞》，趙樹理著

53.《豐產記》，西戎著

54.《李雙雙小傳》，李准著

55.《東方紅》，康濯著

56.《橋》，劉澍德著

57.《我的第一個上級》，馬烽著

58.《高幹大》，歐陽山著

59.《香飄四季》，陳殘雲著

60.《金沙洲》，于逢著

這本《六十部小說毒在哪裏？》為中國文學史記下了恥辱的一頁。文革期間，中國歷史上舉行了第二次大規模的焚書運動，一些名著一夜間都成了「四舊」，被視之為洪水猛獸，大批的圖書被收繳，扔進了熊熊燃燒的烈火之中。一位經歷了文革的藏書家痛心疾首地對我說：「我聽收音機裏郭沫若講話，說他自己的書都是毒草，要全部燒掉，回來後，我就把書藏了起來，但最終還是沒有逃過厄運。」首都圖書館在文革期間差一點毀在紅衛兵手裏。一批紅衛兵衝進首都圖書館造反，下令在幾天之內，「把書統統燒掉！」在當時的情況下，紅衛兵下令燒書，誰也惹不起！館裏想出了一個對策，首都圖書館也組織了紅衛兵，也貼出了公告，把書「就地封存，等待命令」，使首都圖書館的圖書得以完整保存。

文革結束後，黨中央糾正了文藝界的錯誤路線，為作家平了反，為小說平了反。從此，這些優秀的作品又回到了人民的手中。

但願這種荒唐鬧劇不再重演，使文學創作走出一條正確的、健康的，而不再受社會環境制約的道路。

二〇〇一年八月八日於泰山文化傳播中心

趣味《百美圖》

《百美圖》是由《文藝報》編輯包立民編著的一部圖文並茂的隨筆集。《百美圖》中收集了二百四十三位文藝家的自畫像，每幅自畫像都有文藝家自己或其他名人的題跋，後面是包立民介紹該文藝家的文章。

入圍的文藝家中，有畫家、雕塑家、篆刻家、美學家、美術理論家，也有戲劇家、作家、詩人、電影導演。全書分上下兩卷，一九三〇年前出生者入上卷，一九三〇年以後出生者入下卷，一九五〇年後出生者均不入選。封面由黃苗子題簽，一九九七年八月由山東畫報社出版，兩冊定價六十元，我在一舊書攤見之，品相近十品，以十五元購得，愛不釋手。

文藝家的自畫像都非常有個性且風趣幽默。廖冰兄先生有兩幅自畫像，一幅畫了一個虎頭鷹身的怪物撲向一個小動物，廖冰兄揮舞手中的大筆與之搏鬥，並題打油詩曰：「膽小偏充好漢，人微妄犯虎威。棒痕鞭印記膚肌，底事不知改悔。只因心腸太軟，難容良善遭欺。猶如母雞護雛雞，敢與兇頑拼死。」另一幅畫的是他頭扎小辮，胯下騎一根竹竿，另一手執催「馬」的枝條。題款曰：「77÷10＝7.7，但願年齡除以十，此生還可見小康。」天真的樣子讓人忍俊不禁。

華君武先生的自畫像也有兩幅，可兩幅都沒有露出臉來，一幅用雙手捂臉，題款曰：「畫獸難畫狗，畫人難畫手。臉比手更難，一捂遮百醜。一九九五年作自畫像，時年八十。」另一幅是低頭洗腳圖，題款：「我作漫畫人像功夫甚差，畫面孔體態無特徵的漫畫像更難。報刊索我自畫像時，只好畫兩手捂臉狀，或作閱報學習狀以應付。去年包立民同志又要我自畫像，猛追窮寇。作洗腳圖塞責。」

著名的書籍裝幀藝術家張守義的頭像組成了一個「酒」字，在下面又寫一「仙」字，成了「酒仙」二字，右下方是韓羽的題跋：「酒仙，守義。瓶不離手，杯不離口。自詡酒仙，點癮無有。葉公之龍，張兄之酒。」張守義雖自稱酒仙，對白酒卻一滴不沾，只是喜歡啤酒，手中從不離酒，即使開會也帶著酒。人民文學出版社出版的外國文學名著的好多封面都是張守義設計，他的風格簡捷大方，深受讀者喜愛。看了他的自畫像，一個一手提啤酒、一手握筆作畫的張守義彷彿就在眼前。

在全書二百多幅自畫像中，關山月的自畫像構思最為巧妙，也是《百美圖》中唯一一幅沒有人像的自畫像，畫了兩座山峰由長城連在一起，中間是一城門樓。端木蕻良在跋語中說：

「以自然為寫照，現天人合一之法身，洵生面別開之作也。」

《百美圖》的作者包立民本身就是畫家，因此該書無論裝幀設計，還是內文編排都是那麼完美。收錄書中的藝術家有些已經作古。包立民憑一人之力，耗八年之功，完成這麼一項大工程，為中國文藝界做了一大貢獻。包立民在〈我與《百美圖》〉一文中說起了他創作《百美圖》的初衷：「一九八八年（戊戌）秋，偶然得到了一幅連環畫家賀友直的自畫像，畫幅不大，只有巴掌大小。這幅自畫像畫得形神兼備，又是他的標本，我請京城老裱工劉金濤裱到一本冊頁上。由於畫像較小，冊頁上留出三分之二的空白來，於是又找賀友直的畫友，詩人兼書法家林鍇題一首詩。林鍇欣然允諾，幾天後他送還冊頁。我打開一看，畫的四周洋洋灑灑題了一首書辭並美的散曲，曲詞寫得好，書法也好，佈局更妙。由此我得寸進尺，請鍇兄也畫自畫像一幅。畫畢又請黃苗子先生題詩。如此周而復始，雪球越滾越大。」以致於衍生為中國美術史上的煌煌巨著。

二〇〇四年十二月十四日夜於秋緣齋

【原載二〇〇八年四月二十八日《藏書報》（河北）】

《中華郭氏大典》小記

江西的郭世和來電話說，他主編的《中華郭氏大典》由中國廣播電視出版社出版了。過了不久便收到了他寄來的書。

《中華郭氏大典》，十六開精裝本，四百餘頁。前面是國內外郭氏名人的題詞和鼻祖虢叔的畫像。《中華郭氏大典》詳細地記載了中華郭氏的起源、中華郭氏本源、中華郭氏世系、古今郭氏名人、輝煌的郭氏家族文化等，也是一部中華民族宗譜文化遺產，為進一步研究中華民族文化和郭姓家族歷史留下了珍貴的史料。

據北宋歐陽修編撰的《新唐書・宰相世系表》記載：「郭氏出自姬姓，周武王封文王弟虢叔於西虢，封虢仲於東虢，西虢地在虞鄭之間，平王東遷，奇虢叔之地與鄭公，楚莊王起陸三軍之師伐周，責王滅虢，於是平王求虢叔裔孫序，封於陽曲，號曰郭公，虢謂之郭，聲之轉也，因以為氏。」後經人考證，是歐陽修把兩位周王寫反了，應該是虢叔首封為東虢。但郭是虢同音轉換而來的說法是肯定的。臺灣世界中華郭氏宗親總會編篡的《環球郭氏宗譜》便把虢叔稱為「郭氏得姓始祖」。但這支虢叔後裔並非從虢叔本身轉為郭氏，而是歷經坎坷，而後演變成郭氏的。

郭姓是中華民族大家庭中的一大望族，分佈在世界各地。依據人口數量排列，郭姓排在全國第十八位，是佔漢族人口百分之一以上的十九個大姓之一，人口總數在一千萬左右。而這，還尚未包括數以萬計的海外僑胞。

郭姓在春秋戰國時期，主要在河南、陝西、山西、山東、河北等地發展，其中以太原為其發展中心。到漢代，又有郭姓人移居內蒙、甘肅、四川、安徽。唐代時，郭姓曾兩次向福建遷移，到南宋時期，開始進入廣東。明末清初，有一支福建的郭氏遷居臺灣，後來成為了臺灣十大姓氏之一。

郭姓族人不僅早已播遷到國內各地，而且也已傳播到了海外。播遷到海外的郭姓族人，以其各種不同的原因，僑居在不同的國家，其中以美國、加拿大、巴西以及新加坡、泰國、馬來西亞、印尼、菲律賓和柬埔寨、老撾等十幾個國家和地區為最多。郭姓華僑和華人為世界許多國家，尤其為東南亞國家的發展，例如新加坡、馬來西亞、印尼等國，做出了卓越貢獻。

郭姓又是中華民族中的一支優秀族姓，在中國歷史上，朝朝代代，名人輩出，史不絕書，僅從清朝上溯已知名見傳的人物就有近二千名。顯赫傑出的人物，唐朝有汾陽王郭子儀，後周有皇帝郭威，自漢至清，凡兩千一百一十五年，共一百六十三帝，二百一十六后，郭氏佳麗有八位榮登皇后寶座。在當代還有全國人大副委員長郭沫若，中共中央政治局委員、中央軍委副主席郭伯雄。

《中華郭氏大典》的出版對於海外同胞認祖歸宗，對加強海峽兩岸的交流有著重要的意義，對於研究中國姓氏文化也有著重要的史料價值。也許是資料的限制，書中對郭氏家族的分佈、遷徙、家譜的編修情況，記載不是很全面，有待於再版時增補；在人物誌中，傑出人物篇非常好，而當代人物收錄的範圍控制得不嚴，降低了書的品位。後面的「中華郭氏詩詞選」中的詩詞水平參差，本書為郭氏家族資料，而這些詩詞沒有收入的必要。

我是該書的編委，也只是提供了部分資料而已，這部九十多萬字巨著，實為主編郭世和一人耗六年時間完成的。郭世和付出的勞動是可想而知的，儘管存在不足，《中華郭氏大典》的出版還是值得慶賀的。

二〇〇四年十二月二十一日冬至之夜於秋緣齋

【原載二〇〇五年二月二日《泰山週刊》（山東）】

《書緣》三種

古代書籍同名者眾多，山東人民出版社曾出版過一部《古書同名異稱舉要》，書中所涉及的先秦至清末的同名書籍多達五千六百餘種。把幾部同名的書放在一起讀，是一件有趣的事。秋緣齋藏有三部名為《書緣》的當代作品集，作者分別為弘徵、郭偉、何祥初，我稱之為弘版、郭版、何版。書與人是講緣分的，愛書人與書都有一種難以割捨的緣分，董寧文先生主編的《我的書緣》，就收錄了全國幾十位作家與書結緣的故事。

郭版《書緣》，是我的第一部散文集，二〇〇〇年十二月經濟日報出版社出版。署名郭偉，因重名者太多，後來我所發表、出版的作品皆用筆名。《書緣》收入六十三篇散文，分為五輯。輯一「歲月悠悠」，鉤沉往事，敘述了難以忘懷的人生故事；輯二「良師益友」，回憶了與老師、朋友的交往；輯三「平陽攬勝」，描述了家鄉的風景名勝；輯四「海天片羽」，訴說友情及其他；輯五「坐擁書城」，暢談了關於書的話題。封面是一幅有古典韻味的畫面，木格窗扇半開，窗下几上有一打開的書卷，整幅畫面散發著濃郁的書香。該書二〇〇二年獲得了第二屆山東省文明進步獎。

或許是我出生在學校的原因，註定了我與書之緣，幼時收藏小人書，工作後涉足書店、書攤，藏書由少到多，二〇〇一年被評為「山東省十大青年藏書家」。當年下海經商，選擇了書業，出版《書緣》時，我還是一位書商。我不知道離開了書會怎麼生活，因著書而結識了姜德明、陳子善、龔明德、徐雁等讀書界大家。有了師友們的引導，讀書不再盲目，藏書亦有明確的方向。假若現在出版《書緣》，將會是另一種樣子，當時所寫人物選擇不慎，後來才發現人格低下而又善於偽裝的東西竟然進入了我的作品集，頓覺有「失身」之痛。這也是我向各地書友只贈新著，不送《書緣》的原因。

由於編務繁忙，淘書從市場轉到網上，在孔夫子舊書網見有兩種《書緣》，異常親切，毫不猶豫就訂購下來。

弘版《書緣》，一九九三年十二月由中國書籍出版社出版，是一部序跋及書評作品集，作者弘徵係湖南文藝出版社社長。中國出版工作者協會名譽主席王子野在序中稱：「每篇都能做到言之有物，沒有空話廢話，且以短小精悍，清麗洗暢見稱。」作者在〈書緣〉一文中敘述了與巴金、秦牧、丁玲、沈從文、錢君匋、曹辛之、柏楊、龍應台等著名作家、藝術家的交往，及得到這些作家、藝術家簽名贈書的經過。弘徵是位熱心人，裝幀藝術家錢君匋在一九七三年刻成一套《魯迅筆名印集》，但在一九七四年被全部抄沒，同年十月他又重刻。後廣東人民出版社準備出版他重刻的《魯迅印譜》時，由於工廠延宕，遲遲不能問世，錢君匋求助於弘徵，弘徵七彎八拐地認識了那位工廠的負責人，《魯迅印譜》得以順利出版。錢君匋在贈送樣本的同時，還把極有收藏價值的上下兩冊原稿本贈給了弘徵。後來錢君匋被抄沒的《魯迅筆名印集》發還後，弘徵又幫錢君匋出版了《錢刻魯迅筆名印集》。

弘徵是最早把三毛作品介紹到大陸的出版人。一九八五年，弘徵收到香港作家林真寄來的幾本三毛作品，讀後被三毛清新的文風所吸引，遂設法搞到了三毛在港臺出版的全部作品。力排眾議，連續出版了十部三毛著作，一炮打響，在大陸引發了三毛熱。書中附有三毛致弘徵書信五通，兩人相約見面，總是陰差陽錯，只是書信往來，而緣慳一面，甚憾。

何版《書緣》，二〇〇四年十一月由湖南人民出版社出版，是一部出版發行論文集，作者何祥初從事圖書發行工作。何祥初出生山區，經歷坎坷，十二歲始步出山門，跋涉一百二十公里，考入湘鄉簡易師範。為了買書，課餘時間編製草鞋，賣錢買書。當這位十八歲的縣優秀教師被打為「右派」時，是書籍支撐著他渡過劫難的。後來，何祥初到新華書店工作，如願以償，終日與書為伴了。組織上讓他回教育部門擔任領導職務，他堅決婉辭，通過自學考試取得了「漢語」和「法律」兩個專業的大學文憑，並將工作中的所思所悟寫成論文在《中國出版》、《中國新聞出版報》、《出版廣角》、《中國圖書商報》等報刊發表。何祥初說：「回想這輩子，唯書，是我最大的恩人，是我的良師，是我的摯友。當我靜坐在四壁皆書的房間，信手翻開這些令我陶醉的書，其樂融融。能如此常與書廝守，其心足矣，我復何求。」一位愛書人能坐擁書城，著書立說，亦算修成正果了。

弘徵、何祥初和我，一位出版社社長、一位新華書店職工、一位當年的書商，三人在不同的崗位，分別出版了一部名為《書緣》的書，書中各有一篇名為〈書緣〉的文章，且三書相聚秋緣齋，亦為緣吧。

二〇〇七年五月五日於秋緣齋

【原載二〇〇八年七月二十三日《湖南工人報》（湖南）】

家庭雜誌《三餘書屋》

正當《讀書》雜誌四面楚歌之時，民辦讀書雜誌卻雨後春筍般在各地創刊，《開卷》、《芳草地》、《書人》、《清泉》、《書友》、《書簡》、《泰山書院》、《書脈》……如火如荼，受到了愛書人的歡迎，全國的一些藏書大家、老作家也為民刊撰稿支持。每年一度的全國讀書報刊研討會已經連續召開了四屆。這些讀書報刊雖屬民刊，但大都依託一個單位或組織，而新創刊的《三餘書屋》卻是一份家庭讀書雜誌，這在全國大概也屬首創。在盛夏酷暑季節，《三餘書屋》給人帶來了一陣清新涼爽之風，雜誌的主編劉莸則是一位十幾歲的女孩。

劉莸是北京書友劉德水的女兒，從小跟父親到舊書攤淘書，拜訪文化老人，是一位小書癡，喜歡作文、畫畫。二〇〇五年在北京，我們一幫書蟲子到布衣書局淘書，她也跟著去了，我們淘書，她在一旁畫速寫，晚飯的時候，她拿出那幅速寫讓陳子善題了「陳子善淘書圖」，又讓文潔若簽了名。後來她把《陳子善淘書圖》和她寫的文章〈書鬼陳子善〉發給了我，我看文章寫得不錯，在《泰山週刊》的讀書版發表了。後來不斷收到她的新作。

「三餘書屋」是劉德水的齋名，由齋主的忘年交張中行先生題寫。劉莌創辦家庭雜誌時借用了齋名，整本雜誌從約稿、編輯、設計、排版、印刷、裝訂到郵寄，都是由劉莌一人獨自完成的。雜誌設有「三餘雜記」、「三餘齋嘉賓」、「三餘之餘」、「三餘齋之友」、「三餘齋藏珍」、「三餘薦讀」等欄目，作者以劉氏家庭成員為主，我曾從劉莌的部落格裏看到了她爸爸、媽媽的部落格，一家三口寫部落格，其樂融融，在家裏簡直可以成立一個小作協了。雜誌的作者還有止庵、趙曉霜、馮傳友、許進等讀書界知名人士。「三餘齋之友」欄目是劉德水寫我的文章〈人間自是有情癡〉，此文曾在《藏書報》發表；「三餘齋藏珍」欄目介紹了范用先生給劉莌的賀卡和張守義先生贈她的賀年畫；在「三餘薦讀」欄目裏，劉莌向讀者推薦了《月亮和六便士》和《汪曾祺談吃》兩部書。雜誌雖然只有薄薄的三十幾頁，但內容卻是耐讀的。

劉莌在學習之餘亦愛畫畫，張守義在看了她的畫後評論說：「哎呀，畫得真好！有自己的東西。感覺好，色彩也好！」先生對她畫的《潘家園淘書圖》特別欣賞：「畫得這麼細！透視感挺強！」

每逢過節，都能收到劉莌自製的賀卡。二〇〇六年春節前，我同時收到了劉德水父女的郵件，劉德水在信中說：「今天中午和劉莌一起到郵局，為兄寄上了張中行先生的《詩詞讀寫叢話》毛邊本一冊，以快遞形式寄出，想在新年之際應能收到，為兄祝賀新春。前邊的〈再說幾句〉是當年再版前我代先生草擬的，如今先生已去近一年了，逝者如斯夫，思之憮然……剛才劉莐說已經給你發過郵件了，我說各發各的吧，你是我們家兩代人的朋友！」除夕上午，郵遞員把特快專遞送到我的書齋。《詩詞讀寫叢話》封面題簽啟功，封面繪畫張守義。這成為我收到的最好的新年禮物。

《三餘書屋》雜誌中夾著一張黃色的小紙條，上書：「阿瀅叔叔指正！劉莐二〇〇七、七」，並鈐有劉莐的陽文印章，紙條的背後寫著：「希望您以後多多支持《三餘書屋》，讓它和《泰山書院》一樣好！」雜誌後面的版權頁印著「主編：劉莐；家庭成員：劉德水、謝平、劉莐」，附有三人的部落格網址。雜誌每期只印三十冊，給我一冊編號第十號。家庭讀書雜誌《三餘書屋》是秋緣齋風格獨特的珍貴藏品。

《三餘書屋》編完後，劉德水父女有一段有趣的對話。劉德水說：「把你帶進這個圈兒裏，你知道別人有多羨慕？慶幸吧你！」劉莐說：「這我知道，可是我只能永遠在您膝下，永遠以『劉德水女兒』的身分出現了。我還想以後讓您是『劉莐的爸爸』呢！」我想德水兄一定會以「劉莐的爸爸」感到自豪的。

二〇〇七年七月二十四日夜於秋緣齋

【原載二〇〇七年八月九日《城市晚報》（吉林）】

跨國書緣

說來慚愧，當朋友向我推薦被譽為「愛書人聖經」的《查令十字街84號》時，我竟不知道有這部書，我到網上去查找《查令十字街84號》，看了愷蒂的序〈書緣‧情緣〉，但我克制自己，沒有繼續讀下去，我要享受在床上臥讀的那種幸福。電子讀物和紙質讀物不同，在網上閱讀和在寂靜的夜裏打開床頭燈讀書的那種感覺也是不同的。熱心的朋友馬上到書店買了，給我掛號寄來。

《查令十字街84號》的腰封有段廣告：「它被譯成數十種文字流傳，廣播、舞臺和銀幕也鍾情它，那家書店的地址——查令十字街84號已經成了全球愛書人之間的一個暗號。三十多年人們讀它、寫它、演它，在這段傳奇裏彼此問候，相互取暖。」我終於經不住誘惑，沒有等到晚上臥讀，整整一個下午，沒有邁出辦公室半步，都在查令十字街84號馬克斯與科恩書店裏等候海蓮的郵件。

這是一部書信集，記錄了紐約女作家海蓮與倫敦一家舊書店之間的書緣、情緣。海蓮是一位靠編寫劇本為生、生活窘困的落魄獨身女作家，她在雜誌上看到倫敦舊書店的一則經營絕版書籍的廣告，便與之聯繫不斷地從該店郵購舊書，遂和馬克斯與科恩書店主管弗蘭克結緣。

海蓮的書信活潑、幽默，而弗蘭克的信件則比較拘謹，是因為他們的商業信函都要作為書店的資料存檔的，這些書信一開始只是普通的商業信函，隨著時間的推移，交往的深入，漸漸地注入了情感，他們便去掉了先生、小姐之稱謂，而直接稱親愛的弗蘭克、親愛的海蓮了。可以想像得出，當發出郵件後，翹首以待對方信函的焦慮、期待心情，以及收到信後，急不可待地撕開信封，閱讀來信的幸福和快樂。以致弗蘭克去世後，弗蘭克太太在給海蓮的信中說：「不瞞您說，我過去一直對您心存妒忌，因為弗蘭克生前如此愛讀您的來信……」現在的電子郵件取代了信函，手指輕輕一點，郵件就會出現在萬里之外的螢幕上。但這種郵件都是電報體，連問候、落款幾乎都是統一的，已無法讓人真實地體會到反覆展讀書信的快樂。這也許是一些人拒絕電腦、堅持手寫書信的緣故吧。弗蘭克與海蓮通信二十年，海蓮的購書款也都是隨信夾帶的，卻從來沒有丟失過，她說：「我對美國郵政和皇家郵政有十足的信心。」這在中國是不可想像的！

海蓮是一位典型的書蟲，即使在圖書館讀書，也在不屬於自己的書上作長長的眉批。她看慣了用慘白紙張和硬紙板印製的美國書籍，第一次收到從英國寄來的書，她高興地說：「我簡直不曉得一本書竟也能這麼迷人，光撫摸著就教人打心裏頭舒服。」儘管生活貧困，住在一幢白蟻叢生、搖搖欲墜、白天不供應暖氣的老公寓裏，就連書架也是用水果箱改製的，但她還是不斷地郵購圖書，當收到從倫敦寄來的《大學論》的首版書時，她寫信給弗蘭克說：「我把它端端正正地擺在案前，整天陪著我。我不時停下打字，伸手過去，無限愛憐地撫摸它。倒不全然因為這是首版書，主要是打出生起我從沒見過這麼標緻的書。擁有這樣的書，竟讓我油然而生莫名的罪惡感。它那光可鑒人的皮裝封面，古雅的燙金書名，秀麗的印刷鉛字，它實在應該置身於英國鄉間的一幢木造宅邸，由一位幽雅的老紳士坐在爐火前的皮製搖椅裏，慢條斯理地輕輕展讀……而不該委身在一間寒酸破公寓裏，讓我坐在蹩腳的舊沙發上翻閱。」得到一部美輪美奐的書，在令人沮喪的環境中，她竟不忍心去翻讀了。

海蓮喜歡讀舊書，當她郵購到一本《哈茲里特散文選》時，見扉頁上寫著「我厭惡讀新書」時，竟不禁對那位未曾謀面的前任書主肅然高呼：「同志！」看到編選粗糙的《新約全書》時，不免大發牢騷：「他們平白糟蹋了有史以來最優美的文字。」收到《佩皮斯日記》後，她給弗蘭克寫信發火：「這只是哪個沒事找事做的半吊子編輯，從佩皮斯日記裏東挖西補、斷章取義，存心讓他死不瞑目！真想啐它一口！」

當海蓮瞭解到英國戰後經濟困難，每戶每星期配給兩盎司肉，每人每月只分得一隻雞蛋時，馬上寄去了六磅重的火腿，讓弗蘭克分給書店裏的同事們。以後，又源源不斷地向英國郵寄肉、罐頭、雞蛋等，這都是英國人久未看到，或是偶爾能在黑市上匆匆一瞥的食品。弗蘭克和同事感到無以回報，便買了鄰居老太太手工刺繡的一塊桌布給海蓮寄去，海蓮如獲至寶。弗蘭克及書店的員工都把海蓮當成了自己的親人，紛紛給海蓮寫信，並猜測著海蓮的樣子。弗蘭克在信中說：「如果有一天你來倫敦，橡原巷37號會有一張床給你，你愛待多久便待多久。」海蓮把查令十字街84號的馬克斯與科恩書店也當成了「我的書店」，一心想去訪問，由於手頭拮据而未成行。海蓮的朋友金妮與埃德去英國旅行時順便訪問了查令十字街84號，得知是海蓮的朋友，受到了書店員工的熱情接待。

對於海蓮的率真、善良、慷慨，弗蘭克只有默默地到鄉間搜尋待售的藏書，到一些豪宅去尋覓一部部珍本，每每收到好書，馬上給海蓮寫信，把書描述一番，估計海蓮需要的書，都預先保留起來。二十年來，他們的交往已經超出了購書者與書商之間的關係，相互支援、相互依賴。海蓮在給弗蘭克的信中說：「這個世界上瞭解我的人只剩你一個了。」儘管書信中除了習慣性「親愛的」那種在外國很平常的稱謂外，沒有出現一個「愛」字，更是一種昇華了的情感。

人生就像一場戲劇，一切都像設計好了一樣。一九六九年一月，一個天氣寒冷的日子，海蓮收到了一個書寫格式與往常不同的郵件，而這封來自倫敦的郵件卻給海蓮帶來更加寒冷的消息，那是弗蘭克的死訊。海蓮寫信給朋友說：「如果你正巧經過查令十字街84號，代我獻上一吻，我虧欠它良多……」

當海蓮終於踏上倫敦的土地，出現在查令十字街84號時，她說：「我來了，弗蘭克，我終於來了。」書店已是空空蕩蕩……

假若弗蘭克沒有去世，假若他們可以時常見面，這部書就沒有意義了，也不會打動任何人。正因為他們緣慳一面，才使人產生了一種刻骨銘心的痛。

這跨國書緣，後來被拍成電影、電視劇、舞臺劇，在倫敦演出，經久不衰。

二〇〇七年六月十七日夜於秋緣齋

【原載二〇〇七年第七期《溫州讀書報》（浙江）】

日記，是有生命力的存在

于曉明是日記文學的倡導者和身體力行者，他與自牧連袂主持的《日記雜誌》在全國讀書圈產生了一定的影響。收到曉明寄來的《茶歇集》（二〇〇六年十二月中國文史版），被古樸大氣的封面所吸引，封面畫有豐子愷作品〈無言獨上西樓月如鉤〉的韻味。曉明也第一次用古農這個筆名，此前，他出版的《無定集》和《川上集》皆署本名。

《茶歇集》是曉明君二〇〇四年全年的日記。來新夏教授在序中說：「日記之體大抵分兩種，一種是寫個人記事以備查，文字比較隨意的日記，作者不準備發表，或身後經他人發現整理，始公之於世的；另一種是作者利用日記體裁記事，準備公之於世，供他人閱讀，內容也經過選擇，文字也比較整齊規範。這可以稱為日記文學。」這部《茶歇集》當屬後者，日記貴在一個「真」字，研究人物所需資料，傳記不如年譜，年譜不如書信和日記，日記是坦陳心跡的真實記錄，即使公開的日記也不能為避諱一些人、事而失真，如果失去了「真」，日記就沒有任何價值了。在《茶歇集》裏就保留了這可貴的「真」，如日記中對一些人直言不諱的批評，這種批評不是人身攻擊，只是善意的提醒，所以沒必要隱去。

有人討論日記應該怎麼寫，完全沒有必要。日記是最自由的一種文體，就像止庵所說：「想怎麼寫，就怎麼寫。」隨心所欲地歌自己的所愛、憎自己所恨，長者可達萬言，短者只記數語，完全看自己的心情。有人堅持日記要寫有史料價值的、有意義的事情，而普通人的人生有幾件有史料價值的事情可寫呢？可一旦成名後，一次極普通的交往或談話都可能變得是有史料價值的。不能認為沒有史料價值就不去寫日記。寫日記免不了記些瑣屑的事情，但往往日後會從這些小事發現有價值的東西，從魯迅的日記裏就可以推算出他一生購買了多少書，及他的收入情況，當初魯迅記這些書帳時也是很隨意的。

在三月一日的日記裏，有曉明與老學者何光岳電話交談時的一段記錄。何光岳說：「我去年（二〇〇三年）買了九萬九千多塊錢的書，出了八百八十六萬字的民族源流史，二十五斤重啊，定價一千六百八十元。拿了三十多萬元稿費，全部捐出去了。我現在藏書八萬四千多冊，一百八十六個書架，十大間房子裝書，其中各類家譜四千六百多種一萬兩千多冊，百分之八十都是稀有古本；字典、詞（辭）典四千多種；自然科學、農事方面的書兩千多種；地圖志書一千三百多種；文史哲方面的書最多，幾萬冊。我寫的〈岳陽洞庭大橋記〉，一百六十七字，岳陽市委給了一萬塊錢，後來又給了一萬；寫〈賀龍體育館記〉，三百八十四個字給了三萬塊潤筆費，又給了十萬塊科研經費；寫〈雷鋒紀念館記〉給了兩萬元，我沒要，退了回去了。這能要嗎？雷鋒是什麼人啊，我寫篇文章就拿兩萬，能行嗎？今年省裏要給我蓋藏書樓，在社科院裏邊，省委、省政府的領導在我家現場辦公。要蓋四層，名字就叫『光岳藏書樓』，蓋好了你一定要來，我闢了十幾間房子，專供外地的好朋友來玩時住。」雖是一組枯燥的數字，卻能說明幾個問題，一是老學者何光岳的勤奮，經過數年的積累，藏書達八萬餘冊；二是岳陽市委尊重知識、尊重人才，給岳老的潤筆費高出了人們的想像；三是體現了湖南省委、省政府對人才的重視，撥專款建光岳藏書樓。現在困擾著藏書家最大的問題就是藏書的存放問題，著名藏書家姜德明先生在向單位要求找間房子存放藏書時，曾遭到蠻橫的拒絕，而湖南省委、省政府能專門為何光岳建藏書樓，真是難能可貴的。現在光岳藏書樓已建成，何老先生的藏書也已超過十萬冊，這不單是何光岳的個人藏書，也是國家的一筆財富。

《茶歇集》以書為主線貫穿始終，是我等嗜書如命之人豐盛的精神大餐，臨近下班收到該書，便帶回家，一口氣讀完。書中提到的人物我大都熟悉，讀來尤為親切。書讀完了，于曉明經營的公司不景氣，也找到了答案。他有時一天竟要給各地書友寫幾十封回信，到成都參加企業會議時卻去拜訪了流沙河、車輻、龔明德、冉雲飛等文化名人，他的大部分精力都用在了淘書、辦雜誌及與書友交流上了。市場上競爭激烈，企業老總睡覺都要睜著一隻眼的今天，不全神貫注地做經營，公司怎麼還能夠立於不敗之地呢？書中的字裏行間也透露出了作者的些許煩惱：「這幾日為公司的事情著急上火，想想有些得不償失。默默要求自己平靜下來。平靜下來，總會好起來的。就去天涯閒逛，發現天涯真是個藏龍臥虎之地。」（六月二十五日日記）他在公司發生危機之時，到書話網上尋求安慰了。讀完《茶歇集》，我就想，如果曉明在出版社或學術單位當編輯、做學問更適合一些，可往往在出版社或學術單位工作的人卻又不安心當編輯、做學問。

在商海幾經沉浮，曉明成熟了，面對人性的暴虐、自私、殘酷，他都能坦然面對，他終於找到了自己的最佳位置，在北京主編著一份頗有影響的雜誌。他仍然癡迷於淘書、讀書，癡迷於文學創作。他說：「每次震撼和感悟都會讓我起筆急書，不為別的，只想記錄下自己的一點真實的感受，也是自己難得的一點感動。為日後自己的情感尋找一點慰藉。震撼和感動之後，總能夠找到自己心靈的歸宿。能夠感覺到自己的心靈又經歷了一次洗禮和昇華。」

二〇〇七年元月三日於秋緣齋

【原載二〇〇七年第六期《書友》（湖北）】

蠹魚的饕餮盛宴

十一長假，收到了贈書十幾部，整個假期滿齒生香，其中的《草堂書影——名家簽名本集粹》給我帶來了視覺的享受，是一道愛書人的精神大餐。

《草堂書影——名家簽名本集粹》，二〇〇七年一月由上海人民出版社出版，銅版紙彩印，精選了一百餘幅書影及名家簽名圖影，有書名、出版社、出版日期、版次、印數、款識、鈐印、入藏時間及作者簡介等，並穿插著簡短的書話，介紹收藏者與作者們的交往經歷。這些書影可以反映出各個時期的裝幀設計風格，名人印章、手跡亦讓人大開眼界，不但給人帶來閱讀的愉悅，且具史料價值。

名家簽名本的收藏者金峰是上海的一位普通職工，他的藏書在讀書界來說不算太多，只有三千餘冊，但簽名本佔了五分之一，而且都是著名的文學藝術家簽名本，這就非常難得了。金峰得到的這些簽名本，一是名家相贈，如巴金、賈植芳、杜宣、賀綠汀、草嬰、章克標、洪丕謨、錢君匋、王元化、黃裳等都曾簽名送書給他；再是在書展上作家簽名售書時獲得的簽名本，如王蒙、程乃珊、賀友直、渡邊淳一的簽名本等；三是在舊書攤上淘的名家簽名本，有些作家無緣相識，但隨著一些老作家的去世，有些書也流散出來，金峰曾一次高價買回五十冊名家贈給于伶先生的書，其中有丁聰、袁鷹、柯靈、王辛笛、唐弢、陳荒煤、艾明之等。這些簽名本落到了金峰手裏是最好的歸宿。

金峰勤奮好學，工作之餘，淘書、讀書、藏書，生活在都市卻沒有手機，令人難以置信。當他無意中得到巴金先生簽名相贈的一套《隨想錄》後，使他萌發了收藏名家簽名本之想，並越聚越多，遂成規模。因著他的真誠，結交了不少的文化名人，並得到了巴金等文化老人的支持和幫助。他與百歲作家章克標情同祖孫，每次去海寧看望章老，一住就是五六天，為章老做早餐，陪章老外出散步，到市場買菜，陪章老讀書、會客，聽章老講文壇往事。二〇〇四年，一百零五歲高齡的章克標還出席了金峰在上海舉辦的「隨想草堂簽名書展」的剪綵儀式。金峰去請賈植芳為將要出版的《草堂書影——名家簽名本集粹》一書作序，賈先生鋪開紙筆現場就寫，寫完後問，請誰題簽？金峰說，想請王元化先生題簽，但不熟悉，賈先生馬上給王元化寫了一封信，並打電話介紹小友金峰。王元化先生不但題寫了書名還以自己的著作簽名相贈。洪丕謨是金峰的老師，曾答應為之作序，但書未出版便歸道山，師母姜玉珍便代為序之。

簽名本現在尚未引起中國現代文學史料研究者的足夠重視，陳子善先生在序中說：「注意到作家簽名本並加以評書的，當推姜德明先生。他在《簽名本的趣味》三章中，引用了葉聖陶老人的精闢觀點，老人提醒我們，收集簽名本『確有趣味。簽名本必須有上款，又可以考究受書者何以不能保存，以至傳到舊書鋪，此亦掌故也』。姜先生介紹了許多珍貴的名家簽名本，認為簽名本不但『可以給關心中國新文學掌故者提供一點知識』，有的簽名本甚至還能『反映那個時代的風雲色彩』，其意義其價值是可想而知的。」

很多名家在簽名時，金峰都要求題上「讀書是福」四個字。收藏了那麼多的名家簽名本，金峰是真正有福的！

二〇〇七年十月五日於秋緣齋

【原載二〇〇七年十一月二十四日《青島日報》（山東）】

邂逅舊讀

在孔夫子舊書網瀏覽舊書，無意中看到《戰地紅纓》的名字，不由得眼睛一亮。《戰地紅纓》是我讀的第一部書，三十年來記憶猶新，看到了它，那感覺就像偶遇多年沒有消息的初戀情人，有驚喜，有興奮，還有一絲新奇。

在讀小學三年級的時候，爸爸給我了一本書——《戰地紅纓》，當時，我不知道那書叫小說，儘管書裏的文字認不全，剛讀了第一章，就被書裏的故事牢牢地吸引了，我發現了一個除了電影和小畫書之外的神奇世界。課餘時間磕磕碰碰地讀完了那部書，把書裏的故事講給同學聽，他們也都聽迷了。《戰地紅纓》是一部描寫解放戰爭時期，東北某地少年兒童在戰爭中茁壯成長的長篇小說。通過描述兒童團長張得欣在激烈的對敵戰鬥中的機智、勇敢，歌頌了解放軍的崇高精神，揭露了地主、惡霸殘酷壓榨貧苦農民的滔天罪行，塑造了一個愛恨分明、英勇機智的少年英雄的光輝形象。其中有個情節記得特別清楚。主人公張得欣和小伙伴為了對付地主家的一隻惡狗，把一個燒熟的蘿蔔扔給惡狗，那狗一口咬住，吐又吐不出來，燙得那狗嗷嗷直叫。讀了特別解氣。

我讀書的興趣大概就是從讀了《戰地紅纓》後培養起來的。那時，很難找到書讀，《戰地紅纓》我先後讀了三遍。上初中後，先後讀了《漁島怒潮》、《煤城怒火》、《大刀記》、《西沙兒女》、《沸騰的群山》、《烈火金剛》等小說。到了星期天，趕緊做完作業，一讀就是一天，直讀得頭暈眼花，仍不肯把書放下。《青春之歌》、《野火春風鬥古城》把我帶入了另一個天地。我還偷偷地讀了當時稱為黃色小說的《苦菜花》，讀《紅樓夢》中「賈寶玉初試雲雨情」一章，懵懵懂懂中有一種青春的萌動。

一次，在數學課上，我放心不下課間操時讀的小說中的人物命運，就偷偷地拿出小說，把數學課本蓋在上面讀了起來，我全神貫注地讀書，根本沒有感覺到老師已經站在了我的身邊。其結果就可想而知了……

在造紙廠工作的哥哥給我帶回來了幾十本準備打紙漿的舊書，我如獲至寶，那些書成了我第一批藏書。

最初讀過的那本《戰地紅纓》我一直保存著，有好多小朋友借閱，我都及時要回，後來，書破損得不成樣子，封面也不知讓誰給弄掉了，我貼上一張白紙當作封面，放在一紙箱裏面保存起來，一直沒有捨得丟棄。

當我收到從網上訂購的《戰地紅纓》後，急不可待地打開包裹，拿出了那部久違了的小說。兒時讀書只注意故事情節，而不知道作者是何許人也。三十年後重逢，才知道作者叫石文駒，一九七三年五月人民文學出版社初版，一九七五年二月第四次印刷，定價零點五二元，沒有印刷冊數。封面一位頭帶軍帽、背著有五星的草帽、佩帶兒童團袖章、手持紅纓槍的兒童團長，正在吹哨集合兒童團隊伍。那是一個既熟悉又陌生的畫面。

我一直念念不忘這部把我帶入文學殿堂的長篇小說，我多次在文章中提到這部書。可當我再次擁有它時，卻無法產生閱讀的興趣。《戰地紅纓》不在我收藏和研究的課題之內，訂購這本書完全是出於一種懷舊心理。

美好的東西不必一定擁有，在記憶裏永遠是最美好的。

二〇〇七年五月十一日夜於秋緣齋

【原載二〇〇八年五月十二日《桂林日報》（廣西）】

日文版《九月寓言》入藏記

善藏書者都有自己的偏好，有聚某一類書者，有藏某一時期書者，有集某一人書者。北京文泉清專藏黃裳作品，山東自牧喜藏汪曾祺作品，山西楊棟搜集孫犁作品，而我則致力於張煒著作的收藏。我整理了一份張煒著作版本目錄，張煒已出版各種著作二百餘種，除了大陸版本外，還有很多港臺版和海外版本，而且每年都有大量的著作出版，收集起來難度較大。但張煒獨特的藝術風格深深地吸引著我，難度大愈發覺得有趣。一次性買到一位作家的全集，是體會不到偶爾淘到一本心儀之書時的那種興奮和快感的。

截至丁亥歲末，秋緣齋已藏有張煒著作版本一百餘種，能收藏這麼多的張煒著作版本，得益於各地師友的大力協助，其中除了我多年的日積月累外，有很多是各地師友贈送和代淘的。書友們在淘書時只要發現有張煒的著作，就給我發訊息問是否有藏，如果沒有就及時給我買下。除了張煒給我寄贈的兩本臺灣版的著作外，對其他的港臺和海外版本書一直感到缺憾。

冬至後的一個晚上，突然收到上海巴金文學研究會周立民的訊息：「你有日文版《九月寓言》嗎？如無，我可以送一本給你。」他說《九月寓言》的日文翻譯來上海，給他帶來兩本日文版《九月寓言》。一則訊息，使我感到春天般的溫暖。我馬上得寸進尺地提出了要求，請日譯者簽名。立民兄回詢息說：「我忘了讓他簽，不過是極熟的朋友，每年無數次來中國。到山東時再找他簽吧。」

《九月寓言》有九種版本，其中上海文藝版四種，春風文藝版、人民文學版、香港天地版、臺灣時報版、日本流彩版各一種。能得到日譯本真是丁亥年末最好的消息了。我曾在網上查到過日文版《九月寓言》的書影和序言，轉發到我建立的張煒研究部落格「張煒：蘆青河紀事」中，想到馬上就能得到原版的日文本了，心裏有種說不出的激動。

與周立民因書結識，丁亥夏日，偶然接到他的電話，說他在巴金的弟弟李濟生先生家看到了《秋緣齋書事》，得知我喜藏張煒著作版本，他正在編一部張煒的作品集，即將由雲南人民出版社出版，想在書後附一篇非專業評論家寫的文章，約我寫一篇。正巧我寫有〈收藏張煒〉一文，便馬上給他發去。從此，便與立民兄結緣。

收到立民兄的訊息之後，就天天盼著書的到來，儘管在網上已經看到了該書的書影，但總沒有在手裏反覆摩挲的那種感覺。臘月初七日，終於收到了，我急不可待地打開了郵件。日文版《九月寓言》二〇〇七年一月由彩流社出版。日文版的《九月寓言》要比國內版本厚出了許多，該書是精裝本，翻譯成日文後，又增加了一百多個頁碼。翻譯者阪井洋史，一九五九年出生於東京，係一橋大學文學院語言社會研究科教授，致力於中國近現代文學史研究，著有《中國現代文學史研究》、《巴金的世界》、《陳範予日記》等。書前有張煒的自序，後有阪井洋史關於對作者和《九月寓言》的介紹，和翻譯後記，由於不通日文，也不知其所言。

張煒在序中說：「強烈的地方性、方言的使用，使這本書的翻譯成為一件難事。它置換成其他民族的語言時，作者當然要捏一把汗。多年前我訪問一橋大學，與淵博而執著的阪井洋史教授有過十多天的相處和交談，成了一段美好的經歷。我充分領受了一個忠實於真實的學者的魅力，為他的悟想力和關於中國民間的知識所折服。那時他的譯文已經完成，可是一連許多年下來，他仍在訂正修改不倦。這必會是一部難得的、理想的譯本。」張煒說是一部難得的、理想的譯本，說明他是極為滿意的。

儘管我無法看懂日文，但這本《九月寓言》也成為了秋緣齋一部珍貴的藏品。

二〇〇八年一月十四日於秋緣齋

【原載二〇〇八年十月二十日《揚子晚報》（江蘇）】

文集自印亦風流

——談談我收藏的自印本

一部《鎮江淪陷記》手稿，在二〇〇七年北京秋季拍賣會上以一百一十九萬元高價成交，成為收藏界引人矚目的話題。該書作者是一九三七年鎮江淪陷時一家工廠的經理。他把日軍種種罪行記錄成稿，計十二萬餘字。一九三八年，他自印了四千冊分寄各地，以揭露日寇罪行。一九四六年，他根據自印本又謄抄了一份，並加入了一些抗戰後期的所見所聞。一九九八年，揚州古籍書店職工清理倉庫時發現了這部手稿。歷經數十年戰火動盪，《鎮江淪陷記》自印本幾乎全部流失，最初的四千冊自印本目前所知僅存世兩冊，成為極具史料價值的一部重要文獻。

自印本大多是作者自己出資印製，一般不公開出售，主要用於同人間的交流。過去文人有「刻一部稿」之說，刊刻自己的文集，分送同好，即屬自印本。後來，世間陸續出現一些刊刻、經營書籍的民間書坊，也就相當於當下的出版社了。建國後，新聞出版逐步規範。自印本更顯得彌足珍貴。

秋緣齋裏珍藏了一些師友相贈的自印本。我對這些自印本的珍愛超出了一般的版本。

丁亥暮春，我在濟南會晤了八十三歲的侯井天先生，侯先生是山東省委黨史資料徵集研究委員會離休幹部，他以上下兩卷《聶紺弩舊體詩全編》自印本簽名相贈。該書是侯先生窮二十年之精力搜集、整理、句解、詳注、集評而成，自費出版。一九五八年，侯先生因政治運動由總政治部文化部轉業下放到北大荒勞動，曾與聶紺弩在牡丹江農墾局政治部《北大荒文藝》編輯部的一個房間裏住過一宿，當時侯先生是「中右」，聶紺弩是「極右」，互報姓名後，兩人未敢再說一句話。聶頭朝北靠東牆睡，侯頭朝西靠北牆睡，翌晨，侯先生悄然離去。「一面之緣，於侯井天印象極深，於聶紺弩可能根本未記此事，卻不知此乃身後第一知己也。」（舒蕪語）

當侯井天第一次讀到《散宜生詩》時，引起了強烈的共鳴。在一九八六年聶紺弩去世後第三個月，他便開始了搜集聶詩、點注聶詩的工作。為了搜集聶紺弩的作品，侯先生天南海北跑了很多地方，拜訪了文懷沙、黃苗子、郁風、呂劍、曹辛之、周有光、尹瘦石、丁聰、吳祖光、舒蕪、朱正等數百位老作家及聶紺弩的親屬，得到了他們的支持和幫助。侯先生於一九九〇年十二月在子侄資助下自費出版了《聶紺弩舊體詩全編》注解本第一版，印了六百冊；以後每發現聶紺弩的佚作就再版一次。一九九二年四月《聶紺弩舊體詩全編》注解續冊印了五百冊；一九九三年十二月《聶紺弩舊體詩全編句解、祥注、集評》印了八百冊；一九九六年三月出第四版，印了一千冊；一九九九年第五版，印了一千冊；至二〇〇五年九月已是第六版，也是最後的印本，故稱之為「止印本」。編輯出版《聶紺弩舊體詩全編》是一項大工程，侯先生憑一人之力做成了這件功德無量的事情。現在有好多應該由國家來組織實施的事情，都由個人去做了，實在令人費解。《聶紺弩舊體詩全編》比人民文學版《散宜生詩》多收入四百餘首佚詩，不僅做了詳注，而且還有句注、按語和集評。編成最全的《聶紺弩舊體詩全編》，書後附錄了大量的有關通信摘編及研究文章。不但有文學價值，且有史料價值。

雷妍是上世紀四十年代的北京女作家，是北方淪陷時期文壇最多產的才女之一。原名劉植蓮，河北昌黎縣人，曾用筆名芳田、劉蕚、端木直、東方卉、田田等，生於一九一〇年四月，曾出版有《良田》、《白馬的騎者》、《奔流》、《少女湖》《鹿鳴》、《鳳凰》等作品集。解放後，雷妍生活拮据，女作家梅娘與趙樹理聯繫，推薦她的稿子，發表在趙樹理主編的《說說唱唱》上，換取稿費度日。一九五二年六月，雷妍去世，她的名字逐漸被人們所遺忘。學者陳學勇在一篇文章中說：「她的中篇小說《良田》可與賽珍珠的《大地》媲美。雷妍盛年早逝，加之作品多發表於淪陷時期，因此她不僅在當今讀者中湮沒無聞，而且難以納入現代文學史家的視野，連縱論百餘位女作家的皇皇巨著《二十世紀中國女性文學史》，上下兩大卷，也不肯給個席位，只概述淪陷區創作時，以『長於刻畫傳統婦女』一句話打發了之。用這短短八個字概括雷妍創作，既欠準確，更難揭示全貌，當然說不上公允地評價她在文學史上的地位。」有關學者向出版社推薦雷妍的作品，可出版社編輯只盯著可以使他們穩賺銀子的當紅作家，根本無人理睬塵封在故紙堆裏的作家作品。經梅娘力薦，北京《芳草地》雜誌出版了一期紀念專集。在《芳草地》執行主編譚宗遠的幫助下，雷妍女兒劉琤編選自印了《雷妍小說散文選》，梅娘作序。書中收錄了雷妍的〈林珊〉、〈幽靈〉、〈林二奶奶〉等中短篇小說十四篇，〈雨〉、〈號角〉、〈重負〉等散文五篇。出書後，譚宗遠兄就給我寄來了一冊。曾紅極一時的女作家作品竟無人問津，靠子女出自印本，不知出版界作何感想。

蘇州作家王稼句十幾年來出版了《談書小箋》、《補讀集》、《枕書集》、《筆槳集》、《硯塵集》、《煎藥小品》、《櫟下居書話》、《秋水夜讀》、《看書瑣記》等數十部著作，還撰寫、編纂、點校了多部有關蘇州內容的專著，如《蘇州山水》、《姑蘇食話》、《蘇州舊夢》、《古保聖寺》、《蘇州舊夢》、《蘇州舊聞》、《三生花草夢蘇州》、《吳門煙花》、《消逝的蘇州風景》、《追憶》、《煙雨同裏》、《走遍中國・蘇州》、《姑蘇斜陽》、《吳門柳》、《吳門四家》、《浮生六記》、《蘇州文獻叢鈔初編》等。作品出版得多，評論文章自然就多，稼句兄在他五十壽辰之際把朋友們的文章結集為《閒話王稼句》，印行了九百九十九冊，分贈各地朋友。該書由裝幀設計家周晨設計，新穎獨特，書名字體無任何顏色，凹入封面，書名下有一方王稼句的白文印章，格外醒目。封面上方比內文短一公分多些，呈鋸齒形。扉頁前貼有王稼句的藏書票，環襯為稼句兄的書房圖片。內文版式疏朗，並鈐有多枚王稼句用印。書中收入了拙作〈江南才子王稼句〉。該書無論設計、編排還是印刷都是上乘的。

高振興是我的老領導，從市領導崗位上退下來後，我鼓動他寫點回憶文章，以教育後代。本是戲言，他卻認真，半年時間寫出了幾十篇回憶文章，結集為《深秋回眸》，想出書分送親友留存。我勸他沒必要買書號出書，現在書號的真假也成問題，有好多急於出書又無經驗的作者，都買了假書號出書。造假者根本不懂書號的含義，不知什麼是「流水號」、「組號」、「出版者號」、「書名號」、「校驗位」，偽造的書號不倫不類；再就是，部分的「圖書分類次號」錯誤百出。造假者糊塗，出書者也不明白，且沾沾自喜。更有甚者，為了晉級、評職稱，即使心存疑惑，還要出書，是當前的出版制度造成的特殊產物。遂將《深秋回眸》以自己主編的《泰山書院》之名印行，出書後，在社會上頗有影響。書院本來就是學者講學研究之所，以書院之名編纂圖書也是書院職責所在。

由流沙河題簽的《書外雜寫》自印本是湖北胡榮茂先生的作品集，作者曾擔任文化官員，退休後受聘在讀書界頗有影響的《書友報》當編輯，書中文章是在編報之餘的收穫。該書以書友工作室之名印行三百冊，其中三十冊毛邊本。書後別出心裁地有個《本書擬贈書師、書友名錄》，按省分排列了一個贈書名單，我也在受贈之列。胡榮茂在給我寄贈的毛邊本題跋道：「郭偉君：業餘『書外』，聊供哂正。兼祝康寧！圈外友胡榮茂，丁亥中秋謹字。」這位謙虛的「圈外人」，談的卻是圈內事。

自印本由於印數少，成本偏高。現在有了一種新型印業，為出版自印本提供了方便，網上有印客網專門承接這種印刷業務。這種機器不用製版，成本低。一本書起印，而且印製質量要比一般膠印還要清晰。有些不便正式出版的文稿、書簡、日記等，用這種方式印刷，最為方便。成書之後，便於收藏。低廉的價格可以滿足很多作者的需求。浙江書友陳舒的書話作品集《向來癡　從此醉》就是交印客網印製，一共印刷十冊，每冊成本十幾元。書中收錄了作者四十六篇關於讀書、淘書及與書友交流的文章。是一部蠹魚的淘讀生活實錄，全是書香文字。這種小冊子比正襟危坐地講讀書大道理的出版物更受讀者歡迎。

還有一本《讀書消暑錄》是江西書友易衛東的自印本，收錄了自己的讀書隨筆，印行一百冊，分送各地書友。

……

自印本並不是達不到公開出版的水平，而是受各方面條件的制約，一時不能公開出版。其實，有很多自印本的文學及史學價值要超過一些正式出版物。老出版家鍾叔河先生的老伴朱純出過一本《悲欣小集》，也是自印本，只印了三百本，且編上號碼，寄贈親友，還特別注明

「係非賣品」；王世襄先生出過《清代匠作則例彙編佛作・門神作》自印本；王元化先生也曾出過線裝一函十冊《清園文稿類編》自印本。作家楊黎創作了長篇小說《向毛主席保證》，在聯繫出版時，書名不能通過。他自印了三百冊，還為每本編上了號、簽上名字，並保證大陸漢語簡體字版僅此一版，並永不再版。在他的部落格上打出了「自己寫，自己印，自己賣。反對出版壟斷！」的口號，叫賣三百元一冊，一個月時間訂出了七十餘冊。

自印本印數少，只在民間流傳，頗具收藏價值。版本學家陳子善教授非常看重自印本，在他擔任華東師範大學圖書館館長時，就叮囑部下要注意民辦報刊及自印本的收集工作。隨著時間的推移，自印本的價值將逐步顯現出來，並愈來愈受到收藏者、研究者的青睞。

二〇〇八年五月三十日於秋緣齋

【原載二〇〇八年總第十五輯《藏書家》（山東）】

那一樹藤蘿花

書友玉民兄在電話裏興奮地說，他淘到孫永猛的散文集《藤蘿花》了。我馬上上網，見他已寫入部落格：「書友阿瀅兄曾多次向我提及此書。孫永猛生前十分賞識阿瀅，他的章草——『鍥而不捨，金石可鏤』至今懸於阿瀅的客廳，笑對老兄。阿瀅踏破鐵鞋，尋尋覓覓，始終未曾得到此書。今日鄙人捷足先登，得來全不費功夫，羨煞阿瀅也！」

上世紀八十年代末，孫永猛曾在我棲身的小城掛職，任市委副書記。他亦是作家，對我特別賞識，和他接觸的過程中，有一件小事一直記憶猶新，當時他住在市機關招待所二樓，我住一樓，我時常到二樓去找他聊天，他在我這個二十出頭的文學青年面前從沒端過架子。我知道他忙，每次都是稍坐一會兒就告辭。一次，我帶了一盒煙，抽出一支給他。他說，你怎麼這麼俗了？你不吸煙帶煙幹什麼？一句話說得我面紅耳赤。孫永猛為人剛正不阿、做事認真，觸及了某些地方勢力的利益，一個掌握實權的地方惡霸揚言，孫永猛掛職結束後，讓他走不利索。

惡霸只能在地方作惡，螳臂擋車只是可笑之舉。後來，孫永猛升任山東省文化廳副廳長，我的《中國節日大全》要出版，去濟南找他寫序，他正手拿饅頭一邊吃著一邊大聲爭論著什麼，見我進門，放下饅頭迎了上來。又是安排吃飯，又是安排住宿，我說，什麼也不用，就把書稿交給他，很快就收到了他作的序言。序的開頭說：「時下興請名人或相當職務的領導作序，我似乎還不到為人作序的名聲、職務和年齡，郭偉君請我為他的《中國節日大全》作序，我還是欣然答應了……」

一九九九年，在《大眾日報》上看到了孫永猛的散文〈槐抱藤〉，是他的散文集《藤蘿花》序，引起我對他的思念之情，便寫了〈長者〉一文，回憶了與他交往的過程，寫完文章，就聽說他病逝的消息。天意乎？巧合乎？

我在尋訪《藤蘿花》。在孔夫子舊書網搜索，在《藏書報》的舊書欄目查詢，在各地舊書市場探訪，陸續淘到了他創作的《宋慶齡》和《董必武》兩書。書海茫茫，《藤蘿花》一直沒有下落。

一個春天，我與詩人石靈去李白當年隱居的徂徠山礤石峪探幽，山澗有一古藤，掛滿了串串紫花。石靈說，這就是你常說的藤蘿花。果真像孫永猛描述的那樣，「一樹的藤蘿花掛滿了一個天，一穗穗，一串串。一朵花就是一個小燈籠，一穗花，一串花，就是一串燈籠」。孫永猛說：「藤蘿花好看，有時可以吃的。似開未開之際，捋下來，放點鹽，放點麵，拌一拌，蒸著吃。我們則攀著青藤，單揀嫩的藤蘿花吃，有時竟然剝去花瓣專吃花心，有些香，還有些甜。」據說，礤石峪的一家飯店就用藤蘿花加上雞蛋和麵做藤蘿花餅，雖未嘗過，那滋味一定會「有些香，還有些甜」的。

那串藤蘿花一直縈繞心頭，揮之不去。看了玉民兄的帖子，心癢難耐，又去孔夫子舊書網碰運氣，打上《藤蘿花》搜索，搜到的都是劉心武的散文集《藤蘿花餅》和京梅的歷史小說《藤蘿花落》。搜了數百條資訊，當我漸漸感到無望時，也該著老天惠我，最後，竟然發現有一冊孫永猛的《藤蘿花》，而且書相十品，馬上訂了下來。唯恐有變，趕緊到銀行把書款匯去。

《藤蘿花》，一九九九年十二月由青島出版社出版，印數兩千冊，定價十元。收入作者散文、小說、電影文學劇本，共二十三件作品。封面設計和我想像的不同，在我的腦海裏，《藤蘿花》的封面應該像俞平伯的《雜拌兒》、周作人的《書房一角》一樣清新淡雅，但這個封面凌亂不堪，上面是幾串藤蘿花，下面是雜亂無序的樹枝充斥著整個封面，不能給人以想像的空間，與書的整體風格不同。孫永猛沒有等到散文集付梓，便英年早逝，回歸道山了，如果他活著，一定不會同意用這個封面的。

孫永猛用優美的文筆記述了故鄉的親人、故鄉的河流、故鄉的風俗，充滿真情實感，沒有絲毫的做作。孫永猛說：「我把它歸於我的戀鄉戀土戀母情結。這是一個解不開的結。回憶中我就想寫東西，於是就有了這個集子。」在這裏讀出了久違的寧靜與淳樸，彷彿置身於膠東他老家的那古老的槐抱藤樹下，聽他講家鄉的故事。

孫永猛曾說：「青年人外在要謙恭些再謙恭些，謙恭些才能得到周圍更多人的幫助，而且可以除卻許多麻煩；內心要狂放些再狂放些，不狂放些，沒有自信，是很難有大作為的。」這些年來，我時常想起他的教誨，也自覺地以他的教誨作為處世準則。

好在我找到了他的《藤蘿花》，想他的時候，可以與他聊聊天了。

二〇〇八年八月六日於秋緣齋

【原載二〇〇八年十一月十日《聯合日報》（山東）】

《王建青詩詞草稿》小記

戊子初夏，族兄郭湧攜夫人王秀梅回鄉小住。湧兄工詩詞、善書法，意氣相投，常相聚談詩論書，縱酒酣歌，樂而忘歸。湧兄，字魯越，幼年隨岳叔、少將王建青參加革命軍隊，後轉業浙江德清，任文化館長，係浙江省書法家協會會員、湖州市書法家協會副主席、德清縣書法家協會主席，有《郭湧劇作詩文選》傳世，主編《德清縣文化史料》、《德清民間故事、歌謠、諺語集》等。其創作的電視連續劇《莫干劍》由王芳題寫片名，在各地電視臺播放。及近耄耋，遂生落葉歸根之念，於王建青將軍墓後建塋，以期回歸道山之後，仍能以岳叔為伴。

吾友李光星君為一地教育界之首領，亦為文史愛好者，對地域文化頗有研究，著有《羊流風華》，正編纂《風雅羊流》、《平陽徐韻》兩書。李光星欲為湧兄作一小傳，總結其革命生涯，湧兄處世低調，不事張揚。湧兄道，其岳叔王建青歷任二十軍副軍長兼參謀長、南京軍區工程兵政委、南京軍區政治顧問等職，一九五五年被授予少將軍銜。建議李光星探尋王建青的革命足跡，撰文傳世，激勵後人。

問及王建青將軍傳記及文集，湧兄道，有零星的資料散見於書刊，尚無完整傳記；上世紀八十年代，曾整理一部詩詞集，並擬由時任浙江省委書記的王芳寫序，王芳答應作序，但因事務繁忙，遲遲未就，後王建青患病，直至去世，未能見到自己詩詞集付梓問世，留下終生遺憾。

湧兄與王建青三子王洪高聯繫，云遺稿尚存，遂讓其複印寄來。半月餘，收到《王建青詩詞草稿》複印件，係一九八六年九月整理。由於複印質量欠佳，文字四周漆黑，影響閱讀情緒，光星兄重新複印三份，並作〈開國少將王建青小傳〉，置於卷首。原稿無目錄，余逐頁整理，做出詳目。

王建青早年畢業於新泰師範講習堂，參加武裝起義前一直從事教育工作，文學功底深厚，藝術造詣頗深，不僅是革命家，亦為馬上詩人。征戰餘暇，以筆抒發情懷，創作了大量的詩詞作品。《王建青詩詞草稿》共收錄將軍一九三二年至一九八六年間創作的詩詞三百餘首，記錄了將軍戎馬生涯，給後人留下了寶貴的精神財富。將軍於一九九一年逝世，此間五年，或許還有詩作沒有收入，另外，將軍平時與人唱和之作及贈詩亦有遺漏，有待於搜集查尋。將軍晚年研習書法，湧兄曾讚嘆其書法「筆筆送到底」，有多年的私塾做底，稍加研習便為精美作品，秋緣齋藏有一幅將軍八十歲時所書岳飛之《滿江紅》。待有機會將王建青詩詞配以書法及將軍各時期圖片付梓問世，將是一件有益於社會、有益於家鄉的大事。

新汶有愛書者蔣黎明，嗜書如命，時常淘書於各地，每有收穫，必先細加整理，方才上架，破損者修補如新，並善做精裝封面，與工廠出品無異。余託其裝訂《王建青詩詞草稿》，加以精裝，並請湧兄題簽，成三冊，一冊余藏秋緣齋，一冊李光星藏星光閣，一冊交湧兄帶回浙江，分而藏之，以使將軍詩詞集不致湮滅於塵世。特作此文以記之。

二〇〇八年七月三十一日於秋緣齋

【原載二〇〇九年第二期《開卷》（江蘇）】

回歸，那片飄香的心靈花園

秋緣齋的作家簽名本專架上幾乎囊括了全國各地作家的作品，當然不會少了東北虎的著作。其中，高維生是從吉林遷徙到渤海灣的東北虎，老家河北的王國華是後來加入吉林籍的東北虎，而王虎則是吉林土生土長又在吉林闖出一片天地的正宗東北虎。

因著國華兄的引介，王虎寄來了他的新著《幻影魔術室的燈光》，看書名像是一部魔幻或偵破小說，「幻影魔術室的燈光」幾個字用鋼筆多次描摹，呈現出一種參差、粗糙的效果。封面上的黑色掌印，更給人以神祕之感。然而，這只是一種錯覺。《幻影魔術室的燈光》是一部散文、小說合集。國華說，王虎是他最好的朋友，因此，我也帶著感情讀完了該書。

王虎在扉頁前題跋曰：「上帝說，要有光，就有了光。我們不是上帝，我們甘心打理一個不大的花園。」有些人儘管不是上帝，但可以輕易而舉地獲取財富，可以隨心所欲地擁有樓房、汽車、女人……但無法也不可能擁有王虎的「花園」，那是心靈的花園，「音樂、電影、讀書、寫作……騎上這些靈獸，就能進入那個隱祕花園，這是異於白晝的世界，這朝聖路上的聖湖，端坐在時間之外，等待著靈魂的回歸和洗濯」。

《幻影魔術室的燈光》分「那些日子」、「那份感悟」、「那邊風景」和「那條胡同」四輯。人到中年總愛懷舊，因此，我更喜歡集子的第一部分。在物質匱乏的年代，人們最渴望的是好的食物，王虎的少年時代解決溫飽已不成問題，但水果、魚肉卻是可望而不可及的奢侈品。首篇的〈早熟的胃口〉中的十一篇短文全是關於吃的話題，〈三個男子漢和一個小蘋果〉、〈跨越國境線的玉米〉、〈沒吃進嘴兒的肉總讓人記掛〉、〈一想蝦皮就臉紅〉等等，他們兄弟三人用五分錢買了一個小蘋果，一人一口後，就只剩下核了，最後，大哥把核讓給了小弟。可以想像得出當時蘋果的香甜肯定是兄弟三人一生都抹不掉的記憶，也是以後永遠品嘗不到的美味。現在的孩子看來，那簡直是天方夜譚，文中所提及的食物都是現在孩子們不屑一顧的東西。

王虎還講述了課餘打兔子、掏鳥窩、偷梨子、把毛毛蟲放進女同學的鉛筆盒等趣事，甚至用自己畫的電影票蒙混過關看電影，此舉竟屢試不爽，一直沒有被發現。一個天真活潑，淘氣可愛的少年形象活靈活現地躍然紙上，給那個苦澀的年代增添了甜美的記憶。

王虎是報人，他從基層做起，由記者到部門主任、總編助理、報社經營主管，一步一個腳印，在東北報界具有了一定的影響。我辦報也有些年頭了，深知報紙經營之艱難，廣告市場競爭之激烈，儘管王虎遊刃有餘地穿梭於廣告客戶之間，但我也能體會到王虎所付出的艱辛。整日連軸工作，好不容易有了一個「日本賞櫻之旅」的機會，剛到北京，又因一個廣告客戶連夜趕回吉林，第二天晚上又返回北京，一天一夜的時間裏，他見了兩波客戶，處理了一堆雜事，還寫了四篇文章。參加工作十年來，他的花園都是這樣見縫插針地打理的，《幻影魔術室的燈光》便是這個花園出產的碩果之一。

王虎說這是一本獻給自己十年的集子，我們相信下一個十年，王虎的花園裏一定會有更大的收穫。

我們期待著……

二〇〇九年四月十日於西關街十八號《新泰文史》編輯部

【原載二〇〇九年六月十六日《汕頭日報》（廣東）】

再説毛邊本

毛邊本研究專家沈文沖繼他的《毛邊書情調》後又出版了一部毛邊書研究專著《百年毛邊書刊鑒藏錄》，該書從一九〇九年魯迅兄弟出版的第一部毛邊書，直至當今近一百年來出版的大量毛邊書中，輯錄遴選出二百多種有代表性的毛邊書進行逐一介紹，是一部集中國百年毛邊書精華之作。

《百年毛邊書刊鑒藏錄》中介紹了幾種文革期間報社出版的《活頁文選》，遼寧閒書友撰文認為：文革十年，是摧殘文化的十年，毛邊書刊不整齊劃一，應該也是革命的對象，並且大多數真正懂書籍裝幀的編輯和作者都上山下鄉或進牛棚改造去了，造反派不懂得出版毛邊書刊；毛邊本的樂趣在於一手持書，一手拿刀，邊裁邊讀，而文革中是不會讓人有這些情調的；毛邊書刊多是作者或編輯特意為之；多數民國年間出版的含有毛邊本的書刊，大多都會說明光邊本、毛邊本各多少冊。因此斷定《活頁文選》不是毛邊書刊，只能算是所用紙張大小不齊的書刊。

《活頁文選》是否屬於毛邊書範疇，目前尚有爭議，為此我曾專門向新文學研究學家陳子善教授請教，他也認為《活頁文選》不能算毛邊書。

毛邊書到底是一個什麼概念呢？一九八一年北京人民文學版《魯迅全集》對毛邊書的注解為「書籍裝訂好後不切邊」，也就是魯迅先生所說的「三邊任其本然，不施切削」的書。魯迅、周作人、郁達夫、林語堂、葉靈鳳、巴金等文學大家都曾製作過毛邊書。周作人說：「毛邊可以使書的『天地頭』稍寬闊，好看一點。不但線裝書要天地頭寬，就是洋裝書也總是四周空廣一點的好看；這最好自然是用大紙印刷，不過未免浪費，所以只好利用毛邊使它寬闊一點罷了。」「因為要使得自己的書好看些，用小刀裁一下，在愛書的人似乎也還不是一件十分討厭的事。」由此可見對毛邊本的癡愛。現在的一些毛邊書由於印刷工人對毛邊書認識不足，製作出的毛邊本形態各異，有的底齊、上齊，書口毛，有的只有底毛，也有「怒髮衝冠」式的上毛。姜德明、陳子善、龔明德等先生製作的毛邊書比較規範些。

前些年，我曾主編過一份《農村科技導刊》雜誌，後來雜誌停刊，我讓印刷廠裝訂了二百冊合訂本，分送各地圖書館收藏。那時對毛邊書尚不瞭解，更不屬毛邊黨，沒有特意做過毛邊本。後來陸續收到各地師友寄贈的毛邊書刊後，也漸漸喜歡上了毛邊書，因此自己所出的書刊都有意識做一些毛邊贈送書友，還曾撰寫〈關於毛邊本〉一文，在美國《亞美時報》發表。偶爾翻閱《農村科技導刊》雜誌，就後悔沒有做一些毛邊本。時隔幾年，在整理書刊時，突然發現了一冊毛邊的《農村科技導刊》創刊號，不禁又驚又喜。回想一下，當時，印刷廠印刷完畢，並折好了頁子，還沒來得及裝訂，我急於閱讀自己的雜誌，便從印刷廠撿好了書頁，回到辦公室自己裝訂了一本，用紙刀裁開閱讀。無意中為該雜誌留下了唯一一冊毛邊本。

《活頁文選》雖然不是特意製作的供愛書人「一手持書，一手拿刀，邊裁邊讀」的那種毛邊書，但卻是客觀存在的事實上的毛邊本。只要是未經過裁切的書刊都應該屬於毛邊本，而不管有意為之還是無意裝訂，也不管製作人或持有人是否有欣賞毛邊之美的情調，更與政治無關。

二〇〇九年五月六日於秋緣齋

【原載二〇〇九年七月二十六日《天津日報》（天津）】

書香人生

《尋找精神家園》後記

校完最後一遍書稿，走出編輯部的大門時，天已經黑了，街上華燈初放，心裏有了一種如釋重負之感，這本集子已編好一年多，一直忙於報社的事務，拖至今日，總算定稿，心裏一陣輕鬆。

車子駛過立交橋，「構建和諧社會」的標語耀入雙眼。和諧社會，沒有了爾虞我詐，沒有了勾心鬥角，相互尊重，相互理解……然而，中華民族是一個好鬥的民族，就連我們的領袖毛澤東不也在「與天鬥其樂無窮，與地鬥其樂無窮，與人鬥其樂無窮」的論斷裏其樂融融嗎？縱觀中國歷史，歷代君王更替，哪個不是經過了腥風血雨？天下熙熙，彼此傾軋，世間攘攘，爾虞我詐，演出了多少人間慘劇。一部二十五史，哪一頁不沾滿了血腥？魯迅先生說，中國幾千年來的歷史都是「吃人」的歷史，而且吃人者個個道貌岸然，滿口仁義道德。

社會的發展進步是在不斷的鬥爭中前進的。想起一個故事，有一位漁翁，賣的鰻魚都是活的，價格格外得高，而別人打的鰻魚，等到第二天到市場上去賣時，卻都已死掉。人們不解其中之謎，直到老頭臨終，才把這個祕密告訴兒子。他說，鰻魚的生存能力差，往往離開大海後很快就會死去。鰻魚的天敵是狗魚，老頭每次打上鰻魚後，在其中放上一條狗魚，使鰻魚一夜之間一直處於高度緊張的狀態，所以鰻魚都能活了下來。而別人的鰻魚相互擁擠，又缺氧，很快就死去了。

草原沒了狼，羊兒也會退化。人生在世，想幹一番事業，就要時時刻刻準備接受來自各方面的挑戰，就要應付明爭暗鬥，既要應付來自正面的較量，又要提防小人的暗箭。顛倒黑白，混淆是非者有之；陽奉陰違，兩面三刀者有之；勾結黨羽，狼狽為奸者有之；栽贓陷害，反口噬人者亦有之。不仁不義的奸佞小人，令人深惡痛絕。然而，人生之樂似乎就在於一個「鬥」字，鬥爭的過程是充滿希望的，是幸福的，同時也是殘酷的。正像詩人石靈在一首詩中的句子：「沒有敵人哪來的戰場，沒有戰場哪來的英雄。」

和諧社會是一種理想的社會，是厭倦了廝殺、爭鬥的人們嚮往的一種社會。而這已成為當今人們為之追求的目標。然而，對書愛家來說，書齋就是世外桃源，進了書齋就可以入定，就可以潛心與書為伴。即使什麼書也不讀，單是坐擁書城的感覺也是讓人興奮的。數千冊書，每部書都有一個故事，它們來自全國各地，來自四面八方，有這些師友相伴，還會感到寂寞嗎？

我把近幾年寫的文字一分為二，一本是書話集《阿瀅書話》（書話集尚待字閨中）。另一本就是這本散文隨筆集《尋找精神家園》，此集子還是以書為主線。其實，書已貫穿了我整個生命。每週日都是固定淘書的日子，隔段時間總要去濟南淘書，書齋裏的書都是成堆、成垛的，一位朋友稱之為瘋狂購書。

幾乎是在幾個月之內，結識了姜德明、龔明德、陳子善等全國的書話大家和書友。秋緣齋裏不斷收到各地書友的贈書。龔明德老師說：「別小瞧這些秀才人情，在書愛家們的眼裏，這種相互送書就是過節呢。」於是秋緣齋裏高朋滿座了。每有心得便落在紙上，得幾兩稿酬，瞬間又進了書商的腰包。一些篇什在美國《亞美時報》、《僑報副刊》發表，稿酬列入大部頭開支計劃，只是美金遲遲不到，計劃只得暫時擱淺。

我的淘書日記是從二〇〇四年十二月十三日開始寫的，當時只是記了書帳，後來受自牧影響便加入了與書有關的人或事，發到網上以「秋緣齋書事」為題連載，點擊率頗高，一些網站做了轉載。後來感覺這樣在人面前似乎有些赤裸，停止上傳，但受龔明德老師、徐明祥書友的鼓勵，繼續連載，幾天不傳書事，就有書友電話或訊息催促，已身不由己，無法停筆，不足一年便得字十幾萬餘。〈六月書事〉便是其中之一。徐明祥書友打油曰：「牧歌疏越彈無弦，精神抖擻覓家園。泰山書院芸香聚，平陽秋緣天地寬。」

湖南的湘女「小時候就渴望能有一屋書，一屋油條，一邊讀書一邊吃油條，是多麼幸福的事呀」。書愛家最容易滿足，只要有書讀有油條吃，復又何求呢？「何以解憂，惟有讀書；不讀書，毋寧死。」河南蔡瑛的話在別人看來是可笑的，對讀書人來說，如果沒書可讀，真不知如何能活下去呢。

進入書齋並不等於逃避，就像龔明德老師所說：「我渴望做戰士，為捍衛包括我自己在內的弱勢群體而吶喊。如果這樣的機會還不成熟，我樂意躲在書齋，讀者會從我的文字中發現我的不亞於做戰士的價值的。」

在編這本集子時，本來不打算要序跋，後來還是未能脫俗。人們讀書一般先看序跋再讀正文，從序跋的字裏行間可以瞭解到文本以外的訊息。我認為一本書的序跋，不論是名家寫，還是朋友作，但一定要真正瞭解作者才行。一些序跋儘管是大家所寫，但應付之作，又有什麼意思呢？陳子善教授是全國著名書話家，自牧兄是國家一級作家，他倆既是我的老師又是值得信賴的朋友，還是同為淘書、藏書、讀書、編書、寫書的道友，他們寫序跋，分量自然要大得多了。

二〇〇五年十一月九日夜於秋緣齋

【原載二〇〇六年三月十四日《泰山週刊》（山東）】

《秋緣齋書事》後記

知堂先生說：「從前有人說過，自己的書齋不可給人家看見，因為這是危險的事，怕給看去了自己的心思。這話頗有幾分道理的，一個人做文章，說好聽話，都並不難，只一看他所讀的書，至少便掂出一點斤兩來了。」我卻不以為然，每次淘到好書，都向書友展示一番，讓書友也來分享自己的快樂。我喜歡參觀朋友的書房，也歡迎書友光臨我的書齋。有了好書，從不藏著、掖著，祕不示人。

我不是藏書家，齋中所藏少有珍本、孤本，平時遇見所需所好，便買下來，以讀為主。偶見書友的淘書日記，頗覺有趣，便開始記錄我的淘讀生活及與書有關的瑣事。

開始只是記了書帳，後來逐漸增加了與各地書友交流的訊息，以「秋緣齋書事」為題發到天涯網「閒閒書話」上連載。不久，感到似乎太過赤裸，毫無隱私可言了，遂停止上傳書事，龔明德老師和徐明祥兄打來電話，勸我打消顧慮，繼續連載。幾天不傳書事，就有書友電話或訊息催促，已身不由己，無法停筆。即使外出，在飛機上、在賓館裏，甚至在醫院的病床上，亦未敢間斷，一日間隔，便覺愧對關注我的前輩和書友。一年下來，得字十幾萬餘。我的散文隨筆集《尋找精神家園》出版時，以「六月書事」為題選錄了二〇〇五年六月份的書事。《泰山書院》創刊號選發了十一月份的書事，並配發了與袁鷹、姜德明、文潔若、陳子善等師友的合影，及部分書影、名家手跡等。谷林先生來信說，他收到《泰山書院》後，「首讀《秋緣齋書事》，又閱開卷首三篇……」書友們對《書事》反映頗好，好多書友因《書事》而結緣。明祥兄贈詩曰：「牧歌疏越彈無弦，精神抖擻覓家園。泰山書院芸香聚，平陽秋緣天地寬。」

書界同道袁濱兄亦為《秋緣齋書事》賦詩三首：其一，「秋收冬藏蔚大觀，緣深情濃築嫏嬛。齋裏齋外書香溢，雅人深致樂忘言。」其二，「探訪書林成一景，聲隨東嶽傳美名。月到天心茶增趣，人映燈窗雪添情。」其三，「秋水瀅瀅照書窗，緣分如詩滋味長。高朋雲集憑欄處，雅興意飛看斜陽。」

秋緣齋被藏書擠得滿滿的，因著豐一吟先生題寫齋名，而滿室生輝。書架前置一小床，下班回家便躺床上，隨意從架中抽本書讀，那感覺就像皇帝隨時臨幸妃子，愜意極了。窗下那一寬大的寫字臺有些落伍，但跟隨我十幾年，有了感情，捨不得換掉，一些書事便誕生於此。讀寫累了，拋開紙筆，眺望窗外公園裏的花草樹木和追逐打鬧的孩子，這時，往往做一些遐想。在《酉陽雜俎》裏有一個傳說，說蠹魚蝕書，如果恰巧蝕食到「神仙」二字，一連蝕食三次，它就化為「脈望」，讀書人若是從書中發現了這東西，晚上拿了它對著星星祈禱，立刻就有仙人下降，帶他飛升成仙。這個傳說也是作者讀寫之餘的一種精神寄託吧。

《秋緣齋書事》在網上點擊率頗高，一些網站做了轉載。內蒙古書友馮傳友把《秋緣齋書事》下載，整理了一百五十餘頁，裝訂成冊，請包頭市書法家協會主席李俊傑先生題寫了書名，並請西泠印社社員、青年篆刻家靳秉岩先生在扉頁題簽，做成了一部像模像樣的線裝書，存在他的暖石齋，使我深為感動。

一日，畢竟東在《秋緣齋書事》後跟帖：「秋緣齋書事，一見心猶切。下載百餘張，連看半個月。睡前三十分，零點臥床閱。一讀竟忘我，兩點仍未歇。妻醒頓生疑，疑是情書帖。什麼吸引你？你得老實說。我說盡談書，妻心大不悅。書是一本本，這是一頁頁。又問誰寫的，我說阿瀅也。阿瀅女孩名，你又怎麼說？我即下床去，照片取一疊。北京年會上，合影張張列。阿瀅大鬍子，難道是我貼？妻見有名姓，臉上陰轉晴。你們這班人，盡是書呆鱉。不去爭官做，不去弄錢財。總是抱本書，活得真遭孽。明日訂個本，免得看散頁。看就日裏看，晚上應息歇。我眼竟含淚，心頭一陣熱。關燈潛入夢，好事頻頻接。上了閒閒版，阿瀅有新帖。鼻子聞一聞，書香猶濃烈。」書友們問我畢竟東是誰？我也不知道，後來這位老兄自揭謎底，才知道是湖南《書人》編輯蕭金鑒先生，蕭兄雖年逾六旬，卻雅興不減，不斷在《書事》後「推波助瀾」。

無心插柳柳成蔭，這部《秋緣齋書事》收錄了二〇〇五年的書事，是讀書、寫作之餘的副產品，並為創作書話提供了原始資料。

王稼句兄曾說：「編選自己的集子，是件愉快的事，說愉快，實際是在回憶，一段段光陰，就有一段段往事，即使是曾經令人憂鬱、擾人心緒的，在回憶裏終成了絢麗的流彩。」整理自己的集子亦是對一年生命的盤點。

董寧文兄在編《我的書房》時，分別請多位名家為封面、扉頁、輯封題簽，這本書亦借鑒了寧文兄的做法，請黃裳先生、流沙河先生、谷林先生、來新夏先生、文潔若先生和李濟生先生分別題簽，並由龔明德和王稼句二位先生賜序，自牧、袁濱二兄作跋，在此一併致謝。將來《秋緣齋書事》如果能對研究現階段讀書界狀況提供一點資訊和史料的話，那正是我所期望的。

二〇〇六年八月十八日於秋緣齋窗下

時夜深人靜，秋風微涼

【原載二〇〇七年第一期《書人》（湖南）】

《秋緣齋書事續編》自序

寫日記是上高中時養成的習慣，參加工作後亦未間斷。出差時常帶著日記本，在火車上、在賓館裏隨時寫下當天的見聞、感想。直到上世紀九十年代中期，由於一個特殊的原因，中斷了日記的寫作。抽屜裏積累了幾十本塑膠皮的日記本，偶爾翻閱，彷彿通過時光隧道回到了激情澎湃的青春歲月。

多年來，淘書成癖，假日頻頻出現在各地的舊書市場，每每滿載而歸。回到書齋，擦拭整理圖書，那種興奮、滿足之情，無以言表。庚申年末，整理完所購書籍，意猶未盡，隨手記下了當天的淘書日記，覺得有趣，連寫數日，並上傳到天涯社區的「閒閒書話」欄目，眾書友紛紛跟帖，一時間飄飄然，書事陸續上傳，一年下來，竟得十幾萬言。遂以「秋緣齋書事」為名，結集出版。

日記具有私密性，是寫給自己看的，平時無法說的話，可以在日記裏盡情地宣洩，想怎麼說就怎麼說。自己的幸福、煩惱……甚至平日裏不被人發現的那種「小」，也在日記裏一覽無餘；還有一種日記是專門寫給別人看的，往往摻著一種假，一本正經地說教，這種日記沒什麼意思。公開出版的日記大都經過作者或編輯刪改過了。嚴格地說《秋緣齋書事》不能算日記，只是一種日記體的散記，也可以說是用日記的形式記錄了與書有關的人和事。在編輯《秋緣齋書事》一書時，心中不免忐忑，不知這種形式的作品，讀者是否接受。書出版後，得到了袁鷹、谷林等文學界前輩的首肯。師友們撰寫評論數十篇，在各地報刊發表，引來不少索購者。這是讀者的肯定也是續寫書事的動力，書事的寫作由原來的隨意為之，成為每日必做的功課。這是一個瞬息萬變的時代，也是一個浮躁的、充滿功利性的時代。一群遠離喧囂的書蟲子不問世事，相互唱和，是值得回憶、值得紀念的。和一些文學界、藏書界前輩們看似極為平常的一次談話、一封書信往來，都可能留下極其珍貴的資料，有時可能是一生中唯一的一次機會。張煒先生曾說：「時光是有灰塵的，時光的灰塵在無聲地落下，如果一個藝術家沒有足夠的警覺，也會被埋掉。」以日記的形式及時記錄下與書有關的人或事，不讓自己被「時光的灰塵」埋沒，也是一件極有意義的事。日積月累，這些看似凌亂的文字串在一起就成了一筆財富，我發表的好多書話是來源於每日一記的書事。

《秋緣齋書事》是二〇〇五年淘書、讀書、交遊日注，《秋緣齋書事續編》則是二〇〇六年的記述，每部書事都是經過了三百六十五個日夜的書香浸淫。其中亦凝聚著各地師友的關愛和鼓勵，與單純的文學創作不同，這部書事不僅僅是我個人的勞動成果，其實是我與師友們共同完成的。

資訊時代，人們的生存狀態日益受到挑戰，就業壓力、工作壓力、生活壓力讓人望而生畏，網路、電視、平面媒體鋪天蓋地，逐漸改變了人們的生活習慣，在這樣疲憊的社會文化背景下，紙本閱讀已經淪為文化速食，文化從業者被人嘲笑和愚弄，讀書種子越來越少，讀書景況難以樂觀。相比國外，我們的讀書行旅孤單而蕭索。資料顯示，全世界平均每年每人讀書最多的民族是猶太人，為六十四本；全世界平均每年每人讀書最多的國家是前蘇聯，為五十五本；美國現正開展平均每年每人讀書達五十本的計劃。而我國平均每人每年讀書不足一本。有人倡議設立國家閱讀節，認為「一個人的精神發育史實質上就是一個人的閱讀史；一個民族的精神境界，在很大程度上取決於全民族的閱讀水平」。龔明德、陳子善、徐雁等知名學者為營造書香社會，奔走於各地訪書、講學，傳播薪火，成為矚目的讀書風景。《詩經・小雅》曰：「嚶其鳴矣，求其友聲。」作為精神相投的追隨者，我更當盡綿薄之力。倘若《秋緣齋書事續編》能夠成為引玉之磚，引起二三清友的會心和讀者興趣，或者讀後能據書中所提某書找來一讀，對我來說，實在是莫大的欣慰和鼓舞了。《秋緣齋書事》因之有了持之以恆的動力，我也因此找到不偷懶、不懈怠的勇氣和理由了。

是為序。

二〇〇八年四月二十三日世界讀書日於秋緣齋

【原載二〇〇八年第九期《溫州讀書報》（浙江）】

丁亥春網上淘書記

在通天街的舊書攤上很難淘到讓人心儀的書了，到濟南中山公園去了幾次，也不如意。好書都到哪兒去了呢？一位從事舊書生意的人說，都到網上去賣書了，不禁恍然大悟。那年曾去北京布衣書局淘書，布衣書局就是一家網上書店，老闆是位年輕的小伙子，叫胡同，老家山東。他每天到潘家園、報國寺等舊書市場淘書，之後再到網上去賣，生意異常紅火，布衣書局不在臨街經營，而是設在一高層寫字樓內，主要是在網上銷售，在讀書圈有著很高的知名度，陳子善、董寧文等星級書蟲到了北京，都要到布衣書局淘書。

前幾年我曾在孔夫子舊書網買過書，當我再次登陸孔網，看到山東一家「特價文史書店」，瀏覽一下，見價格不高，遂訂購了張煒的小說集《黑鯊洋》、隨筆集《紙與筆的溫情》和朱正琳的《讀書是私事》，三本書花費十七元，下午，從工商銀行匯去書款。三天時間就收到了特價文史書店用快件發來的書。

價格不高，但效率不低。我又陸續從特價文史書店訂購了一些比較喜歡的書，其中有伍立楊兄著《語文憂思錄》，係「大象漫步書系」第二輯之一，四十開本，這種小開本的書，拿在手裏很舒服，五元；止庵兄著《苦雨齋識小》，是止庵兄研究周作人著作的書話集，八元；王稼句兄主編的「書人文叢序跋小系」一套八本，二〇〇四年七月古吳軒出版社版，包括《黃裳序跋》、《李輝序跋》、《董橋序跋》、《夏志清序跋》、《止庵序跋》、《祝勇序跋》、《謝大光序跋》和《隱地序跋》。全為十品，四十五元。真不知道書商是從什麼渠道進貨的，價格這麼便宜。

後來又從這家書店訂購了姜德明著《文苑漫拾》、吳泰昌著《歲月如雲》、止庵著《向隅編》、張偉著《塵封的珍書異刊》，還有徐雁兄著《故紙猶香》。

在網上淘書是個好辦法，需要哪本書，在孔網上打上書名或作者的名字就會馬上搜到，你可以對比哪家書便宜，再訂購，臨沂特價文史書店相對來說價格較低，該書店所售書大都十品，以《黃裳序跋》為例，其他書店售八至十六元不等，而他的價格還不足六元。吉林作家葛筱強的部落格寫到從特價文史書店購書，我跟帖說，這家書店的書便宜，《城市晚報》的王國華說：「看來咱們都是窮人，我也從這家書店買書。」從網上購書也有竅門，如果在一家書店訂的書少，再加上郵費就更不合算了，買百元以上的書，就能免收郵費。

張煒的作品秋緣齋已藏八十多個版本，都是這十幾年一本一本慢慢地從各地新華書店或舊書市場淘來的，後來，各地書友幫忙代淘張煒作品，加快了秋緣齋收藏張煒著作版本的進程。在孔網的哈爾濱中央書店一次就訂了張煒的八本書：長篇小說《刺蝟歌》，散文集《回眸三葉》，長篇小說《能不憶蜀葵》，小說集《莊周的逃亡》，散文集《存在與品質》、《生命的刻記》、《詩性的源流》和長篇小說《你在高原•西郊》。

在湖南曉明特價書店郵購了張煒散文集《流浪的荒原之草》、陳原著《書和人和我》和彭定安著《安園讀書記》。

在煙臺一家書店訂購了三本書：《蘆青河告訴我》、《玉君》和《戰地紅纓》。《蘆青河告訴我》是張煒的處女集，一九八三年十月山東人民版。張煒先生曾在我藏的這本書上題道：「阿瀅是寫作者的永恆鑒定」，當我在網上看到《蘆青河告訴我》有一九八四年版時，以為是二版書，就訂了一冊，收到書後才發現這本書不是山東人民版書，是一九八四年十一月山東文藝版。兩本書的封面、正文完全一致，只是扉頁不同，山東人民版的扉頁與正文用紙一樣，而山東文藝版用了一百克雙膠紙，並套粉紅印刷；山東人民版沒有注明由誰題簽，山東文藝版注明了由魏啟后題簽；山東人民版印數七千六百冊，定價一點一五元，而山東文藝版印數兩萬七千九百五十冊，定價一點六元；其餘則完全相同。無意中收藏到了張煒兩個版本不同而內容相同的書。

我買《玉君》，完全是因為讀了龔明德老師寫的〈累遭誤解的《玉君》〉一文。作者楊振聲，字今甫，一八九〇年生於山東蓬萊，曾任青島大學教授，一九五六年三月七日逝世於北京，他的作品《玉君》曾遭到魯迅的攻擊，魯迅在〈《中國新文學大系》小說二集序〉中說：「楊振聲……將《玉君》創造出來了，然而這是一定的：不過一個傀儡，她的降生也就是死亡。」我買該書也是想看看，魯迅為什麼要說那樣的話。

《戰地紅纓》，石文駒著。我上小學時爸爸送給我的一本書《戰地紅纓》，也是讀的第一部長篇小說，曾先後讀過三次。當時沒有記住作者的名字，但故事情節記憶猶新。在網上見到該書的名字，尤為親切，毫不猶豫地訂購了該書。

與濟南海右書局老闆張琳因一次購書而結識。從海右書局訂了三本書：張煒散文集《融入野地》，這套張煒自選集共六冊，包括長篇小說珍藏卷《古船》、長篇小說珍藏卷《懷念與追憶》、長篇小說珍藏卷《我的田園》、中短篇小說珍藏卷《一潭清水》、散文珍藏卷《葡萄園暢談錄》和散文珍藏卷《融入野地》，費了幾年的時間，現在總算湊全了。這套書印製比較粗糙，每本書都有一個很厚的硬襯，閱讀不便；蕭乾散文隨筆集《關於死的反思》，傅光明編，係中國當代名人隨筆系列之一。本來還訂了一本《蕭乾傳》，但該書已售出，退回了七元書款。遺憾的是《融入野地》的扉頁之前的襯紙被撕掉，被撕掉的那頁可能是張煒的簽名。我給書局發了消息說明情況，書局主人張琳回訊息說：「郭兄，抱歉！看了其他幾冊，確實都缺扉頁，此書保有時間較長，但一直未注意。兄挑本書，還是我直接退款，請兄示下？悉聽兄便。」就衝這家書局的態度，以後也要多買她些書。後來她寄贈了一部張煒隨筆集《張煒讀本》，並稱替我留意張煒著作版本。我回贈了我的《尋找精神家園》和《秋緣齋書事》各兩冊，一冊贈她留存，另一冊上網出售，算對她的答謝。

五一節編輯部放了長假，晚飯後，打的來到編輯部，郵箱塞滿了郵件，長沙青山圖書有限公司寄來了從孔網訂購的三本書：張煒散文集《書院的思與在》，書分五輯，第一輯是關於萬松浦書院的文字，第二輯是敘事散文和讀書筆記，第三輯是對文學和思想的議論，第四輯是接受記者採訪的紀錄，第五輯是對朋友作品的賞讀。這些散文創作於二〇〇三年下半年至二〇〇四年上半年；弘徵著《書緣》，一九九三年十二月由中國書籍出版社出版，作者係湖南文藝出版社編輯，是一部序跋及書評作品集；何祥初著《書緣》，二〇〇四年十一月湖南人民出版社出版，作者在新華書店工作，該書是一部出版發行論文集。三本書包括郵費費錢三十元。同時買兩本《書緣》，是因為二〇〇〇年十二月我曾出版了一部散文集，名字也叫《書緣》，在網上看到《書緣》的名字就毫不猶豫地訂購了。我們三人在不同的工作崗位，出的書都叫《書緣》，也是一種緣分吧。

同事石靈是位詩人，對徐志摩作品頗有研究，收藏了徐志摩各種版本的作品，他從孔網上郵購了一套《徐志摩全集》，一九九五年八月由上海書店出版，此書根據商務印書館香港分館重印，精裝，全九冊，十品，竟然八十八元還包郵掛費。秋緣齋中徐志摩的作品雖不如石靈多，但也藏有一些，這麼低的價格買一套全集，與白撿無異。我馬上到孔網搜索，看到南京品雨齋書店有貨，價一百元，遂訂下來。順便從品雨齋訂了有「補白大王」之稱的鄭逸梅所著《藝林散葉續編》，和徐雁兄的書評、書話集《書房文影》。曾在徐雁兄的《故紙猶香》中讀到與南京品雨齋的老闆一起去安徽淘書的文章，說明品雨齋老闆亦是一位有品味的老闆。

假期裏又從哈爾濱的濱水書店訂了姜德明的《夢書懷人錄》、《書攤夢尋》，張中行的《負暄續話》和鄭逸梅的《藝林散葉》。我正翹首以待書的到來，突然感到，不僅閱讀幸福，等待也是一種幸福。

二〇〇七年五月六日於秋緣齋

【原載二〇〇七年第六期《書脈》（北京）】

雨中訪書

與書友致遠約定週日到濟南淘書。天亮後，下了一夜的雨仍不緊不慢地下著，還不到連陰的雨季，卻一直下個不停。難得擠出一天的時間，我們還是冒雨驅車上路了。俗話說：「穀雨有雨好種棉。」雨中訪書還是第一次。濟南中山公園的舊書市場有幾十家書店和幾十家攤位，雨天攤位不出攤，書店總會開門吧，在路上我們就這樣安慰自己。致遠開的是警車，路上方便了許多，就連省道、國道兩個收費站也都綠燈放行。竊喜之餘不免憤憤，這是一個特權的時代，一切章法皆為百姓所制。

車子一直開到中山公園的舊書市場內，只有幾家書店的門開著。進了一家書店，因為常來淘書，老闆客氣地寒暄幾句，開始看書，翻遍了每個書架，只找到一本一九八〇年三聯版的《書海夜航》，作者杜漸原名李文健，是香港著名的藏書家，出生香港，原籍廣東新會，一九六〇年畢業於廣州大學中文系。一九七一年返回香港。先後擔任香港《大公報》副刊編輯、《新晚報》副刊編輯。一九七八年創辦書評月刊《開卷》，一九八四年曾主編《讀者良友》月刊多年，一九九二年退休後移居加拿大。著作有《當代世界文談》、《亞非拉文學新潮》、《書海夜航》《書海夜航二集》、《書癡書話》等三十多種。《書海夜航》是作者一九七四年到一九七八年間寫的讀書筆記，大多是介紹外國文學作家和作品的文章。書友徐明祥曾送我一冊《書海夜航》，後被人借去未還。這冊《書海夜航》品相不錯，以四元低價購下。

打著雨傘，連續進了幾家書店，店主正在忙碌地往電腦裏輸入圖書資訊，這些店主大都在孔夫子舊書網上開設了網上書店。在網上賣書價格相對較高，所以很多品相好，有收藏價值的書都被店主們拿到網上去賣了。簽名本要價更高，一本孔孚簽名的詩集索價三百元，一般簽名本要價四十元，一位煤礦作家的相聲集子要價五十元，我問，為什麼這本價格高？店主說，因為這本書是簽給唐愛國的。因為受贈人的名氣大，價格也隨之高了。我笑說，如果作者簽給國家領導人的書，是不是更值錢了？有些店主根本不懂書，以為只要是簽名本就可賣高價，一本沒有價值的書，即使作者簽上一萬個名字也一文不值。

在一家以經營山東畫報出版社圖書為主的書店裏，看到了一些熟悉的書，有谷林的《書簡三疊》、黃成勇的《幸會幸會　久仰久仰》、許定銘的《醉書隨筆》、薛冰的《紙上的旅行》等等，還有陳子善編的蔡瀾的幾本書，看到這些書頓有遇故友之感。

在這家書店裏淘到了幾本喜愛的書。陳子善先生的《說不盡的張愛玲》，二〇〇四年六月上海三聯書店版，彙集了陳子善先生歷年來所寫的關於張愛玲的文章。該書曾在二〇〇一年七月由臺灣遠景出版公司出版，陳先生在自序中說：「在不算短的十多年時間裏，我發掘張愛玲早期軼文，考證張愛玲生平事略，自以為對客觀、公正、全面地評價張愛玲提供了新的資料，對張愛玲研究的深入略盡了綿力。」陳先生在上海三聯版自序中說，研究張愛玲是無心插柳柳成蔭，他在查閱周作人上個世紀五十年代發表於上海《亦報》、《大公報》的軼文時，無意中發現了署名「梁京」的連載中篇《小艾》，而梁京是張愛玲唯一的筆名，但《小艾》從不見「張學」研究者提起，陳先生斷定是張愛玲的軼文，遂把《小艾》及撰寫的發現經過交由香港《明報月刊》發表，引起強烈反響。後來陳先生又發現了張愛玲更早的作品，一九三二年發表於上海聖瑪利亞女校年刊《鳳藻》總十二期上的短篇小說〈不幸的她〉，當時張愛玲是該校初中一年級的學生。這一重大發現，把張愛玲的文學生涯推前了四年。陳子善先生的書，秋緣齋已藏數冊，大都得到了先生的題跋。待有機會再請先生在這部《說不盡的張愛玲》上題跋留念。

淘到止庵兄兩本書是意外的收穫，《插花地冊子》和《神奇的現實》。《插花地冊子》，二〇〇五年九月山東畫報版。該書有兩種版本，止庵兄曾寄我一冊二〇〇一年一月東方版的《插花地冊子》，但郵途丟失，後來在北京，止庵兄又送我一冊簽名本。《插花地冊子》可看作止庵兄的自傳作品，山東畫報版在東方版的基礎上做了適當的修改，在個別的篇章上增加了內容。止庵說：「我這個人活到現在，差不多只做過讀書這一件事，如果這能算是一件事的話。現在就以這個為主來談談罷。雖然一向以書為題目寫過不少文章，但那都是書評，未免略為嚴肅；這回則另闢門徑，單單憑記憶說話，也就不妨隨便些了。」書中增加了一些外國文學名著中的插圖，與內容相映成趣，也是山東畫報版書的特色；《神奇的現實》，二〇〇五年九月山東畫報版，是介紹義和團運動的一本書。該書曾以《史實與神話》為名，二〇〇〇年八月由中國對外翻譯出版公司出版，副題為「庚子事變百年祭」。山東畫報版《神奇的現實》將中國對外翻譯出版公司版《史實與神話》的三章擴至二十一章，插圖完全不同。

《陶庵夢憶》是在讀了《夜航船》之後，一直尋訪而未得之書。作者張岱是明代歷史學家、詩人。黃裳曾撰文〈絕代的散文家張宗子〉。張岱生於一五九七年，卒於一六七九年，字宗子，別號陶庵，又號蝶庵居士，浙江紹興人。他出身官宦家庭，高祖、曾祖、祖父、父親都做過高官，而他卻只中過秀才。他前半生過著優閒舒適的生活。在〈自為墓誌銘〉中，他對自己這樣描述：「少為紈袴子弟，極愛繁華。好精舍，好美婢，好孌童，好鮮衣，好美食，好駿馬，好華燈，好煙火，好梨園，好鼓吹，好古董，好花鳥，兼以茶淫桔虐，書蠹詩魔……勞碌半生，皆成夢幻。」在他五十歲時，明朝滅亡，張岱與一些明末遺民一樣，不能作刀兵反抗，要麼削髮為僧，要麼隱姓埋名。在《陶庵夢憶・自序》中，他說自己披髮入山為野人。避跡山居後，「所存者破床碎几，折鼎病琴，與殘書數帙，缺硯一方而已，布衣蔬食，常至斷炊」。與他交往的各色人等當年趨之若鶩，如今都露出了本來面目勢利嘴臉，「故舊見之，如毒藥猛獸，愕室不敢與接」。這時，張岱才感到世態的炎涼，便與世隔絕，一心著書立說。他一生著述甚多，據其〈自為墓誌銘〉載：「其所成者，有《石匱書》、《張氏家譜》、《義烈傳》《明易》、《大易用》、《史闕》、《四書遇》、《夢憶》、《昌谷解》、《快園道古》、《西湖夢尋》、《一卷冰雪文》行世。」

《陶庵夢憶》曾由俞平伯重印，並請他的老師周作人作序。周作人稱：「《夢憶》是這一流文字之佳音。」書中文字短者百餘字，最長的也不足千字，可謂字字珠璣。黃裳評價說：「他的回憶錄不愧是晚明社會文化風俗史的出色評述，同時又是一束絕美的散文。」

山東畫報版《陶庵夢憶》插圖珍藏本，豎版排印，二〇〇六年五月由山東畫報出版社出版。每篇文字下面都配有深受魯迅、鄭振鐸賞識的《十竹齋箋譜》圖案，圖文並茂，給人以視覺的享受。

步出書店，雨仍在下。不時有三三兩兩的雨傘穿梭於空曠的攤位之間，雨傘下或多或少都有塑膠袋提著書，看來下雨天也無法阻止書癮發作。

回到車上，便沉浸在《十竹齋箋譜》的誘惑中了。至於窗外雨中的一切，都與我無關了……

二〇〇八年四月二十一日穀雨翌日於秋緣齋

【原載二〇〇八年第八期《出版廣角》（廣西）】

撿漏兒

連續有幾位書友打來電話，因正參加一個會議，無法接聽。散會後，我回電話，原來新汶一家舊書店剛剛進了一批舊書，他們早已趕了過去。得知消息，我馬上打的去了新汶。此時，已近中午，幾位書友滿載而歸。布衣兄還在那裏，他已經挑了三編織袋的書，有近三百冊。這批舊書是一家中學撤銷，又與幾家職業中專合併後淘汰的。那家中學建校五十多年，圖書室藏有幾十萬冊圖書。前幾年，我曾在那家中學的一個舊倉庫裏挑出了幾百冊書，其中還有同盟會在日本出版的《四川》雜誌、《魯迅手稿全集》等一些珍貴的書籍。

舊書店老闆只買了很少的一部分，經過書友的掃蕩，也難得再找出幾本好書了。我在他們翻閱過多次的書堆中一本一本地翻看著，心裏已不再抱有任何希望了。一本不起眼的小冊子躍入眼簾，是周作人的書，封面有周作人的頭像，不禁喜出望外。我拿起一看，是周作人的《中國新文學的源流》，楊揚校訂，一九九五年十二月由華東師範大學出版社出版。此書為周作人一九三二年三四月間在北京輔仁大學的講稿，當時，沒編講義、也未寫出演講提綱。講完之後，鄧恭三拿出一本筆記請周作人校閱，後根據這份筆記出版了單行本。本書根據上海書店影印本加以校訂整理。同時，為了便於讀者對該書有更多的瞭解，在附錄中收入了中書君等、四人介紹《中國新文學的源流》的文章。

有了第一本的驚喜，我就更加仔細地翻找，天不負我，果真又挑出了五本書：《域裏域外》，高莽著，係京華學者隨筆之一，王春瑜序之，一九九七年九月由中共中央黨校出版社出版。高莽退休前擔任《世界文學》雜誌主編，翻譯出版過普希金等蘇俄很多文學家的作品，著有散文集《久違了，莫斯科！》、《詩人之戀》、《媽媽的手》等。高莽不但是作家、翻譯家，還是著名的畫家，他的人物肖像畫為中國現代文學館、高爾基故居紀念館、日本井上靖文學館歐洲及拉美一些紀念館所收藏。秋緣齋藏有一副書香撲克，由湖北《書友》報策劃出品。撲克選擇了中外五十四名作家的頭像和生平簡介，這些作家的代表作分別收入教育部推薦的「中學生課外文學名著必讀」和「百年百種優秀中國文學叢書」，作家的白描畫均出自高莽之手。正副司令選了孔子和屈原，四個A分別是魯迅、莎士比亞、曹雪芹和托爾斯泰。龔明德曾評價說：「打開包裝，頓有滿室生輝之感，拈出一張，即是久久把玩吟味，而其意義實在不能以三言兩語道出。」是很有價值的藏品。

《胡適譯短篇小說》，一九八七年七月由岳麓書社出版社出版。胡適分別於一九一九年和一九二三年由上海亞東圖書館出版過兩部翻譯作品集。當時出版的外國短篇小說集只有魯迅、周作人兄弟譯的《域外小說集》兩冊和周瘦鵑的《歐美名家短篇小說叢刊》三冊。《短篇小說一集》收錄了都德的〈最後的一課〉、莫泊桑的〈梅呂哀〉、契訶夫的〈一件美術品〉等十篇，翌年，再版時加入了高爾基的〈他的情人〉；《短篇小說二集》收錄了哈特的〈米格兒〉、契訶夫的〈苦惱〉等六篇。《胡適譯短篇小說》把兩書合二為一，每篇小說前面都有對作者或小說的介紹。書後附錄胡適的〈論短篇小說〉和〈論翻譯〉兩篇文章。

《真假閒適》，孫郁著，隨筆集，一九九六年八月由群言出版社出版。翻看目錄，是〈閒話藏書〉、〈門外書話〉、〈話說孫犁〉、〈偶遇牛漢〉、〈廢名〉、〈唐弢書話〉、〈黃裳〉這些抓人的題目吸引我購下此書的。文章漂亮，但是封面太俗。孫郁曾任《北京日報》文藝週刊主編。後任北京魯迅博物館副館長、《魯迅研究月刊》主編。長期從事魯迅和中國現當代文學研究。著有《魯迅與周作人》、《魯迅與胡適》、《百年苦夢》等專著多種。

《湖濱拾翠》，牧惠著，雜文集，一九八五年十一月由人民日報出版社出版。牧惠原名林文山、林頌葵。曾在中山大學中文系讀過兩年，戰亂時期，他放棄學業，加入了抗戰隊伍，打過兩年游擊，後從基層逐級調到中央《紅旗》雜誌，擔任《紅旗》文教室主任、編審。退休後，主要搞雜文創作。著有《造神運動的終結》、《沙灘羊》、《真話的空間》、《難得瀟灑》、《也來拍拍打打》、《漏網》、《書裏書外》、《歪批水滸》、《閒侃聊齋》等四十多部著作。

《兩地書》，魯迅著，一九七三年九月由人民文學出版社出版，係魯迅與許廣平的通信集，按說作者應為魯迅與許廣平二人。扉頁後印有一九三三年上海青光書局版《兩地書》原版封面，封面上方注明魯迅與景宋的通信。

雖然只淘到六本書，但都是我所喜愛的，要麼是喜歡作者，要麼是喜歡作品。雖然經過書友的翻檢，仍能從他們的指縫裏淘出幾本喜愛的書，還是滿心歡喜的，正所謂撿漏兒呢。讓老闆算帳。老闆說，老關係了，收十元吧。這些書如果從網上訂購會不下百元的。

整個下午，心裏都充滿了陽光。

二〇〇八年四月二十四日世界讀書日翌日於秋緣齋

【原載二〇〇八年七月二十八日《書友》（湖北）】

連雲港淘書記

連雲港的名字是與一部書連在一起的。明代淮安吳承恩，自幼聰慧，但屢試不第，五十歲才得一個「歲貢生」，到浙江做一小吏，因人品剛正，為官場所不容，遂拂袖而去，專事寫作。得知雲臺山為海州境內四大靈山之一，便來到雲臺山，遊覽了水簾洞、南天門、沙河口等地，聽了關於這些山水的傳說，茅塞頓開，寫出了膾炙人口的傳世之作《西遊記》。

吳承恩在《西遊記》中寫道：「海外有一國土，名傲來國。國近大海，海中有一名山，喚為花果山。此山乃十洲之祖脈，三島之來龍……真個好山……四季好花常開，八節仙果不絕。」花果山是連雲港雲臺山諸峰中最出名的山峰。花果山隨著《西遊記》流播世間，成為中華名山。

早慕連雲港之名，戊子初夏，得暇，遂成連雲港之行。遊覽了東西連島、海濱浴場、核電站、花果山等名勝。淘書是外出旅遊必做功課，到達連雲港之初，便向計程車司機打聽舊書攤的位置。司機說，華聯廣場附近原來有一些書攤，但不知現在有沒有。從花果山下來後，就直接去了華聯廣場，在廣場西側，沿河有一條街道，全是古董、舊書攤位，遠遠望去，有十幾家書攤，不禁大喜，心想，這下要滿載而歸了。可仔細一瞧，這些書攤賣的大部分是盜版書，舊書不多，有關連雲港誌書倒是不少，如《連雲港市誌》、《連雲港市政協誌》、《連雲港戲曲誌》《連雲港市財政誌》、《連雲港市人事誌》、《連雲港市稅務誌》、《連雲港市水利誌》。問了一下《連雲港市誌》的價格，要價一百二十元。對於誌書這類書，想買的買不到，想賣的賣不出。還有很多連雲港政協編輯出版的文史資料各類專輯，這說明連雲港誌書出版和文史資料的搜集整理工作非常出色。

來回走了兩趟也只挑出了兩本書。一是《古今中外節日大全》，梁全智、梁黎編，一九八五年十二月由山西人民出版社出版。分「我國傳統節日」、「我國現代重要節日」和「外國節日」三部分，介紹了二十六個中國節日和十八個外國節日。買這本書是因為我在一九九三年曾編著出版過一本《中國節日大全》，比這本書收錄的節日要多出數倍，收入了七百餘個節日。《古今中外節日大全》側重介紹節日風俗，《中國節日大全》如果以後有機會再版的話，這本書可作參考。另一本書是袁鷹先生的雜文、隨筆、小品文集《留春集》，一九八二年二月由花城出版社出版。袁鷹先生在後記中說，他在上世紀七十年代初，從河南農村「改造」回來後，整理散軼過半的書籍時，發現有幾本列印和剪貼的舊稿，是袁鷹先生十多年來寫的各類文章，被造反派搜去打字油印，發給人手一冊，以供批判之用。袁鷹先生說：「翻著翻著，其中一篇隨筆的題目『長留心上春』五個字，忽然勾起我一種特別親切的感情。……當時竟忽發奇想：如果將來有朝一日，這些小稿真能由油印本變成鉛印本，書名未嘗不可以就叫《留春集》。」（《留春集・後記》）造反派供批判用的油印本無意中卻保全了先生的作品，真是因禍得福，讓人啼笑皆非。該書由曹辛之設計封面，趙樸初題簽。書中蓋有「連雲港市圖書館藏書專用章」，一張用於記錄讀者借閱時間的「借期表」被貼在了最後書尾，把後記的部分內容給貼住了，無法完整地閱讀後記，如果撕去，勢必破壞書品。有這樣不知愛護圖書的人做圖書管理員，這些書的命運就可想而知了。秋緣齋藏有袁鷹先生寄贈的《風雲側記：我在人民日報副刊的歲月》簽名本，有機會去北京時，可請袁鷹先生在這本書上簽名。

我很納悶一個城市的書攤大部分經營盜版書，只有少數幾家經營舊書。與曾以此地為原型創作出了傳世名著《西遊記》的城市形象大不相符。書攤上的盜版書以十六開本書居多，開本大，字小，四本一套的《射雕英雄傳》被合成一本，大多數是一些少年作家出的書。我問攤主為什麼出這麼大本的書，他們說，幾本書的內容合在一起，可以節約印刷成本。我翻看著這些書說，字這麼小，讀起來多累呀，都是什麼人買這些書？攤主說，這些書成人一般不買，都讓學生買去了。因為價格便宜，讀過之後就丟掉了。

那幾家經營舊書的攤位上的書，除了連雲港的文史類書和連雲港當地作者的書外，就是圖書館淘汰的品相很差的書，看來舊書經營者的進貨渠道有問題，舊書經營者沒有走出去，只是在本地小範圍內來回倒騰。這樣就阻礙了舊書業的發展，也是造成盜版書氾濫的原因之一。

儘管只買到兩本書，但因著袁鷹先生的著作，也不虛此行了。

二〇〇八年五月二十二日於秋緣齋

【原載二〇〇九年一月十三日《魯北晚報》（山東）】

濟南淘舊書

濟南作為省會城市，自然是山東書蟲淘書的首選之地。每次到濟南，一般都要到泉城路新華書店、東方圖書大廈、英雄山文化市場等幾個地方淘書，由於舊書攤分散，加上時間的關係，很難一一去找。

二〇〇四年，得知濟南中山公園成立了舊書市場，便專門驅車前往，一探虛實。進了中山公園，見公園東北角有四十多間書店，還有一百多個配備了統一鐵櫥子的攤位。書市上淘書的人們像趕大集似的，熙熙攘攘，人頭攢動。看到滿院的書攤，渾身的細胞都興奮起來，就像劉姥姥進了大觀園，不知看哪兒好。一頭撲了進去，貪婪地尋覓獵物。舊書的價格出奇的便宜，司機一趟趟把戰利品送到車上。幾個小時下來，車上的書已經垛滿了。竟然買了四百多冊，然而卻只花費一千餘元。

時近中午，又熱又渴，在一家書店裏坐下休息，好客的主人給泡上了茶水，讓人感到意外。也顧不得細品，連喝幾杯後，才和主人聊天，主人叫李寶山，經營舊書多年，他說最早在英雄山經營舊書，後來英雄山市場專賣新書，舊書攤就遷到兒童樂園。二〇〇三年下半年，他最早進入中山公園，二〇〇四年，市場結構調整，位於國棉四廠、渤海文化市場的舊書攤全部遷入中山公園，中山公園的古舊書市場的規模成了濟南乃至全省最大的舊書市場。市場逢週六、週日上午出攤，中午就收攤。後來，與這位好客的店主成了朋友，時常電話問候。

初戰告捷，日後，便成了中山公園的常客，中山公園的舊書交易基本以建國後的書籍為主，解放前的民國舊平裝和古代線裝書較為少見。對我來說，淘書並不是為了收藏，而是以讀為主，只要自己喜歡的書也不管新舊、品相就買下。在這兒淘到了孫犁的《芸齋書簡》、《書衣文錄》，黃裳著《清代版刻一隅》、季羨林的《火焰山下》，姜德明的《文林枝葉》，陳子善的《說不盡的張愛玲》，止庵的《插花地冊子》和《神奇的現實》，豎版排印的《陶庵夢憶》插圖珍藏本……

還有好多簽名本，如張煒的《我的田園》、張海迪的《生命的追問》、苗得雨的《苗得雨散文二集》等等。

舊書價格便宜得讓人不敢相信。山東畫報出版社出版的孫犁的「耕堂劫後十種」，每冊兩元。由來新夏、鄧雲鄉作總序，一九九五年十二月山西古籍版的「民國筆記小說大觀」第一輯十冊，以二十七元購得。一九九六年十一月珠海版的六卷精裝本《蘇東坡全集》才二十五元。一九九七年三月山東文藝版的「二十世紀中國著名作家文庫」，全套十冊，其中《魯迅選集》、《茅盾選集》、《巴金選集》《老舍選集》和《郁達夫選集》各兩卷。全套定價一百八十一元，在包裝箱內還未拆封。索價五十元，以四十元購得。

秋緣齋有些不成套的書也是在這兒配齊的，一九九七年八月泰山版、孔範今主編的「讀中國」，一套五冊，缺第二冊，後來在孔夫子舊書網和《舊書資訊報》的轉讓資訊欄目裏尋找，一直未果，在中山公園一家舊書店裏同時發現了兩本第二冊，無意中配全了這套「讀中國」。

在中山公園淘書，還多次因書結緣，一次淘到了徐明祥的書話集《書脈集》，這本書的特別之處是有個空白序頁，即在序的位置印上了方格稿箋，讓讀者隨意填寫序言。讀了該書便產生了結交徐明祥的想法，經過搜索，得知他為《中國成人教育》雜誌副主編，曾出版有《聽雨集》、《潛廬詩草》等，幾經努力，找到了該雜誌的電話，終於找到了他，並成為好朋友。

在一家主要經營山東畫報版書的書店，買了一套劉運峰編的《魯迅序跋集》。魯迅的作品版本眾多，而這個序跋集是第一次出版。上世紀三十年代，王冶秋曾編過一本《魯迅序跋集》，得到了魯迅先生的支持，書編好後魯迅就去世了，故一直未能刊行。儘管已有魯迅作品的多種版本問世，《魯迅序跋集》的出版依然有著不可替代的價值。為此我寫了一篇〈《魯迅序跋集》的出版〉一文，介紹了這本書。文章發表後，與該書編者、魯迅研究專家劉運峰取得了聯繫，並多次受贈其新版著作，二〇〇五年還曾與其結伴拜謁梁啟超故居。

藏書家胡洪俠說：「如今逛北京琉璃廠的舊書店，不能再抱『淘寶』、『撿漏』之心了，偶爾遇見幾本略有些好玩趣味的小冊子，即大可安慰自己一番『不虛此行』云云。」濟南的中山公園舊書市場亦是如此，儘管這些年，隨著中山公園知名度的增大、淘書者的增多，舊書市場內的書店也增加到一百多家，攤位增加到三百多個，但可淘之書卻越來越少。分析原因，一是自己的藏書日益增多，一般舊書大都有藏；二是舊書經營者大都開了網上書店，一些好書都拿到網上去賣了。因此，很少再去中山公園淘書了，但中山公園曾多次給我帶來驚喜，豐富了秋緣齋的藏書，那段在中山公園淘書的美好時光將永存記憶之中。

二〇〇九年二月三日於秋緣齋

【原載二〇〇九年二月十六日《藏書報》（河北）】

關於《農村科技導刊》的通信

W君：

你好！收到你的來信，非常高興，感謝你的支持和關愛！不知你編的那部《詩畫山東》出版沒有？

上次給你的信中提到了《農村科技導刊》只出版了幾期就停刊了，今天上午沒有外出採訪，我就《農村科技導刊》當初的創辦情況，簡單向你介紹一下。

二〇〇二年，我和好友石靈準備創辦一份綜合性的雜誌，一開始想了好多名字，像《竹溪月刊》、《大眾月刊》……等等，最後定名為《農村科技導刊》，我們找人幫忙申批內部刊號。你知道在目前批刊號是非常困難的，如果以個人名義去批更是沒門。

在山東滕州有位作家以香港的刊號辦了一份文學雜誌，在全國都搞得很有影響，雜誌一直在順利地出版著。在我們這兒是絕對不行的，因為我們這兒「好人」太多，還沒等你去做，匿名信就已經發出去了，我們早已領教過那些小人的卑鄙技倆，因此雜誌一定要取得合法的手續。

我們掛靠某局，幾經周折，總算批下了內部刊號。二〇〇二年十一月份，《農村科技導刊》正式創刊了，主編郎慶溪，執行主編是我和石靈，由我和石靈具體運作。雜誌名字雖叫《農村科技導刊》，實際我們把它辦成了綜合性雜誌，設立了「本刊特稿」、「世紀論壇」、「人物」、「專題報導」、「法律線上」、「企業之光」、「綠地」、「翰墨飄香」、「生活寫真」、「新聞點擊」等欄目，象徵性地開設了「科技實驗園」、「畜牧之窗」、「種植天地」欄目，農村科技類的稿子比例較小。每期一個封面人物，在雜誌創刊之前，法國畜牧專家侯·吉哈爾先生前來考察，我們為他作了專訪，並把侯·吉哈爾先生作了創刊號的封面人物。

「本刊特稿」欄目專發本刊記者或特約記者採寫的焦點、熱點及讀者愛讀的社會新聞稿件，曾刊發了〈山村女孩在日本〉、〈漂在北京〉、〈紅薯大王創造東方神話〉、〈國藥命運備忘錄〉等在社會上產生較大影響的重頭稿件。

「綠地」是純文學欄目，我市上世紀六、七十年代以李萬榮、闞世美、王兆新為代表的文學工作者，創作了一大批在全省及全國有重要影響的作品，曾受到過國家領導人的接見，在「綠地」這個欄目陸續刊登了他們的代表作。

「生活寫真」欄目每期一組圖片故事，先後派出記者採訪了「百歲老人趙張氏」、「四胞胎的成長故事」、「中國環球航行第一人翟墨」等，圖文並茂，有較強的視覺衝擊力。

二〇〇三年六月，我被聘為《泰山週刊》的執行總編。《農村科技導刊》暫時停刊，我們把全部精力都投入到《泰山週刊》的創辦中去。《泰山週刊》的出版觸動了某些人的利益，也使得一些人妒火中燒，便採取了為人所不齒的手段來阻撓《泰山週刊》的出版，但《泰山週刊》有合法的手續，最後由有關部門下令停止了《農村科技導刊》的出版，理由是內部刊物卻收取了單位的贊助款，其實人們都明白得很，有哪家雜誌不收贊助費呢？

《農村科技導刊》總共出版了六期，其實在收回刊號的文件下達之前，我們自己就已停止了該刊的出版。《農村科技導刊》停刊後，我們專門精裝了二百冊合訂本，分贈友人及贈送圖書館、檔案館。

《農村科技導刊》從創辦到停刊不足一年時間，在歷史的長河裏只是隨意激起的一朵小小的浪花，但他的創刊和停辦可為將來編纂《中國出版史》作一個很好的注腳。

我簡單地敘述了《農村科技導刊》創辦的過程，或許對你將來作出版研究課題能提供一些參考。

前年在北京遇到老詩人艾砂和馬乙亞夫妻，他們解放前就辦有一份詩歌雜誌，艾青、臧克家都是他的作者。解放後艾砂任一家報社社長，文革時期，發配至東北，文革後卻因當時沒有給他們夫妻定罪，而無法落實政策，現在夫妻二人都已八十多歲，仍然辦了一份《稻香湖》詩刊，他們夫妻的精神讓人感動，他們的一生都獻給了出版事業。

我熱衷於從事出版工作，這些年編書、編刊、辦報樂此不疲。今後還望繼續得到你的支持。

餘言後敘，順頌

夏安！

阿瀅

二〇〇七年六月二十五日于《泰山週刊》編輯部

我看《藏書報》

現在的讀書報刊不少，而真正受歡迎的卻不多。官辦讀書報刊一味強調政治性、思想性、學術性，而忽略了可讀性。刊發文章以說教者佔多數，一些學術評論文章能有多少讀者呢？很多報紙都設立了閱讀版，但大都被某些領導人理論文集的序跋之類佔據著。有些閱讀版成了書店的廣告版，專門介紹為報紙贊助的書店提供的書籍。當然也有像山東《青島日報》之「三味書屋」、吉林《城市晚報》之「開卷」等高品位的閱讀版，但此類鳳毛麟角遠遠滿足不了書人的需求，這也是民辦讀書報刊蓬勃發展的原因之一。而《藏書報》則不同，它完全定位於讀書界，是書人自己的報紙，因而受到了廣大書友的喜愛。

出生在教育世家，註定了一生與書結緣。讀過第一本連環畫《三毛流浪記》後，就著魔似的搜求小人書。工作後，買書、讀書成為最大的嗜好。書櫥、書架在妻子的抱怨聲中漸漸變大，如今已是書滿為患。因著獵書的緣故，我成為《舊書資訊報》最早的訂戶。每次收到報紙，都仔細地從一版讀到最後一版，這是其他報紙所享受不到的待遇。即使「轉讓資訊」欄目都不會放過，這個欄目提供了書友間的交流平臺，我所藏姜德明主編的十六冊「現代書話叢書」便是通過該欄目郵購的。

報紙更名《藏書報》後，感覺更加親切。幾年來，陸續在《藏書報》發表了數十篇文章，〈座山雕家譜考〉一文發表後，先後被《北京日報》、《出版參考》等報刊轉載。「書界人物」開辦後，我應邀撰寫了〈我與文潔若的書緣〉、〈訪姜德明先生〉、〈品茗夜讀龔明德〉、〈雜家陳子善〉、〈徐雁：構築書香社會的倡導者〉、〈江南才子王稼句〉、〈感覺馬曠源〉、〈燈下窗前長自足〉、〈書香盈盈一水間〉、〈紐約書市一蠹魚〉等文章，介紹了一批活躍在讀書界的著名書話家，產生了一定影響。

《藏書報》使我受益匪淺，不但從中學到了不少版本知識，也結識了許多有共同愛好的書友。新朋老友不斷在報紙上碰面。二〇〇五年，收唐山一先生信說：「早知《泰山週刊》大名，卻無緣得見。自牧先生賜寄一讀，果然不俗，今寄拙文一篇，一請斧正，二為助興。我與先生曾有書緣，今望再續，以共藏書事業。」但我努力回憶了半天，也未想起「我與先生曾有書緣」一說的肇始。後來翻閱《藏書報》，才猛然想起，兩年前，我在《舊書資訊報》上發表了一篇介紹只出版了十一期的《東北文學》的短文。他通過報社查到我的地址後給我寫信，要購買我藏的《東北文學》一至八期合訂本，我沒捨得轉讓。事隔兩年，收到他的稿件，才好不容易憶起此事的始末。一位在紐西蘭留學的書友在給我的郵件中也提及，曾與我同在《藏書報》一個版面上發表文章。皆為貴報之因緣也。

每到年底，我便把全年的《藏書報》裝訂成冊，用牛皮紙做封面，每冊找一位書法家題寫報名，書脊貼上列印的報名及出版期數。閒暇時翻閱，時有與老友重逢之感。《藏書報》已成為書人不可或缺的精神大餐，《藏書報》興旺發達之時，乃天下書友俱歡顏之日也！

二〇〇七年十二月二十日夜於秋緣齋，應《藏書報》編輯之邀而寫。時夜深人靜，寒氣逼人

【原載二〇〇八年一月七日《藏書報》（河北）】

鍾情《開卷》

我與書的緣分似乎是與生俱來的，這些年來，淘書、藏書、編書、寫書，摸爬滾打，一直是孤軍奮戰。直到有一日，收到龔明德先生寄來的一冊《開卷》雜誌，我眼前的世界一下子開闊了許多。一本三十二開只有一個印張的雜誌，雖然略顯單薄，但內容卻十分的厚重。雜誌雖小，作者卻大都是重量級的人物，陳子善、邵燕祥、黃宗江……大腕雲集，名家薈萃。雜誌後面的「開有益齋閒話」欄目，刊載了各地作家、學者的信函、動態等，訊息量極大。有些欄目在上世紀二三十年代的文學雜誌裏出現過，建國後的雜誌很少見。看完之後，馬上寫信與《開卷》雜誌執行主編董寧文取得了聯繫。

董寧文很快給我寄來了十幾冊《開卷》，讓我更進一步地瞭解了這份雜誌。隨後，又給我寄來了他出版的幾本書：《人緣與書緣》、《開卷閒話》和《開卷閒話續編》。《人緣與書緣》，二〇〇三年八月由東南大學出版社出版，王辛笛和黃裳作序，黃宗江跋，分「書人書事」和「書林拾葉」兩輯。書中附有大量書影、著名作家肖像及作家手跡，圖文並茂，極富收藏和資料價值。《開卷閒話》和《開卷閒話續編》都是《開卷》雜誌「開有益齋閒話」的合集，現在已出版到四編。

《開卷》雜誌創刊五週年時，我在《泰山週刊》以整版的篇幅做了一期「《開卷》創刊五週年座談會專刊」。陳子善、王稼句等書界大腕都打電話、發郵件，給予了高度評價。

二〇〇五年第七期《開卷》介紹了《泰山週刊》後，各地的書友或打電話或寫信索要樣報，說明《開卷》影響之大。通過《開卷》雜誌，我與各地的很多師友建立了聯繫，受益匪淺。我與子張先生同在泰山腳下，後來他調到浙江一所大學工作。經常在報刊上看到他的文章，但一直沒有確切地址，無法聯繫。一次，董寧文給我寄書的信封後面正巧有子張的地址，是子張給董寧文寄書後，董寧文把信封翻過來再用了一次。無意中把子張的地址發了過來，使我們恢復了聯繫，並很快收到了子張寄來的新著。

各地作家每當有新著出版，《開卷》都能及時發佈訊息。拙著《尋找精神家園》出版後，《開卷》「閒話」裏馬上刊登出來：「阿瀅寄來《尋找精神家園》（阿瀅著，作家出版社二〇〇五年十二月版）毛邊本一冊，扉頁所用書名為袁鷹所題。此書以書為主線，是一個愛書人心靈歷程的真實記錄。陳子善在為阿瀅所作的序中寫道：『阿瀅這部散文集第三輯『書香人生』格外吸引我，引起我的共鳴。〈六月書事〉、〈書林漫筆〉等篇尤為精彩。前者是他二〇〇五年淘書日記的摘編，淘書的趣事、幸事、樂事、憾事均記錄無遺；後者是他的讀書札記，讀到怦然會心處的擊節讚賞，讀到不以為然處的直言無忌，也均如實寫出。』……」拙著秋緣齋書事》出版後，《開卷》又及時發表了王稼句的序言和眉睫的書評。

《開卷》創刊八年，不但出版百期雜誌，還組織出版了四輯「開卷文叢」，分別出版了文化老人谷林、呂劍、黃裳、彭燕郊、魏荒弩、章品鎮、李君維等人的作品集，深受讀者歡迎。同時還編輯出版了「我的系列」叢書：《我的書房》、《我的書緣》、《我的筆名》、《我的閒章》。拙文〈我與文潔若的書緣〉也被收入《我的書緣》一書。

《開卷》的周圍聚集了一大批文化名人，像柯靈、楊苡、谷林、王元化、黃苗子、牛漢、綠原、黃宗江、方成、丁聰、王春瑜、牧惠、姜德明、范用、陳子善、龔明德、止庵、王稼句、薛冰等，《開卷》不但團結了文壇前輩，也扶掖了不少初出茅廬的後生小子。王稼句把《開卷》的「閒話」欄目比作茶館，「熟悉不熟悉的人都來坐坐聊聊，聊得久了，不熟悉的也熟悉起來。有的老茶客，堂口都有固定的座位，無論陰晴雪雨從不缺席，這次居然不來，那一定是有事，或出差了，或生病了，會讓其他人惦念。這種氛圍在其他定期刊物裏，大概也是沒有的」（〈讀書界的一份實錄〉）。《開卷》沒有門戶之見，且有包容之心，對於不同的意見都能直接發表出來，它也不會刻意地袒護誰或攻擊誰。

丁亥秋日，我與構築書香社會的積極倡導者徐雁教授及《開卷》的執行主編董寧文同往曲皐朝聖，在少昊陵，同行者都去遊玩，我則與董寧文暢談書界趣聞軼事。通過那次長談，董寧文的豁達給我留下了很深的印象，對一些人的怪癖，董寧文也特別理解。他說，越是有毛病的人也越是能做點事的人。正是因為有了如此寬容之心，才使得《開卷》獲得了更多愛書人的支持與關注。

《開卷》是我的良師益友，我感恩《開卷》，鍾情《開卷》。

二〇〇八年二月二十一日元宵節之夜於秋緣齋

【原載二〇〇八年七月譯林出版社初版《我的開卷》】

緣結《百坡》

知道《百坡》雜誌，得益於龔明德先生。

二〇〇五年秋日，龔先生為我提供了一份書友名單，他在棱子的名下注道：「該女作家為蘇東坡故鄉人，頗具才華……」棱子原名張蓉，眉山市《百坡》文學編輯。我把主編的報紙按龔先生提供的名單定期寄贈並約稿。不久，收到棱子發來的短信：「收到大札和貴刊，謝謝！因眼疾已經好長時間未動筆，不好意思。請原諒！我將寄來《百坡》文學雜誌，請指正。歡迎到眉山看望蘇東坡。」

蘇東坡是我敬仰的作家，在海南，我曾專門去東坡書院拜謁。從網上查找眉山的資料，得知蘇東坡祖籍在河北欒城，祖上蘇味道做過唐朝宰相，後貶官眉州作刺史，眉山蘇氏自此始。蘇軾任穎州太守時，曾作〈泛穎〉詩，詩曰：「上流直而清，下流曲而漪。畫船俯時鏡，笑問汝為誰？忽然生鱗甲，亂我鬚與眉。散為百東坡，頃刻復在茲。」南宋時州守魏了翁疏鑿環湖後，於湖上築修了百坡亭，後環湖與百坡亭俱毀。一九二八年，眉山人為紀念蘇軾，在三蘇祠瑞蓮西池新建了百坡亭。竊想《百坡》之名或許來源於此。

眉山「山不高而秀，水不深而清」，優美的自然環境、深厚的文化底蘊，成就了三蘇。據說前國防部長張愛萍將軍拜謁三蘇祠時，繞蘇宅古井轉了三圈，自言自語道：「奇了怪了，這口井怎麼就孕育出了唐宋八家佔三席的三蘇父子呢？」

現今在這片神奇的土地上，又活躍著一幫虔誠的文學縴夫，創辦了純文學雜誌《百坡》，怎麼不令人嚮往呢？收到棱子的短信後，就盼這《百坡》的到來。半年過去了，始終未見《百坡》的蹤影。給棱子發訊息，詢問是否寄出。棱子說，已經寄出多次。可我卻一直沒有收到，棱子發來訊息說：「要麼你與雜誌無緣，要麼你與我無緣。」

我每年都丟失一些各地師友寄贈的書刊，多次找郵局，但平寄的郵件無法查詢，他們也束手無策。郵政服務質量之差，是因為郵政獨霸天下的惡果，如果引入競爭機制，就不會出現這種現象，我多次撰文批評，也毫無結果，郵件仍在不斷丟失。為此，長沙《書人》編輯蕭金鑒先生給我封了「丟書專業戶」的帽子。後來，棱子實在沉不住氣了，掛號郵寄，我才總算一睹《百坡》風采。

《百坡》是一份拿在手裏，就可以讓人心靜的雜誌。從封面設計到內文編排，都給人一種清新、恬適之感。刊發內容有名家作品，有新秀文章，皆為上乘之作。自此，我的書房裏又多了一份可以向朋友推薦，並時常翻讀的雜誌。

經過一番挫折，終於與《百坡》結緣。也時常收到棱子的訊息：「今年第一件事是去郵局掛號寄書，算是新年問候吧。」「剛從海南回來，伍立楊和林尤奮幾次提到你，不知你感覺到沒有？」……

眉山文學人為文學事業努力著、奉獻著，時常舉辦一些文學活動，前年還搞了一次全國性的筆會。東坡先生泉下有知，應該感到欣慰了。

二〇〇八年十月二十五日於秋緣齋

【原載二〇〇八年第一期《荒原》（四川）】

一本書的旅行

戊子初夏，秋緣齋來了一位陌生的客人。近年來，秋緣齋的客人很多，有本地的，也有外地的，有預約的，也有不速之客，這些客人有一個共同特點，都是愛書人。

來人姓王，是泰安一家園林綠化工程公司的經理，名片上還有幾個奇石協會理事之類的頭銜。來者都是客，落座後，給他沏上一杯明前龍井。他說，他的公司常年在德州施工，認識了一位德州的朋友，朋友的大伯叫趙永和，是德州市一位機關退休幹部，委託他來找我，讓我在他帶來的書上簽名。

說著，他從包裹拿出了一本書和一封信交給我，書是拙著《秋緣齋書事》，信是趙永和老先生寫來的。信中說，他也是愛書人，對書話類著作情有獨鍾。去年，在《藏書報》上看到龔明德先生為《秋緣齋書事》寫的序文後，就去購買《尋找精神家園》和《秋緣齋書事》，在當地書店沒有買到。於是，就給龔明德寫信聯繫，在龔老師的幫助下，從成都郵購了這兩本書。

在信中，他談了得到書的喜悅及讀書後的感受，他多方打聽，但一直沒有聯繫上我。得知王經理是泰安人後，就讓他一定要找到我。並想購買我的早期作品集《書緣》及我主編的《泰山書院》雜誌。

趙老先生可謂同道中人，看完來信，心中充滿感激之情。一本小書竟讓老先生大費周折。《秋緣齋書事》出版後，千里迢迢奔赴遠方，尋找它的歸宿，趙老先生想方設法地購回家中，細加呵護，又經幾人之手，碾轉數百里，再次來到秋緣齋，是書之幸，亦我之幸矣。

一本書問世後，就踏入了一個漫長的旅程，實際上也是在流浪。能在圖書館安家，是幸運的。在圖書館可以發揮最大的作用，只要沒有戰爭或其他不可抗拒的災害，就可長命百歲，流傳萬世。遇到愛書人，是幸福的，可時時受寵、夜夜侍寢，與主人相伴終生，即使主人去世，流落到舊書攤，也會再遇知音，且不會遭人嫌棄，因為愈老愈發顯現出自己獨特的魅力，反而倍加受寵；如果遇到暴發戶或附庸風雅的官員，就可悲了。因為他們不讀書，也不知珍惜，擁有書是為了顯示自己的高貴和掩飾無知，一旦失去作用，就會被葬身於紙漿之中。書與人一樣，是有生命的。機緣如何，完全看自己的造化了。

我認真地在書上為趙老先生簽名。他郵購了兩本書，卻只帶來一本，不知那本是否贈予他人，我找出《尋找精神家園》，為他再簽一本。這時，趙老先生的侄子打來電話表示感謝，並希望也能得到簽名本，遂為他簽了一套。又簽贈王經理一套，以示謝意。

《書緣》一書出版早，書中個別寫人的文章，選人欠妥，當時年輕、閱歷淺，往往被一些表面現象所迷惑，下筆作文便出現一些偏差，造成無法彌補的遺憾，因此，發誓該書不再送人。雖外地書友多次索要，均未外贈，文友曾撰文稱之為「悔其少作」。找出了我主編的《心靈牧歌》、《散文十家》、《泰山書院》、《泰山人物》等書給趙老先生捎去。

客人走後，我又仔細地讀了一遍趙老先生的來信。心想，《秋緣齋書事》有這麼一位讀者，足矣！

二〇〇八年五月十二日於秋緣齋

【原載二〇〇八年第二期《郯城文藝》（山東）】

情重錦官城

最早知道成都，是在兒時讀了杜甫的〈春夜喜雨〉之後，其中尾聯「曉看紅濕處，花重錦官城」，使我對成都有了一種神祕的嚮往之情。真正與成都親密接觸是在上世紀九十年代。當時，我下海經商，做圖書生意，與成都的不少書商都有聯繫。那時，二渠道圖書發行非常活躍，成都書商做得特別的火。很多書局不但出版圖書、雜誌，有時還出版一些賠錢的學術著作。他們說，做生意不能只為了賺錢。有家書店從日本買了卡通書的版權，在中國出版，出書量竟然超過一家出版社。全國的圖書訂貨會在成都召開，成都的書商每人拿出一萬元錢，用來招待各地前往參加訂貨會的朋友。與成都書商打了幾年的交道，給我的感覺，成都人大氣。

十年之後，再次與成都接觸，不是書商，而是書人。原來我只是一個埋頭讀書、獨往獨來的苦行僧，是龔明德先生把我帶入了一個新的天地，他對我主持的一家地方報紙的讀書版細加指導，撰稿支持，並積極向讀書界推薦。龔明德先生有段話對我影響很大，記憶也最深刻，他說：「我渴望做戰士，為捍衛包括我自己在內的弱勢群體而吶喊。如果這樣的機會還不成熟，我樂意躲在書齋，讀者會從我的文字中發現我的不亞於做戰士的價值的。」龔明德先生就是一位鬥士，他愛較真兒，他的齋名「六場絕緣齋」本身就是在與世俗較真兒。已過知天命之年的他，還毅然跳槽，離開了工作了二十五年的出版社，到一所高校帶研究生做學問去了。跳槽並不是不喜歡自己的工作，而是在特定的環境裏無法更好地發揮自己。他做編輯從不去迎合大眾口味，而是專做一些為小眾服務的、有益於文化傳承的工作。龔明德先生說：「一個文化人如果不在文化上顯示自己的富有和高貴，那正好上了世俗的當，步入庸常一途了。」龔明德先生是位「不合時宜」的性情中人。

在龔明德先生的引導下，我先後結識了流沙河、車輻、張放等成都的作家、學者。流沙河先生為我主持的報紙讀書專欄「泰山書院」題寫刊名後，為報紙增添了亮色。他在一次接受記者採訪時說：「這四個字寫得穩當，我自己就是從刊物上剪下來保存的。」當我的《秋緣齋書事》將要付梓時，請流沙河先生題簽，很快就收到了他寄來的繁簡兩種字體的題簽。他一直在關注著《泰山書院》，在他的文章中也幾次提到這份報紙。

車輻先生在二戰時期就是非常活躍的名記者。乙酉年秋，他給我來信說：「老夫現年九十又二。幾年前患腦溢血，導致左癱瘓，成了半殘疾人了，靠輪椅出行，又於前年患腦梗阻，語言也發生阻礙，總之不得安寧。所幸天道酬勤，得病以來從未斷筆，興之所致，也寫上幾筆，遣興耳。更多的時間是看書，易疲乏，歲月不饒人。」他寄來一張名片，正面有先生頭像，背面有一方印：「不可救藥的老天真」。他用筆作了注釋：「流沙河為我起的外號。」車輻先生期頤之年仍筆耕不輟，並在我所主持的報紙上開設了專欄。

與張放教授聯繫了幾次均無回音，原來他去韓國訪學了。回國後馬上發來郵件，邀我到成都與朋友約集品茗。張放教授在談到葉靈鳳時說：「一個人這樣孜孜不倦地與書為友一生，吃的是書，吐的是書，縱真的變成條『書魚』，也於生無憾，於世無羞了。」張放教授本身就是孜孜不倦地與書為友的「書魚」。

因著與成都名士的交往，繼而喜歡上了成都，遂密切注意與成都相關的資訊，瞭解成都人閒適的生活方式。不時地想像著，哪一天去成都，跟龔明德先生到草堂寺淘書；去大慈寺茶館聽流沙河先生擺龍門陣；到嘆鳳樓向張放教授請教新文學版本知識；去反動居與冉雲飛品茗聊書……

每當在電視上看到成都的鏡頭，我就想起，在成都有我的師友龔明德、流沙河、張放、冉雲飛……心裏便充滿了溫暖。

錦官城啊，你讓我魂牽夢縈……

二〇〇八年五月八日夜於秋緣齋

【原載二〇〇八年十一月二十七日《四川政協報》（四川）】

我的藏書票

因愛讀書、聚書，先後找人刻了多枚藏書章。前些年，偶爾讀了董橋先生的一篇短文〈藏書票史話〉，文中說：「藏書票已有五百年歷史，最早出現於德國。最早的一張藏書票，製作年份大約一四五〇年。……藏書票在中國至今沒有流行，主要原因是中國人用慣圖章。唐弢說：『大抵線裝書紙質柔潤，便以鈐印，洋紙厚硬，也就以加貼藏書票為宜。』……藏書票的製作方法有這麼幾類：銅版攜印、凹印蝕刻製印、鋼印鐫印、木刻、石版或金屬版平版印刷，以及普通彩色套印。」

從此，才知道有一種藏書票，但從未見過藏書票的樣子。一日，心血來潮，自己設計一套七枚的藏書票。藏書票的規格大小、圖案完全是按自己的想像設計的，寬六點五釐米，長十二釐米。背景為淡黃色，頂端有半釐米咖啡色，上方分別是我的畫像或照片，中間是一段文字，有的摘自我的文章，有的摘自名家隨筆。下面是「阿瀅藏書」字樣，左下方是「阿瀅藏書票」的第一個拼音字母「Aycsp—001」代表這枚書票是整套書票的第一枚，右下方是製作年月。藏書票設計好後，印製了一百套。拿到自己製作的藏書票後，就給浙江工業大學的子張教授寄去了一套，子張回信說，這是他第一次見到藏書票，還大加誇獎一番。

後來，從網上郵購了李允經著《中國藏書票史話》，該書介紹了藏書票的零星試作、藏書票的傳入和早期倡導、早期藏書票作家作品簡介、藏書票藝術的停滯期、新時期的藏書票藝術、新時期藏書票作家作品簡介、裸體藏書票的創作和鑒賞等。在北京的一個會上，書友賈俊學簽贈一部他新出版的《衣帶書香——藏書票與版權票收藏》，全書採用銅版紙彩印，附有大量的名家藏書票，讓人大飽眼福。書分藏書票概說、藏書票札記、藏書票欣賞、邊緣散記、關於版權票和版權票欣賞幾部分，詳細介紹了藏書票與版權票收藏與鑒賞知識，及藏書票與版權票的市場價格等。讀了這兩部書，才對藏書票有了進一步瞭解，知道了什麼是藏書票。而且藏書票一般都印有「ExLibris」字樣，這是藏書票的拉丁文稱法，意指「某某人書齋所藏」或「某某人藏本」，「ExLibris」已成為國際通用的藏書票專用詞。此前按自己的臆想，在藏書票印上「Aycsp」，想想就感到好笑。

由於受製作等方面的限制，藏書票至今也未流行開來，只是少數人賞玩。藏書票因印數少，一張好的藏書票往往比一張珍貴的郵票還要值錢，從而受到了收藏者的青睞，引發了藏書票收藏熱。藏書票也失去了它原有的意義。

一位朋友送我一套山東省藏書票協會祕書長、木版年畫家劉星池設計的「飛天系列」藏書票，共四枚，用宣紙手工拓印，非常精美。這也是我第一次見到真正的藏書票，據說這種藏書票，每種只印五十枚。

後來，陸續收到了師友們贈送的藏書票。湖北黃成勇在寄贈他的著作《幸會幸會　久仰久仰》書中附有三枚藏書票，其中兩枚是第二屆全國讀書報刊研討會紀念藏書票，另一枚是《民間書聲》藏書票；成都毛邊書局傅天斌寄來了毛邊書局的藏書票；《書友》編輯李傳新贈送了一枚著名版畫家彥涵簽名的藏書票；濟南自牧贈上海朵雲軒藏書票；江蘇興化書友姜曉銘寄來藏書票形名片；蘇州王稼句寄贈《滄浪十八景藏書票》，滄浪十八景中每個景點設計了一枚藏書票，非常精緻，一套藏書票，使滄浪美景盡收眼底；西安藏書票設計專家崔文川寄贈數枚由他設計的藏書票；在全國第六屆民間讀書年會上，組織方也設計了一套兩枚圖案，為尹瘦石所繪蒲松齡畫像和蒲松齡肖形印的藏書票。以上藏書票都是通用藏書票，屬紀念性藏書票，可做收藏、欣賞之用。如果藏書家都用一種藏書票，就失去了個性。

戊子年末，我收到了一包珍貴的新年禮物，藏書票設計專家崔文川先生為我設計了一套兩枚的藏書票，一枚是用我的頭像，背景為信箋，有「泰山阿瀅珍藏之書」字樣，另一枚上方有豐一吟先生題寫的「秋緣齋」手跡，中間是一幅讀書圖，下方是「秋緣齋阿瀅藏書」。我終於有了屬於自己的真正的藏書票。

二〇〇九年一月十五日於秋緣齋

【原載二〇〇九年二月七日《四川政協報》（四川）】

我的筆名

開始寫作時，根本沒有考慮過使用筆名。自己的本名別人都不知道，好不容易發表篇文章，怎麼會使用筆名呢？上世紀八十年代初，我的名字第一次變成鉛字時卻沒有用本名，那倒不是用了筆名，而是編輯疏忽，把名字寫錯了。再發表作品時都是使用本名。二〇〇〇年，我的第一部散文集《書緣》出版時亦署本名。後來，寫作由筆耕變成了鍵盤敲字，投稿也由原來到郵局郵寄換成了快捷的電子郵件，報刊也都有了電子版，可以隨時從網上看到自己的作品是否刊發。由此也發現了一個問題，由於本名只有兩個字，重名者太多，到百度打上名字搜索，可以搜到上萬個重名者，政府官員、藝術家、員警、學生、罪犯，應有盡有，自己這個極其普通的名字到了網上一下子被淹沒了。這時才想，必須有個筆名了。

連續取了幾個筆名，最後選定了阿瀅作為筆名。可能是這個名字太女性化的緣故，陳子善先生風趣地說：「我收到你的信時，很激動呀。阿瀅，我以為是一個女孩子。」女作家桂苓寫信問：「你是位女性吧？」書友柴林濤在一篇文章裏說：「初都以為阿瀅一定是個嬌滴滴的女孩子。我也被這個名字騙過，看了他發在網上的照片才知道，世界上有多少風景是見面不如聞名啊。」還有一些朋友在與我通話後，主動向太太解釋，阿瀅是男的。有個朋友神祕兮兮地問我，取這個筆名是不是為了紀念曾經的女友？其實這種事情倒是真有，曾與巴金一起創辦文化生活出版社的作家麗尼，原名郭安仁，曾經有個非常要好的叫麗尼的外國女友，後來女友病逝，為了紀念她，郭安仁便使用麗尼做了筆名。這種浪漫的經歷不是人人都可以擁有的，我只是自己太懶，用乳名諧音當作筆名而已。

阿瀅是我的常用筆名，後來，還曾使用過平陽子、秋聲、薛楊等筆名。棲身之地古稱平陽，故取名平陽子。朋友說，你這個名字有點老氣橫秋的樣子，像個老道的名字。又因秋日出生，便覺與秋有緣，遂取室名秋緣齋，因名秋聲。平陽子和秋聲這兩個筆名只是寫與本地相關的文章時使用。取名薛楊是為了紀念外祖母和母親，我自小由外祖母帶大，感情特深，性格受外祖母影響也大。母親一生為我的付出是常人難以想像的，而對母親的回報不足母親付出之萬一，母親病逝後，時常感念母親之恩，遂取外祖母和母親二人姓氏為名，以謝外祖母和母親養育之恩，一般在發表文史類文章時使用。

前些年辦雜誌時，為了維持雜誌的正常運轉，需要寫一些收費的報告文學，寫這種文字是很痛苦的事情，但為了雜誌和自己的生存，又不得不硬著頭皮違心地去把自己毫無興趣的文字碼在一起。很多的時候，都是和同事一同採訪，分頭寫作，署名時不想用本名或常用筆名，於是便從我們兩個名字中各取一字，取諧音「衛星」，衛星成了我們寫報告文學的專用筆名，偶爾還曾使用「風哥」一名。

使用頻率最高的還是阿瀅，新出版的幾本書都署名阿瀅，發表作品、撰寫部落格文字、與各地師友交流也都是使用這一名字，時間久了，師友們習以為常，便以瀅兄相稱，以致好多人只知阿瀅而不知我的本名了。

二〇〇九年一月二十四日除夕前一日於新汶三弟家中

【原載二〇〇九年二月二十七日《中國新聞出版報》（北京）】

書博會一日

四月二十五日應該是節日了，這天是第十九屆全國圖書交易博覽會在濟南開幕的日子。早晨七點，我與市工商局吳欽瑞局長（我的老同學，也是老牌書蟲）驅車趕往濟南淘書。此前，已從《濟南日報》社趙曉林那兒得知，伍立楊兄的簽售安排在泉城路新華書店，王蒙的簽售在書博會會場。到達濟南後，我們就直接去了泉城路新華書店，這也是濟南最大的一家書店，前些年經常來買書，現在經過擴建，面積比以前擴大了一倍多，書的品種也更加齊全了。

上午，安排簽售的是四川省作協副主席、兒童文學作家楊紅櫻，海南作協副主席伍立楊和書評人、《半島都市報》副刊編輯柳已青。九點我們到達時，楊紅櫻的簽售已經開始，拿著圖書等著簽名的隊伍從書店一直排到門外，大都是家長帶著孩子來的，看來楊紅櫻的「粉絲」還真不少。

給立楊發訊息，他說馬上就到。在書店大廳最顯眼的地方擺放著二〇〇九年四月剛剛由遼寧教育出版社出版的立楊兄的兩部新著《烽火智囊——民國幕僚傳奇》和《倒計時——晚清迷局中的生死較量》。此前，吉林葛筱強、浙江萬君超、西安崔文川、棲霞慕曉剛、新泰萬志遠都讓我代購立楊兄的簽名本，又加上我和上海袁繼宏兄，一共買了七套。見旁邊有柳已青的兩本書，二〇〇九年一月北京航空航太大學版《絕代風流：西南聯大生活錄》和二〇〇九年四月東方出版中心版《紅塵往事：民國時期文人婚戀傳奇》，一塊買了下來。又轉了一會兒，買了牛漢先生著，二〇〇八年七月三聯版的《我仍在苦苦跋涉——牛漢自述》。

我在暨有伍立楊簽售宣傳牌的簽名處坐下來休息，忽聽有人叫我，一位戴眼鏡的瀟灑書生向我走了過來：「你是阿瀅吧？我是柳已青，在你部落格看過你的照片，一眼就認出你了。」我怕等會兒簽名的人多，就讓柳已青兄先在我剛買的書上簽了名，他說，《絕代風流》他已經沒有了，本來打算給我寄《紅塵往事》的。我說，這樣就省你的事了。遂送他一冊《泰山書院》第三卷。

十點多鐘，伍立楊和遼寧教育出版社的李社長、劉總編一塊來到書店。我拿出第三卷《泰山書院》給他，封底刊發了他的國畫，他說這幅畫昨晚送給徐明祥了。立楊兄把我介紹給遼教社的劉總編，劉總編說：「以後你需要我們社出的書就告訴我，我給你寄。」

半小時後，簽售開始，我讓立楊兄在七套書上分別題了上款並簽名。請遼教社李社長為我與立楊兄拍了合影後，就匆匆作別，又趕往濟南國際會展中心的書博會現場。

這時，王蒙的簽售已經結束，還有蔡志忠等幾位在簽售，每個簽售作家前都排著長長的隊，我對他們不感興趣，也就沒湊熱鬧。一樓大廳裏人山人海，摩肩接踵，到處是人和書，想找的書也找不到，走馬觀花地看了一會兒，又被人流簇擁著上了二樓。二樓隔成一個個的小單間，一個出版社佔一小間，展示自己出版社的樣書，好多熟悉的出版社都來了。我來到新星出版社的展示間坐下休息，止庵兄是這家出版社的副總編，我問止庵兄有沒有過來？一個小伙子說，止庵老師沒來。正聊著，接到四川出版家吳鴻兄的訊息說：「我給你帶來了幾本書，怎麼交給你？」我告訴他，我在書博會場二樓。他說，他已經出了會場，在公路邊等我。我趕忙下樓去，問他在哪兒?他說自己也分不清東西南北了，在幾個彩虹門前面。我和司機從東門出來，沒有發現彩虹門，又轉到南門，見有幾個彩虹門。由於與吳鴻兄一直沒有見過面，我又給他打電話，想只要有接電話的就是他了，結果門前好多人都在接電話，我又問他穿什麼顏色的衣服，他說，穿一件紅色T恤衫。原來就在我的身邊。像地下黨一樣，終於接上頭了。

吳鴻兄說：「昨晚與伍立楊、崔文川、自牧、徐明祥等在一起吃的飯時還說起過你。」他從包裏拿出了三本書送給我，一冊是王蒙著《老子的幫助》，二〇〇九年一月由華夏出版社出版；一冊龔明俊編，流沙河著《含笑錄》，二〇〇七年十月由海南出版社出版；還有一冊精裝本《夜航船》，張岱著，袁麗校點，二〇〇九年一月由汕頭大學出版社出版。這三本書都是吳鴻兄策劃出版的。吳鴻兄說：「王蒙的是簽名本，我給你留了一本。」本來就想買王蒙的簽名本，只是沒有趕上，沒想到吳鴻兄卻給我留了一冊。吳鴻兄說：「原來的《夜航船》版本錯誤太多，這次做了修改。」我說：「這是你策劃的書，你就簽個名，做個紀念吧！」他接過書去，在扉頁上隨手寫道：「阿瀅兄存念　吳鴻」。吳鴻兄說，明年的書博會在成都舉辦，約我去成都。成都一直是我嚮往的地方，成都有車輻、流沙河、龔明德、張放、冉雲飛、朱曉劍……這麼多未曾謀面的師友。為此，我曾寫過〈情重錦官城〉一文，發表在《四川政協報》上。我說：「爭取明年去成都！」

上午，看到楊紅櫻簽售桌前排著長長的隊伍，曾擔心立楊兄會受到冷落。當簽售開始後，場面逐漸火爆。晚上，伍立楊兄發來訊息：「上午簽售，簡直瘋了！手都要寫斷了，最後筆劃是拖出來的，一個多小時，將近三百套，中間還有記者不斷打斷。山東讀書風氣濃厚，令我感佩……」書博會上由於人太多，時間又緊，沒有淘到更多的書，但看到伍立楊簽售成功，並見到了神交已久的才子柳已青、出版家吳鴻二兄，也算不虛此行了。

二〇〇九年四月二十五日於秋緣齋

【原載二〇〇九年五月十一日《藏書報》（河北）】

尋找族譜

上世紀九十年代，余對族譜研究產生了濃厚的興趣，並陸續收集了許多譜牒資料，但自己家族的家譜卻始終沒有見到。詢問本族長輩，均說族譜在文革中燒毀。直到一九九九年才有本家安岩給我送來了一本《新邑郭氏族譜》，手寫本殘卷。該譜為民國二十三年在清道光八年由郭氏十一世孫郭璽創修族譜的基礎上重續了建、毓、信三輩。

據傳郭名香、郭名旺、郭名代兄弟三人，明初由山西洪洞縣遷居山東省新泰縣泉里莊，後因郭氏人丁旺盛，遂改村名為郭家泉。新泰八景之一「古泉連珠」即在該村。

這卷族譜表明為二卷上，郭名香為三世祖。現存的這卷就是從郭名香開始，據此推測《新邑郭氏族譜》共有七卷，他們兄弟三人每人兩卷，卷首為序跋。

三世祖郭名香簡介中說：「祖諱名香，字古泉，住城西南鄉横山堡泉里莊，生於明嘉靖丙午二月，終於萬曆丁未十月壽六十二歲。配孺人苗氏，生六子，長思舜，次思禹，次思湯，次思文，次思齊，次思魯。女三人，一適王文翰，一適徐應仕，一適焦守崗。塋於莊東北。」

余為思湯祖之後裔，《新邑郭氏族譜》載至余曾祖父郭寅敏，為十二世。除此之外，關於郭氏家族的資料再也無從考據。曾欲發動鄉人續修族譜，但無合適人選，而耿耿於心。

丙午夏，曾為老師，後成同事的族兄安敏來訪，稱擬續修族譜，正合我意，遂告知，修譜要有吃苦、吃虧、吃氣的心理準備，當時費力不討好，但對子孫後代是一件功德無量之事。準備工作要先尋找舊譜，否則，無法續接。幾日後，安敏兄又找到了一冊清道光八年（一八二八年）《新邑郭氏族譜》二卷上手抄本殘卷，載至余之太祖宗啟。所幸後面附有一篇由邑庠廩生仙洲范時憲於皇明崇禎七年十月所撰〈名香祖墓表〉，文曰：「郭公古泉新邑人傑也，少年英姿奇偉，賦性溫良，其德可以儀世，其才可以濟時，有隆古忠厚之風，無挽近浮薄之習，惜數奇不遇，困守田里，素行不愧鄉評，里人推重宰里數次，不愛之。鄉約數次，公正服人，持己接物，允愜輿情……」後面有族譜創修人郭璽幾篇記錄自己家事的文字。

僅有一冊族譜，續修族譜工作仍無法進行。遂囑安敏兄，在收集資料的同時，慢慢尋訪。因一些守舊思想，有許多家族的舊譜都在收藏人手裏而祕不示人，像宋代抗金名將李通及清代抗清將領張遇留的家譜，當初這兩個家族續修族譜時都沒有舊譜，而在續譜過程中逐漸被發現。安敏兄費盡心思探訪舊譜，乙丑春日，終於打動了一位藏譜人，交出了七卷族譜。接到安敏兄的電話，不禁大喜，果然是推測的七卷。等看到送來的族譜，才發現不是全套的族譜。其中的三冊為二卷上，一冊二卷下，一冊五卷，一冊六卷，還有一冊未標卷名。仔細閱讀族譜，才知郭名香、郭名旺、郭名代三人雖為兄弟，卻不是想像中的叔伯兄弟，郭名香是獨生子，父及祖父名號失迷不可考。郭名旺與郭名代為叔伯兄弟。名香祖人丁旺，佔二卷上，名旺和名代二祖佔二卷下，卷五、卷六為小協鎮碗窯頭人，未標卷名的為張家莊人。

儘管族譜不是全套，但余老家村子郭名香、郭名旺、郭名代三祖資料卻是全的。這套族譜在民國二十三年（一九三四年）續修的基礎上又進行了大修。由於沒有發現序跋及相關文字，沒有找到具體的續修時間，該譜載至余之二伯父，而沒有家父，二伯父生於一九三六年，家父生於一九三九年，由此可以斷定該譜續修於一九三六年至一九三九年之間。

譜中載有〈啟名例詩〉：「方建毓信安鴻英，天歸淑美樂有豐。居慎長載庚大化，受惠慶修奎元登。宗之啟名派莫紊，傳流百世太原興。道光八年始創譜，一支一派不可輕。」

該譜資料更加詳細，譜載余之太祖宗啟為恩貢生。何謂貢生？就是在科舉時代，挑選府、州、縣生員（秀才）中成績或資格優異者，升入京師的國子監讀書，這些讀書人統稱為貢生，意為貢獻給皇帝的人才。明清兩代，貢生有不同的名稱：明代有歲貢、選貢、恩貢和納貢；清代有恩貢、拔貢、副貢、歲貢、優貢和例貢。恩貢是明清時代，凡遇皇帝登基或其他慶典頒佈「恩詔之年」，除歲貢外，加選一次，稱為恩貢，由此，錄取到國子監讀書的人就是恩貢生。高祖允封被恩賜耆賓，按清制，每歲由各州縣遴訪年高有聲望的士紳，一人為賓，次為介，又次為眾賓，詳報督撫，舉行鄉飲酒禮。所舉賓介姓名籍貫，造冊報部，稱為鄉飲耆賓。曾祖寅敏的簡介中記載，初任鄉長，繼任鎮長，兼任初級短期主任，兼理寨長。儘管祖上沒有顯赫身世，但得知自己祖上是讀書人，曾在國子監就讀，真是又驚又喜，值得驕傲。惜經朝代更迭、戰火蹂躪、文革動亂，祖上沒有傳下一本書，也沒留下一詩一文、片言隻語。餘之愛書，或許祖上基因遺傳矣。

《新邑郭氏族譜》創修人郭璽思想開明，即使現在的族譜編寫者也望塵莫及。修譜者普遍存在封建思想，即女人不能入譜。而現在女部長、女省長、女市長比比皆是，而名字卻沒有載入族譜是一件很遺憾的事情。而修於清代的《新邑郭氏族譜》不但記有妻女，而且就連女兒嫁誰亦有記載，非常大氣。但大氣之中亦有藏「小」，編修者郭璽的祖父、父親、伯父及其個人名後均有小傳，族譜後還附有關自己家庭瑣事的文字，而對其他族人即使有功名者亦無介紹。白玉微瑕，郭璽對於家族的貢獻還是值得後人敬重和紀念的。

二〇〇九年五月四日於秋緣齋

後記

《九月書窗》早已編好，曾在幾家出版社通過初審，但遲遲未能付梓，現在出版社都在考慮經濟效益，眼睛都盯著能夠給出版社帶來豐厚利潤的書，印數不多者很難引起他們的興趣，這部書稿只好待字閨中。蒙臺灣作家、出版家蔡登山先生青睞，得以在臺灣出版發行，確實出乎意料。

歲月匆匆，不知不覺中已虛度四十五個春秋。這些年來，無論工作還是生活都與書有著千絲萬縷的聯繫，特別是結識文潔若、姜德明、陳子善、徐雁等先生後，對我的讀寫生活影響很大，他們對書的癡迷、對生活的熱愛、對創作的執著、對學問的嚴謹，都在激勵著我，使我不敢有絲毫的懈怠。

《九月書窗》所收文章皆為近年來寫的一些篇什，大都在報刊發表過，有些文章被多家報刊轉載。全書分三部分，「書人書事」鉤沉往事，記述了梁實秋、邵洵美、林語堂等上世紀二三十年代作家的逸聞趣事，以及與谷林、文潔若、姜德明、苗得雨、張煒、王稼句等師友的交往；「書林漫步」記錄了在書海暢遊中自己的的所感所悟；「書香人生」則是我近年來的淘書、讀書生活實錄。

感謝蔡登山先生及本書責任編輯靚秋女士把拙著介紹給臺灣讀者。蔡先生約我到台灣淘書，期待著臺灣之旅早日成行。

感謝浙江作家王立先生的熱心相助。感謝所有關心我的師友們！

二〇〇九年五月二十日於秋緣齋

國家圖書館出版品預行編目

九月書窗：書人・書事・書評 / 阿瀅著・--
一版. -- 臺北市：秀威資訊科技, 2009.12
面；公分. -- (語言文學類；PG0318)
BOD版
ISBN 978-986-221-342-1（平裝）

1.讀書 2.文集

019.07 98020781

語言文學類 PG0318

九月書窗——書人・書事・書評

作　　者 / 阿　瀅
主　　編 / 蔡登山
發 行 人 / 宋政坤
執行編輯 / 詹靚秋
圖文排版 / 鄭鉅旻
封面設計 / 陳佩蓉
數位轉譯 / 徐真玉　沈裕閔
圖書銷售 / 林怡君
法律顧問 / 毛國樑　律師
出版印製 / 秀威資訊科技股份有限公司
台北市內湖區瑞光路583巷25號1樓
電話：02-2657-9211　傳真：02-2657-9106
E-mail：service@showwe.com.tw
經 銷 商 / 紅螞蟻圖書有限公司
台北市內湖區舊宗路二段121巷28、32號4樓
電話：02-2795-3656　傳真：02-2795-4100
http://www.e-redant.com

2009年 12月 BOD一版
定價：420元

讀　者　回　函　卡

感謝您購買本書，為提升服務品質，煩請填寫以下問卷，收到您的寶貴意見後，我們會仔細收藏記錄並回贈紀念品，謝謝！

1.您購買的書名：____________________________

2.您從何得知本書的消息？

☐網路書店　☐部落格　☐資料庫搜尋　☐書訊　☐電子報　☐書店
☐平面媒體　☐ 朋友推薦　☐網站推薦　☐其他__________

3.您對本書的評價：(請填代號　1.非常滿意 2.滿意 3.尚可 4.再改進)

封面設計____　版面編排____　內容____　文/譯筆____　價格____

4.讀完書後您覺得：

☐很有收獲　☐有收獲　☐收獲不多　☐沒收獲

5.您會推薦本書給朋友嗎？

☐會　☐不會，為什麼？____________________________________

6.其他寶貴的意見：____

____

____

____

讀者基本資料

姓名：____________________　年齡：______　性別：☐女 ☐男

聯絡電話：________________　E-mail：____________________

地址：____

學歷：☐高中(含)以下　☐高中　☐專科學校　☐大學
☐研究所(含)以上 ☐其他_______________

職業：☐製造業 ☐金融業 ☐資訊業 ☐軍警 ☐傳播業 ☐自由業
☐服務業 ☐公務員 ☐教職　☐學生 ☐其他__________

請貼
郵票

To：114

台北市內湖區瑞光路 583 巷 25 號 1 樓

秀威資訊科技股份有限公司　　　收

寄件人姓名：

寄件人地址：□□□

(請沿線對摺寄回,謝謝!)

秀威與 BOD

BOD（Books On Demand）是數位出版的大趨勢，秀威資訊率先運用 POD 數位印刷設備來生產書籍，並提供作者全程數位出版服務，致使書籍產銷零庫存，知識傳承不絕版，目前已開闢以下書系：

一、BOD 學術著作—專業論述的閱讀延伸
二、BOD 個人著作—分享生命的心路歷程
三、BOD 旅遊著作—個人深度旅遊文學創作
四、BOD 大陸學者—大陸專業學者學術出版
五、POD 獨家經銷—數位產製的代發行書籍

BOD 秀威網路書店：www.showwe.com.tw
政府出版品網路書店：www.*gov*books.com.tw

永不絕版的故事・自己寫・永不休止的音符・自己唱